글쓴이가 대상을 바라보는 문제 상황에 대한 서로 다른 의견의 타당성
관점 파악하기 서로 다른 의견 비교하기 평가하며 글 읽기

공부한 날 월 일

우리는 일상생활에서 수많은 문제와 만납니다. 사람마다 문제를 바라보는 여러 관점이 있기 때문에 동일한 주제나 문제 상황에서 각자가 갖는 의견에 차이가 나타나게 되지요. '의견'은 어떤 대상에 대해 가지는 생각입니다. 서로 다른 글쓴이의 의견을 비교하고, 그 의견이 타당한지 평가하면서 글을 읽어야 문제 상황을 해결할 수 있는 가장 적절한 방안을 찾을 수 있습니다.

자, 이제 의견의 차이가 드러나는 글을 읽고 타당성을 평가해 볼까요?

다음 글을 읽고 물음에 답해 봅시다.

가 우리는 모두 책을 많이 읽어야 한다고 생각한다. 독서의 중요성은 아무리 강조해도 지나치지 않다. 예로부터 우리 선조들은 책을 통해 다양한 지식과 정보뿐만 아니라 생활의 지혜를 얻을 수 있다는 것을 이유로 책을 많이 읽어야 한다고 강조하였다. 또한 책에는 여러 가지 문장과 낱말이 담겨 있어 책을 많이 읽다 보면 나도 모르는 사이에 맞춤법 실력과 어휘력이 길러지게 된다. 또한 책을 많이 읽을수록 책을 읽는 속도가 빨라지며 이해력이 좋아지게 된다. 이에 대한 근거로 우리 반 친구 서연이의 경우를 예로 들 수 있다. 서연이는 일주일에 5권 정도의 책을 꾸준히 읽는데, 글도 잘 쓰고 공부도 잘한다.

나 책은 많이 읽지 않아도 된다고 생각한다. 책은 현대 사회에 들어 점점 그 중요성이 감소하고 있다. 매일 다양한 정보가 빠르게 업데이트되는 정보화 시대에 지식을 습득하는 수단으로 책을 선택하여 읽는 현대인의 비율은 점점 낮아지고 있는 추세이다. 과학자인 ○○○ 박사는 미래에는 정보 전달 수단이 활자 대신 영상으로 대체될 것이라는 전망을 내놓고 있다. 책보다 처리할 수 있는 정보량이 월등히 많은 영상으로 지식의 전달 방법이 바뀔 것이므로 책을 읽는 데 많은 시간을 들이는 것은 불필요한 일이다. 책 읽기보다는 이미지와 영상 정보가 포함된 복합적인 매체 자료를 바르게 해석하고 판별하는 능력이 더욱 중요하다.

1 글 가와 나에서 글쓴이의 의견을 각각 찾아 빈칸에 써 보세요.

- 글 가: (   )
- 글 나: (   )

2 글 나를 읽고 알 수 있는 내용은 무엇인가요?

① 책을 통해 생활의 지혜를 얻을 수 있다.
② 책에는 여러 가지 문장과 낱말이 담겨 있다.
③ 책을 많이 읽다 보면 맞춤법 실력과 어휘력이 길러진다.
④ 예로부터 우리 선조들은 책을 많이 읽어야 한다고 강조했다.
⑤ 미래에는 정보 전달 수단이 활자 대신 영상으로 대체될 것이다.

3 글 가와 나에서 의견을 뒷받침하기 위하여 제시된 까닭의 적절성을 바르게 평가한 친구를 찾아 이름을 써 보세요.

준우: 글 가에서 서연이가 책을 많이 읽어 글을 잘 쓴다는 예를 들었는데, 서연이 한 명의 사례는 책을 읽었을 때의 장점을 뒷받침하기에 충분하므로 적절한 근거야.

하은: 글 나에서 책을 많이 읽지 않아도 된다는 의견의 근거로 영상이 활자를 대체할 것이라는 과학자의 전망을 들었는데, 이는 전문가의 의견이므로 신뢰할 수 있는 적절한 근거야.

(   )

다음 글을 읽고 물음에 답해 봅시다.

가 방범 카메라는 범죄 예방에 큰 효과가 있다. 방범 카메라로 이미 저질러진 범죄의 범인을 찾아낼 수도 있지만, 그보다 더 중요한 방범 카메라의 역할은 범죄가 일어나지 않도록 미리 막을 수 있다는 것이다. 방범 카메라는 범죄와 관련이 없는 일반인도 촬영한다는 점에서 사생활을 침해한다는 문제가 있다. 그러나 방범 카메라를 설치함으로써 범죄를 예방하고 범죄를 저지른 사람을 잡을 수 있다는 긍정적인 효과가 훨씬 크다. 개인의 사생활도 중요하지만 많은 시민들의 안전을 보호하는 것도 매우 중요한 일이다. 많은 시민들의 안전과 범죄 예방을 위하여 방범 카메라 설치를 확대해야 한다.

나 방범 카메라로 인하여 무분별하게 개인의 사생활이 침해되고 있다. 나도 모르는 사이에 나의 모습이 녹화되고 감시되는 것이다. 방범 카메라가 갖는 범죄 예방 효과로 인하여 방범 카메라의 설치가 점점 확대되는 추세이기는 하지만 개인의 사생활은 어디에서도 보호받지 못하고 있다. 방범 카메라가 설치된 곳에서는 범죄율이 낮아져도 방범 카메라가 설치되지 않은 곳의 범죄가 늘어나므로 전체적인 범죄 발생률에는 크게 차이가 없을 것이다. 따라서 방범 카메라의 설치는 최소화되어야 한다.

4 글 **가**와 **나**는 어떤 문제를 다루고 있나요?

① 범인 검거율 저하 문제
② 범죄 발생률 급증 문제
③ 몰래 카메라 판매 문제
④ 방범 카메라 설치 문제
⑤ 카메라 분실 급증 문제

5 글 **가**와 **나**의 의견과 까닭을 선으로 바르게 이어 보세요.

의견	까닭
	개인의 사생활을 침해한다.
글 **가** · · 방범 카메라 설치를 확대해야 한다.	범죄 예방에 큰 효과가 있다.
	많은 시민들을 보호할 수 있다.
글 **나** · · 방범 카메라 설치를 최소화해야 한다.	방범 카메라를 설치해도 전체적인 범죄 발생률에는 큰 차이가 없다.

6 글 **가**와 **나**에서 제시한 의견의 적절성을 바르게 평가한 친구를 찾아 이름을 써 보세요.

> 건우: 글 **가**에서 시민들의 안전과 범죄 예방을 위해 방범 카메라가 필요하다는 주장을 하면서 권위 있는 전문가의 말을 근거로 들었기 때문에 적절해.

> 하은: 글 **나**에서 방범 카메라가 설치되어도 전체적인 범죄 발생률에는 크게 차이가 없을 것이라는 개인적 추측을 근거로 들었기 때문에 믿을 만한 근거가 아니야.

(   )

자주 틀리는 맞춤법

🍎 다음 메뉴판을 보고 맞춤법에 맞지 않게 쓴 음식 이름을 바르게 고쳐 써 보세요.

(1) 아구찜 ➡ _____   (2) 쭈꾸미 ➡ _____   (3) 떡볶기 ➡ _____

왜 그럴까?

우리가 자주 가는 음식점의 메뉴판에도 틀린 낱말이 있을 수 있어요. '아귀찜'을 '아구찜'이라고 잘못 쓰는 경우가 많은데 아귀를 콩나물, 미나리, 미더덕 따위의 재료와 함께 갖은양념을 하고 고춧가루와 녹말풀을 넣어 걸쭉하게 끓인 음식은 '아귀찜'입니다. '주꾸미'를 '쭈꾸미'로 잘못 쓰고 있는 경우도 많습니다. 또한 가래떡을 적당한 크기로 잘라 여러 가지 채소를 넣고 양념을 하여 볶은 음식은 '떡볶기'가 아니라 '떡볶이'로 써야 합니다.

1 차이가 드러나는 의견 평가하기 ❷

읽기 목표

글쓴이가 대상을 바라보는
관점 파악하기

문제 상황에 대한
서로 다른 의견 비교하기

서로 다른 의견의 타당성
평가하며 글 읽기

공부한 날   월   일

 다음 글을 읽고 물음에 답해 봅시다.

> **가** 가상 현실 기술이 생활에 도움을 줄 수 있는 새로운 미래 기술로 주목받고 있습니다. 가상 현실 기술을 통해 실제로 학교에 가지 않고도 실제 학교 현장과 똑같은 상황에서 교육을 받을 수 있고, 위험한 과학 실험도 안전한 곳에서 실험 실패의 걱정 없이 할 수 있으며, 선사 시대 조상들의 생활 모습에 관한 학습도 생생하게 할 수 있습니다. 또한 매장을 직접 방문하지 않아도 가상의 공간에서 물건을 살 수 있도록 하는 프로그램도 개발되고 있습니다.
>
> **나** 가상 현실 기술은 순기능 못지않게 역기능을 가져올 수 있습니다. 많은 전문가들은 현실과 가상 현실의 혼동, 인간성 상실 등과 같은 부작용이 우려된다고 지적하고 있습니다. 게임 중독처럼 현실에 만족하지 못한 이들이 가상 현실에서 만족을 느끼며 현실과 가상 현실을 구분하지 못하고 각종 범죄를 일으킬 수 있다는 것입니다. 또한 장시간 가상 현실 영상을 시청할 때 눈과 화면 간의 거리가 가까울 경우 눈 건강에 미칠 악영향 등에 대해서도 신중하게 고려해야 한다는 지적이 많습니다.

1 글 **가**와 **나**는 공통적으로 무엇에 대한 의견을 쓴 것인가요?

(   )

2 글 **가**와 **나**에서 제시한 의견과 그 까닭은 무엇인지 선으로 바르게 이어 보세요.

의견	까닭

글 가 •

• 가상 현실 기술은 역기능을 가져올 수 있다.

• 현실과 가상 현실을 구분하지 못하고 각종 범죄를 일으킬 수 있다.

글 나 •

• 가상 현실 기술은 생활에 도움을 줄 수 있는 새로운 미래 기술로 주목받고 있다.

• 실제로 학교에 가지 않고도 실제 학교 현장과 똑같은 상황에서 교육받을 수 있다.

글 **가**는 하늘 초등학교 6학년 학생이 쓴 글입니다. 글 **나**는 글 **가**를 읽고 재원이와 명준이가 자신의 의견을 정리한 것입니다. 글 **가**와 **나**를 읽고 물음에 답해 봅시다.

가 우리 학교는 아파트로 둘러싸여 있어요. 사방을 둘러보아도 보이는 것은 높은 건물과 아파트뿐이에요. 하늘을 찌를 듯한 아파트와 아파트 사이에 우리 하늘 초등학교가 이름처럼 예쁘게 자리 잡고 있지요.

그런데 요즈음 우리 학교에 문제가 생겼어요. 학교 주변에 아파트가 많이 생기면서 큰길 주변에 상가 건물을 한창 짓고 있어요. 처음에는 잘 느끼지 못하였는데 공사 중인 건물이 한 층 한 층 올라갈수록 시끄러운 소리가 교실까지 전해져요. 이제는 하루 종일 공사 소음 때문에 선생님의 목소리가 안 들릴 정도예요. 창문을 닫아도 소용이 없어요. 선생님이나 친구들은 수업 시간에 인상을 찌푸릴 때가 한두 번이 아니에요.

그런데 한편으로는 건물을 짓는 데 무조건 반대만 할 수도 없어요. 왜냐하면, 그 건물이 들어서면 음식점과 상가가 생겨 동네 사람들의 생활이 편리해지니까요. 우리 동네 사람들은 상가가 부족하여 일부러 먼 곳까지 물건을 사러 가야 할 때가 많거든요. 그래서 동네 사람들의 편리한 생활을 위해서는 꼭 필요한 건물이기도 해요.

그렇지만 이것은 너무해요. 엎어지면 코 닿을 거리에서 하루 종일 공사를 하니까 시끄러운 소리 때문에 수업 시간에 집중이 안 돼요. 그리고 선생님께서는 목소리를 높이느라고 목이 쉬셨어요.

나 재원: 학교 주변에서 건물 공사를 해도 됩니다. 우리나라는 민주주의 국가입니다. 자신의 재산은 자신의 마음대로 사용할 권리가 있습니다. 땅 주인이 건물을 짓는 것을 우리가 반대할 수 없습니다. 소음 때문에 수업에 방해가 되지만 땅 주인의 자유이므로 우리는 참을 수밖에 없습니다.

명준: 학교 주변에서 건물 공사를 하면 안 됩니다. 학교 근처에서 공사를 하면 소음이 발생하여 우리의 학습권이 침해됩니다. 수업 시간에 분위기가 산만해지고 집중력을 잃어 결국 우리가 해야 할 공부를 못 하게 됩니다. 그러므로 학교 주변에서 건물 공사를 하면 안 됩니다.

3 다음 중 하늘 초등학교가 위치한 곳을 찾아 ○표 하세요.

(   )   (   )   (   )

4 하늘 초등학교에 발생한 문제는 무엇인가요?

① 학교 주변에 상가가 없어 물건을 살 곳이 없는 것
② 학교 주변의 도로에 자동차들이 너무 빠르게 다니는 것
③ 학교 주변에 건물을 새로 짓고 있어 소음이 발생하는 것
④ 학교 주변에 상가가 많아 학생들이 군것질을 많이 하는 것
⑤ 학교 주변에 건물을 새로 짓고 있어 아이들이 다닐 길이 없는 것

5 글 **가** 의 글쓴이가 공사를 무조건 반대할 수 없다고 말한 까닭은 무엇인가요?

① 학교 건물이 낡아 새로 지어야 하기 때문이다.
② 마을 주민들의 투표를 통해 결정된 공사이기 때문이다.
③ 학생들이 이용할 수 있는 도서관을 짓고 있기 때문이다.
④ 땅 주인이 건물을 짓는 것을 반대하면 안 되기 때문이다.
⑤ 동네 사람들의 편리한 생활을 위하여 꼭 필요한 건물이기 때문이다.

6 재원이와 명준이는 어떤 문제에 관하여 서로 다른 의견을 갖고 있는지 보기 에서 찾아 기호를 써 보세요.

보기
⊙ 학교에서 급식을 남겨도 되는가
ⓒ 학교에서 일기 검사를 해야 하는가
ⓒ 학교 주변에서 건물 공사를 해도 되는가
ⓔ 학교에 일반인의 출입을 제한해도 되는가

(   )

7 재원이와 명준이의 의견과 그 의견에 대한 까닭을 찾아 선으로 바르게 이어 보세요.

의견	까닭

재원 • • 학교 주변에서 건물 공사를 해도 됩니다. • • 학교 근처에서 공사를 하면 소음이 발생하여 우리의 학습권이 침해됩니다.

명준 • • 학교 주변에서 건물 공사를 하면 안 됩니다. • • 자신의 재산은 자신의 마음대로 사용할 권리가 있습니다.

8 다음은 글 **나**를 읽고 친구들이 나눈 대화입니다. 적절하지 <u>않은</u> 평가를 한 친구의 이름을 써 보세요.

> 하은: 난 명준이가 적절한 까닭을 들어 의견을 말했다고 생각해. 건물 공사로 학습권을 침해하면 안 된다는 내용은 누구나 이해하기 쉽고, 공감할 수 있기 때문이야.
>
> 준우: 나는 재원이의 까닭은 적절하지 않다고 생각해. 자기 재산을 마음대로 사용한다고 하더라도 남에게 피해를 주면 안 된다고 생각하기 때문이야.
>
> 건우: 난 명준이와 재원이 모두 잘못된 의견을 제시했다고 생각해. 같은 문제에 대한 사람들의 관점은 모두 같으므로 의견 또한 비슷해야 하거든.

(　　　　　　　　)

재미있는 낱말 놀이터

문장의 호응 관계

🍎 제시된 문장의 호응 관계에 어울리는 문장을 찾아 선으로 바르게 이어 보세요.

시간을 나타내는 말과 서술어의 호응	높임의 대상과 서술어의 호응	꾸며 주는 말과 서술어의 호응	주어와 목적어와 서술어의 호응

할머니께서 맛있는 고구마를 주신다.

지난 토요일에 도서관에 다녀왔다.

경찰이 도둑을 잡았다.

만약 내일 비가 온다면 집에 있어야지.

왜 그럴까?

문장의 호응은 문장에서 앞에 어떤 말이 오면 거기에 대응하는 말이 따라오는 것을 말합니다. 첫 번째 문장에서 높임의 대상인 '할머니'에는 '주신다'와 같은 높임 표현이 쓰인 서술어를 사용해야 합니다. 두 번째 문장에서 시간을 나타내는 말 '지난'에는 과거 표현인 '다녀왔다'와 같은 서술어를 사용해야 합니다. 세 번째 문장에서 주어 '경찰이'와 어울리는 목적어인 '도둑을'과 서술어 '잡았다'는 서로 호응을 이루는 문장입니다. 네 번째 문장에서는 '만약'과 짝을 이루었을 때에 자연스러운 서술어를 사용해야 합니다. 문장에서 어떤 말이 앞에 올 때에 거기에 대응하는 말이 호응을 이루지 않으면 어색한 문장이 되거나, 말하는 이나 글쓴이의 의도가 잘못 전달될 수 있습니다.

차이가 드러나는 의견 평가하기 ❸

글쓴이가 대상을 바라보는 관점 파악하기 | 문제 상황에 대한 서로 다른 의견 비교하기 | 서로 다른 의견의 타당성 평가하며 글 읽기

공부한 날 | 월 | 일

 다음 글을 읽고 물음에 답해 봅시다.

> **가** 바람직한 식습관을 기르기 위해 다양한 음식을 골고루 먹어야 합니다. 여러 가지 음식을 골고루 먹으면 다양한 영양소를 골고루 섭취할 수 있습니다. 먹고 싶은 음식만 가려 먹으면 달리기를 잘할 수 없습니다. 제가 작년에 고기만 먹었을 때에는 달리기를 잘하지 못하였습니다. 그런데 올해부터 당근도 같이 먹기 시작하니 50미터 달리기 기록이 훨씬 좋아졌습니다. 따라서 다양한 음식을 골고루 먹도록 노력해야 합니다.
>
> **나** 바람직한 식습관을 기르기 위해서는 자신이 좋아하는 음식만 먹어야 합니다. 좋아하는 음식을 먹을 때는 행복하고 즐거운 마음이 듭니다. 또한 자신이 좋아하는 음식이기 때문에 더 많은 양을 먹을 수 있습니다. 즐거운 마음으로 먹기 때문에 소화도 더욱 잘 됩니다. 따라서 바람직한 식습관을 기르기 위해서는 자신이 좋아하는 음식만 먹으려고 노력해야 합니다.
>
> **다** 바람직한 식습관을 기르기 위해서는 학교 식당의 편의 시설을 더 늘려야 합니다. 학교 식당의 의자와 식탁 수를 늘려 주면 더 많은 학생이 한꺼번에 식사를 할 수 있습니다. 또한 식당에 정수기의 개수를 늘려 주면 물을 먹느라 줄을 오래 설 필요가 없습니다. 따라서 바람직한 식습관을 기르기 위해 학교 식당의 편의 시설을 늘리려는 노력이 필요합니다.

1 글 **가** ~ **다** 는 어떤 주제에 대하여 의견을 쓴 글인가요?

① 운동의 중요성 ② 편식의 나쁜 점 ③ 채식의 좋은 점
④ 학교 식당의 문제점 ⑤ 바람직한 식습관을 기르기 위한 방법

2 글 **가** ~ **다** 에 제시된 의견을 바르게 평가하지 <u>않은</u> 친구를 찾아 이름을 써 보세요.

> 준우: 글 **가** 는 여러 사람들의 사례를 근거로 내세우고 있어서 믿을 만한 의견으로 볼 수 있어.

> 건우: 글 **나** 의 의견을 따랐을 때에는 영양소 섭취에 불균형이 생긴다는 문제가 있기 때문에 적절한 의견으로 볼 수 없어.

> 지안: 글 **다** 의 '학교 식당의 편의 시설을 늘려야 한다.'라는 의견은 '바람직한 식습관을 기르기 위한 방법'이라는 주제와 관련이 가장 먼 의견이야.

(   )

 **다음 글을 읽고 물음에 답해 봅시다.**

가 동물 실험이란 과학적 목적을 위하여 동물을 대상으로 행하는 실험을 말한다. 동물 실험을 거쳐 이루어지는 신약 개발은 국가 경제에 중요한 영향을 미칠 뿐만 아니라 인간의 생명과도 직접 관련된다.

그렇다면 신약 개발을 위한 동물 실험은 왜 필요할까?

첫째, 신약을 개발하면서 나타날 수 있는 부작용에 대하여 연구할 수 있기 때문이다. 새롭게 개발된 약은 사람들의 질병을 치료하는 긍정적인 효과와 함께 부정적인 효과, 즉 부작용도 있다. 따라서, 새로 개발한 약을 질병 치료 약으로 보급하기 위해서는 그 약이 사람에게 해롭지 않다는 것을 증명하여야 한다. 이를 검증하기 위해서는 여러 번의 실험이 필요하다. 이때 사람에게 직접 실험하게 되면 많은 사람이 고통을 받거나 심지어는 목숨을 잃게 될 수도 있다. 이 과정에서 동물을 대상으로 실험함으로써 많은 사람이 안전하게 약을 섭취할 수 있게 된다.

둘째, 동물 실험을 통하여 질병을 예방하고 치료법을 개발하여 더 많은 생명을 살릴 수 있기 때문이다. 과거에 진행된 여러 동물 실험이 있었기에 과학자들은 다양한 질병에 대하여 알게 되었고, 치료법을 발견하여 많은 생명을 구할 수 있었다. 예를 들면, 동물 실험을 통하여 소아마비, 결핵, 풍진, 홍역 등 치명적인 질병들을 예방하는 백신이 개발되었다.

만약 최소한의 범위에서조차 동물 실험을 허용하지 않는다면 더 이상의 의학 발전은 기대하기 어려울지도 모른다. 또, 다가오는 질병의 위협에 대처하지 못할 수도 있다. 동물 보호를 명목으로 동물 실험을 시도조차 하지 않는다면 질병으로 인하여 사람들의 생명을 잃는 일이 더욱 증가하게 될 것이다.

나 우주 개발을 위한 동물 실험을 반대하는 입장도 있다. 동물 보호 단체에서는 사람들이 우주 개발을 위하여 동물에게 마구잡이로 생체 실험을 한다고 비판한다. 우주 개발을 위하여 새끼를 밴 동물들을 우주로 보내거나, 위험한 우주 광선에 일부러 동물들을 노출시키는 등 사람에게는 행할 수 없는 우주 실험을 동물에게도 허용해서는 안 된다고 주장한다.

예를 들면, 우주 탐사를 위하여 스푸트니크 2호에 탑승하였던 개인 라이카의 경우를 생각하여 볼 수 있다. 당시 언론은 라이카가 일주일 동안 우주 공간에서 생존하다가 미리 설치한 장치로 약물이 주입되어 고통 없이 생을 마쳤다고 발표하였다. 그러나 이 발표는 몇십 년이 지난 뒤 새롭게 공개된 뜻밖의 자료에 의하여 거짓으로 판명되었다. 사실 라이카는 우주선의 가속도와 뜨거운 열을 견디지 못하고 고통과 공포 속에서 버티다가 결국 몇 시간 만에 죽고 말았다는 것이다. 특히, 우주선에 실려 우주로 간 동물들이 우주 공간에서 머무르다가 무사히 지구로 돌아온다고 하여도 이 가운데 절반 이상은 결국 숨진다고 한다. 동물의 목숨이 사람보다 가볍다고만은 할 수 없음에도 동물의 죽음은 별로 신경 쓰지 않고 동물 실험이 이루어지고 있다. 우주에서 생명체가 살 수 있는지에 대한 연구가 동물을 대상으로 한 생체 실험으로 이루어져도 그 결과가 사람에게 똑같이 적용된다고 보기 어렵다. 사람과 동물은 신체 구조가 다르기 때문이다. 그러므로 우주 개발이나 과학 발전이라는 목적을 달성하기 위하여 죄 없는 동물들이 생체 실험의 대상으로 죽어 가는 일은 없도록 해야 한다.

3 다음 보기 에서 설명하는 것을 이 글에서 찾아 써 보세요.

> 보기
> • 글 가 와 나 의 공통적인 이야깃거리
> • 과학적 목적을 위하여 동물을 대상으로 행하는 실험

(   )

4 글 가 를 읽고 알 수 있는 내용이 <u>아닌</u> 것은 무엇인가요?

① 동물 실험을 통하여 풍진 예방 백신이 개발되었다.
② 동물 실험으로 신약의 부작용에 대하여 연구할 수 있다.
③ 동물 실험으로 다가오는 질병의 위협에 대처할 수 있다.
④ 라이카는 우주 공간에서 고통받다 몇 시간 만에 죽고 말았다.
⑤ 동물 실험을 통하여 질병을 예방하고 치료법을 개발할 수 있다.

5 글 나 의 제목으로 가장 적절한 것에 ○표 하세요.

동물 실험의 명과 암   신약 개발을 위한 동물 실험   누구를 위한 동물 실험인가

(   )   (   )   (   )

6 글 가 와 나 의 의견을 선으로 바르게 이어 보세요.

글 가 •　　　　　　• 우주 개발이나 과학 발전을 위한 동물 실험을 반대한다.

글 나 •　　　　　　• 신약 개발을 위한 동물 실험은 필요하다.

7 글 나 를 읽고 알 수 있는 내용이 <u>아닌</u> 것은 무엇인가요?

① 동물 보호 단체에서는 동물 실험을 비판한다.
② 실험이 끝난 후 동물들은 고통 없이 생을 마쳤다.
③ 동물의 죽음은 별로 신경 쓰지 않고 동물 실험이 이루어지고 있다.
④ 동물을 대상으로 한 실험의 결과가 사람에게 똑같이 적용된다고 보기 어렵다.
⑤ 우주 개발을 위하여 사람에게는 행할 수 없는 우주 실험을 동물에게 하고 있다.

8 글 **가**와 **나**의 의견을 바르게 평가하지 <u>못한</u> 친구를 찾아 이름을 써 보세요.

> 건우: 글 **가**와 **나**는 자신의 의견을 뒷받침하는 근거를 알맞게 제시하고 있으므로 모두 적절한 의견이야.
>
> 지안: 우리 반에서 과학을 제일 잘하는 은정이의 블로그에 들어가 보니까 글 **나**의 라이카 자료는 있었는데, 글 **가**의 풍진 동물 실험 내용은 없었어. 따라서 글 **가**의 의견은 적절하지 않아.

( )

재미있는 낱말 놀이터 바르게 발음하기

🍎 다음 문장에서 밑줄 친 낱말을 발음해 보고, 올바른 발음을 찾아 ○표 하세요.

 졸업식

졸업식 때 부모님께서 <u>꽃다발</u>을 선물해 주셨다.

[꼳따발] / [꼳다발]

새로운 동네로 이사온 후 <u>옆집</u>에 가서 인사를 나누었다.

[엽찝] / [엽집]

닭들이 <u>닭장</u> 속에서 모이를 먹고 있는 모습을 보았다.

[닥장] / [닥짱]

왜 그럴까?

'ㄱ', 'ㄷ', 'ㅂ', 'ㅅ', 'ㅈ'과 같은 예사소리였던 것이 'ㄲ', 'ㄸ', 'ㅃ', 'ㅆ', 'ㅉ'과 같이 된소리로 바뀌는 현상을 '된소리되기'라고 합니다. 이러한 현상은 받침 'ㄱ(ㄲ, ㅋ, ㄳ, ㄺ), ㄷ(ㅅ, ㅆ, ㅈ, ㅊ, ㅌ), ㅂ(ㅍ, ㄼ, ㄿ, ㅄ)' 뒤에 'ㄱ, ㄷ, ㅂ, ㅅ, ㅈ'이 연결될 때 일어나게 됩니다. 따라서 '꽃다발'의 '꽃'은 '[꼳]'으로 발음되고 받침 'ㄷ' 뒤에 '다'의 'ㄷ'이 연결되므로 된소리로 발음되어 '[꼳따발]'이 됩니다. '옆집'의 '옆'은 '[엽]'으로 발음되고 받침 'ㅂ' 뒤에 '집'의 'ㅈ'이 연결되므로 된소리로 발음되어 '[엽찝]'이 됩니다. '닭장'의 '닭'은 '[닥]'으로 발음되고 받침 'ㄱ' 뒤에 '장'의 'ㅈ'이 연결되므로 된소리로 발음되어 '[닥짱]'이 됩니다.

1 차이가 드러나는 의견 평가하기 ❹

글쓴이가 대상을 바라보는 관점 파악하기 · 문제 상황에 대한 서로 다른 의견 비교하기 · 서로 다른 의견의 타당성 평가하며 글 읽기

공부한 날   월   일

 다음 대화를 읽고 물음에 답해 봅시다.

> 사회자: 이번 학예회에서 우리 반이 어떻게 공연을 하면 좋을지 의견을 말씀해 주십시오.
>
> 학생 1: 우리 반 학생이 함께 무대에 올라가서 공연을 하면 좋겠습니다. 모두가 함께하는 공연이 가장 뜻깊은 것이라고 생각합니다. 함께 하나 되는 모습을 보여 주는 것이 학예회의 의미라고 생각합니다.
>
> 학생 2: 저는 남학생과 여학생이 같이 모둠을 만들어서 모둠끼리 같은 내용을 공연하는 것이 좋겠습니다. 모둠끼리 같이하면 혼자 하는 것보다 부담이 적고 여러 명이서 더 다양한 것을 보여 줄 수 있기 때문입니다.
>
> 학생 3: 남학생과 여학생이 따로 공연을 하면 좋겠습니다. 남학생과 여학생은 하고 싶어 하는 것이 다르니까 남학생과 여학생이 각자 하고 싶은 것을 할 수 있어 좋다고 생각합니다.
>
> 학생 4: 하고 싶은 사람끼리 같이하면 좋겠습니다. 친한 사람과 같이하면 즐겁게 할 수 있기 때문입니다.
>
> 사회자: 많은 의견 감사합니다. 의견 가운데 가장 타당하다고 생각되는 의견을 따르도록 하겠습니다.

1 이 대화에서 의견을 나누고 있는 주제는 무엇인가요?

① 학예회의 의미   ② 학예회 공연 날짜   ③ 학예회 공연 장소
④ 학예회 공연 방법   ⑤ 학예회 초청 대상자

2 이 대화에서 나온 의견에 대해 평가한 내용으로 적절하지 <u>않은</u> 것을 찾아 ○표 하세요.

(1) '학생 1'의 의견대로 우리 반 전체가 올라가려면 넓은 무대 공간이 필요해. 학예회 무대 공간을 보고 이 의견이 현실적으로 실행 가능한지 알아보아야겠어. ······················(   )

(2) '학생 2'는 남학생, 여학생이 같이 모둠을 만들자고 하였는데 이 의견은 별로 좋지 않아. '학생 4'의 의견처럼 하고 싶은 사람끼리 같이하는 게 좋은 것 같아. ······················(   )

(3) 성별에 따라 하고 싶은 것이 다르다는 '학생 3'의 근거는 부족한 점이 있어. 성별이 달라도 하고 싶은 것이 같을 수 있고, 성별이 같아도 하고 싶은 것은 다를 수 있잖아. ······················(   )

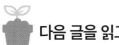 **다음 글을 읽고 물음에 답해 봅시다.**

지윤이네 반에서는 '＿＿＿＿＿＿＿＿＿＿＿＿＿'라는 주제를 가지고 학급 회의를 열었다. 혜진이가 손을 들고 말하였다.

"여러분, 점심시간에 청소를 하면 어떨까요? 점심시간에 청소를 미리 해 두면 학교 수업을 마치고 곧바로 집에 갈 수 있잖아요? 또, 점심시간에 청소를 하면 적당히 몸을 움직일 수 있어 소화도 잘되고, 창문을 열어 두어 환기를 시킬 수도 있습니다."

혜진이가 말을 마치고 자리에 앉았다. 몇몇 친구가 동의하는지 고개를 끄덕였다.

그때, 준우가 앉은 채로 몇 마디 중얼거리더니 벌떡 일어섰다.

"안 됩니다. 5학년 때 저희 반은 점심시간에 청소를 했습니다. 청소 당번이 되면 운동장에서 놀지도 못하고 교실에 남아서 청소를 했습니다. 청소 시간에 늘 운동장을 쳐다봤습니다. 여러분! 점심시간은 쉬는 시간입니다. 운동을 하면서 뛰어놀고 머리를 식혀야 5, 6교시에 더 열심히 공부할 수 있습니다. 또, 수업을 마치면 친구들이 뿔뿔이 흩어집니다. 그래서 친구들과 함께 시간을 보낼 수 없습니다. 점심시간만큼은 친구들과 함께 시간을 보낼 수 있어야 합니다. 그렇기 때문에 점심시간에 청소를 할 수 없습니다. 청소는 지금처럼 수업을 마치고 해야 합니다. 그 대신에 방과 후 활동에 늦지 않게 서둘러서 합시다. 열심히 그리고 빠르게!"

준우의 말이 끝나기가 무섭게 호열이가 큰 소리로 말하였다.

"저는 청소 시간을 아침으로 옮기자고 제안합니다. 아침에 와서 청소를 하면 친구들과 사이가 좋아집니다. 아침에 한 시간 일찍 등교하여 친구들과 만나면 하루 종일 기분이 좋습니다. 친구들과 청소하면서 협동심도 기르고 우정도 쌓을 수 있습니다. 그리고 아침 청소는 건강에 좋습니다. 교실에는 먼지가 많은데, 청소를 하여 교실 바닥을 깨끗이 하면 공기가 훨씬 좋아집니다. 우리, 아침에 청소를 합시다. 청소하는 친구들이 한 시간 정도 일찍 학교에 와서 지저분해진 교실을 치웁시다."

호열이의 말이 끝나자 교실은 조금 소란스러워졌다. 친구들은 아침 시간, 점심시간, 방과 후 시간 중에서 언제 청소를 하면 좋을지에 대하여 서로 이야기하였다. 점심시간에 청소를 하자는 혜진이, 방과 후에 청소를 하자는 준우, 아침 시간에 청소를 하자는 호열이의 주장을 들은 지윤이도 친구들이 말한 내용을 곰곰이 생각하기 시작하였다.

3 ＿＿＿＿ 안에 들어갈 말로, 지윤이네 반에서 열린 학급 회의의 주제는 무엇인가요?

① 청소를 언제 하면 좋을까요?

② 소풍을 어디로 가면 좋을까요?

③ 학급 장기 자랑으로 무엇을 할까요?

④ 학급 동아리로 무엇을 만들면 좋을까요?

⑤ 학생들이 복도에서 뛰지 않게 하려면 어떻게 해야 할까요?

4 각각의 친구들이 제시한 의견이 무엇인지 찾아 선으로 바르게 이어 보세요.

혜진 •		• 아침에 청소를 합시다.
준우 •		• 점심시간에 청소를 합시다.
호열 •		• 수업을 마치고 청소를 합시다.

5 혜진이가 제시한 의견에 대한 까닭으로 알맞지 <u>않은</u> 것은 무엇인가요? (정답 2개)

① 창문을 열어 두어 환기를 시킬 수 있다.
② 친구들과 청소하면서 협동심을 기를 수 있다.
③ 청소를 하면 적당히 몸을 움직일 수 있어 소화가 잘된다.
④ 머리를 식힐 수 있어 5, 6교시에 공부를 열심히 할 수 있다.
⑤ 점심시간에 청소를 미리 해 두면 학교 수업을 마치고 곧바로 집에 갈 수 있다.

6 다음 보기 에서 호열이가 제시한 의견에 대한 까닭을 찾아 기호를 써 보세요.

보기
⊙ 아침 청소는 건강에 좋다.
ⓒ 아침에 와서 청소를 하면 친구들과 사이가 좋아진다.
ⓒ 점심시간만큼은 친구들과 함께 시간을 보내야 한다.
ⓔ 점심시간에 청소를 하게 되면 운동장에서 놀지 못하게 된다.
ⓜ 아침에 한 시간 일찍 등교하여 친구들과 만나면 하루 종일 기분이 좋다.

(, ,)

7 준우와 호열이의 의견을 바르게 평가한 것을 찾아 ○표 하세요.

준우는 혜진이의 의견에 대해 반대하는 까닭만 들고, 자신의 의견인 '수업을 마치고 청소해야 한다'에 대한 까닭은 들지 않았다. 따라서 준우의 의견은 적절하지 않다.

( )

호열이가 제시한 까닭 중, '아침에 한 시간 일찍 등교하여 친구들과 만나면 하루 종일 기분이 좋다.'는 모든 사람이 동의할 수 있는 내용이므로 적절한 의견이다.

( )

8 지윤이네 반 친구들이 혜진이, 준우, 호열이의 의견 중 어떤 의견을 고를지 고민하고 있습니다. 고민하는 친구들에게 해 줄 말로 적절하지 <u>않은</u> 것을 보기에서 찾아 기호를 써 보세요.

> 보기
>
> ㉠ 누구나 공감할 수 있는 까닭을 들고 있는지 생각해 봐.
>
> ㉡ 제시한 의견이 실행할 수 있는 해결 방안인지 따져 봐.
>
> ㉢ 의견에 대한 적절한 까닭이나 근거를 들고 있는지 살펴봐.
>
> ㉣ 학급 전체의 입장보다 자신의 입장에서 이익이 되는 해결 방안인지 따져 봐.

(   )

부분-전체 관계의 낱말 찾기

🍎 다음 짝지어진 낱말들을 보고 부분 - 전체 관계에 있는 것을 모두 찾아 ○표 하세요.

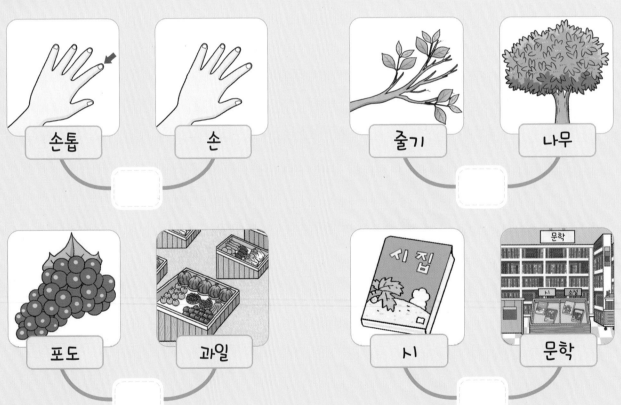

손톱 — 손

줄기 — 나무

포도 — 과일

시 — 문학

왜 그럴까?

한 낱말이 다른 낱말의 부분이 되는 관계를 부분-전체 관계라고 합니다. 이때 부분을 나타내는 낱말을 '부분어', 전체를 나타내는 낱말을 '전체어'라고 하지요. '손톱'은 '손'의 한 부분이 되고, '줄기'는 '나무'의 한 부분이 됩니다. 따라서 '손톱'과 '손', '줄기'와 '나무'는 서로 부분-전체 관계로 볼 수 있습니다. 그러나 '포도'는 '과일'의 의미에 포함되는 말이기는 하지만, '과일'의 한 부분은 아닙니다. 또한 '시'는 '문학'의 의미에 포함되는 말일 뿐, '문학'의 한 부분은 아닙니다. 따라서 '포도'와 '과일', '시'와 '문학'은 상하 관계로 볼 수 있습니다.

차이가 드러나는 의견 평가하기 ❺

| 글쓴이가 대상을 바라보는 관점 파악하기 | 문제 상황에 대한 서로 다른 의견 비교하기 | 서로 다른 의견의 타당성 평가하며 글 읽기 | 공부한 날 | 월 | 일 |

 정리 다음 설명 중 옳은 것을 모두 찾아 ○표 하세요.

동일한 주제나 문제 상황에서 사람들의 의견은 모두 동일하다. ☐

'의견'은 어떤 대상에 대해 가지는 생각을 뜻한다. ☐

사람마다 문제를 바라보고 해결하는 여러 가지 관점을 가지고 있다. ☐

의견이 드러난 글을 평가할 때는 글쓴이가 제시한 의견이 실행 가능한 방법인지 따져 보아야 한다. ☐

의견이 드러난 글을 평가할 때는 글쓴이가 자신의 의견에 대하여 적절한 까닭을 들고 있는지 살펴보아야 한다. ☐

의견이 드러난 글을 평가할 때는 글쓴이가 제시한 까닭이나 근거가 얼마나 재미있는지 따져 보아야 한다. ☐

의견에 대한 까닭을 제시할 때는 누구나 이해하기 쉽고 공감할 수 있는 내용이 적절하다. ☐

의견이 드러난 글을 평가할 때는 글쓴이가 제시한 의견이 문제 상황을 해결할 수 있는지 생각해 보아야 한다. ☐

의견의 차이가 드러나는 글을 읽을 때에는 먼저 글쓴이의 관점이 무엇인지 파악해야 한다. ☐

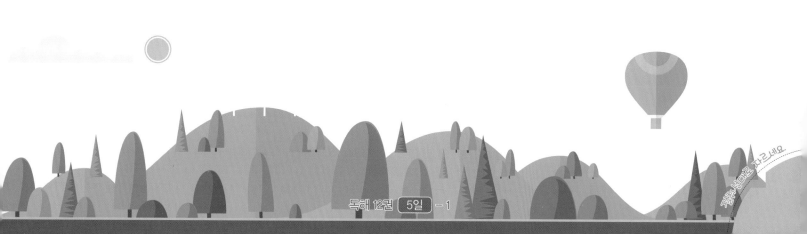

실화 다음 글을 읽고 물음에 답해 봅시다.

가 문화재는 개방되어야 한다. 문화재는 조상들의 숨결이 살아 있는 유적이다. 문화재는 현 시대를 살아가는 우리에게 옛 모습을 마주할 수 있게 해 준다. 역사를 배우고 옛 정취를 느낄 수 있는 수많은 문화재가 훼손을 예방한다는 이유로 폐쇄되는 것은 문제가 있다. 문화재 개방을 반대하는 이들은 문화재를 개방하여 문화재가 훼손되면 수천 년을 이어 온 하나뿐인 소중한 문화재를 잃게 된다고 말한다. 그러나 문화재 훼손이 우려된다면 관리인 고용, 방범 카메라 설치 등 다양한 방법으로 문화재 관리 감독을 강화하는 방안을 활용하는 것이 더 적절할 것이다.

문화재 보존이 아무리 중요하다 하더라도 관람하여 그 가치를 많은 이들이 깨닫고 공유하지 않는다면 의미가 없다. 문화재는 많은 이들에게 개방되어야만 진정한 가치가 있는 것이다. 과거를 그대로 '보존'만 할 때는 그것은 이미 문화도 아니며 문화재도 아니다. 일부 학자들은 문화재 훼손은 관광객 때문이 아니라 자연적 현상에 불과하다고 밝히기도 하였다. 시간이 흘러 문화재가 훼손되는 것은 당연한 이치이다. 보존한다고 문을 닫아 걸지 말고 하루라도 빨리 더 많은 이들이 보고 가치를 얻을 수 있도록 개방하는 것이 필요하다.

나 문화재 개방에 반대한다. 문화재는 우리가 보존해야 할 나라의 보물이다. 문화재를 개방하여 훼손될 경우 문화재의 가치는 그 무엇으로도 복구할 수 없다.

세계 기록 유산인 경남 합천 해인사 팔만대장경 원본은 일반 관람객에게 오랫동안 공개하지 않았다. 경주 석굴암도 유리 벽으로 가리고 먼 발치에서만 내부를 볼 수 있도록 조치하였다. 문화재 보존을 위해 관람객을 통제하고 인원수를 제한하기도 한다. 문화재청은 과거 제한 없이 개방하던 경복궁, 창덕궁의 관람 인원을 제한하였다. 하루에 수만 명의 관람객이 몰리면서 문화재 훼손이 우려되고, 일부 관람객은 음주 취식까지 하는 문제가 불거졌기 때문이다.

외국도 문화재 보호에 엄격하다. 구석기인이 남긴 아름다운 세계 문화유산 '알타미라 동굴 벽화'는 이를 보기 위해 몰려든 사람들이 내뿜는 이산화 탄소와 체열로 벽화가 심각하게 훼손되자 개방을 중단했다. 스페인 정부가 관광 수입을 기대하며 개방을 하려 할 때마다 문화재를 보호해야 한다고 주장하는 학자 및 시민들은 강력한 반대 운동을 벌이고 있다.

일반인에게 개방되었던 우리의 소중한 국보 제1호 숭례문이 2008년 한 사람의 잘못으로 한 줌의 재가 된 사건으로부터 우리는 깨달아야 한다. 이 예는 우리가 문화재 개방의 문제를 어떻게 접근해야 하는지 잘 알려 주고 있다. 문화재는 연구를 목적으로 하는 전문가들에게만 개방하고 일반인에게는 개방을 철저히 제한하는 것이 필요하다. 문화재를 굳이 개방하지 않더라도 사진과 영상으로 그 가치를 일반인들에게 전하는 것은 얼마든지 가능한 일이다. 같은 형태로 복원한 제2의 문화재를 만들어 이를 관람하도록 하는 것도 한 방법이 될 것이다.

1 글 **가**와 **나**는 어떠한 주제에 대하여 의견을 밝히고 있나요?

① 문화재를 개방해야 하는가?
② 문화재를 홍보하는 방안은 무엇인가?
③ 문화재를 보존하는 방법은 무엇인가?
④ 문화재를 관람할 때 요금을 내야 하는가?
⑤ 문화재를 개방하는 시간은 언제가 적당한가?

2 글 **가**와 **나**의 의견을 선으로 바르게 이어 보세요.

글 **가** •

글 **나** •

• 문화재를 개방하여 훼손될 경우, 그 가치는 복구할 수 없으므로 문화재 개방을 반대한다.

• 문화재를 많은 이들이 보고 가치를 얻을 수 있도록 개방해야 한다.

3 글 **가**를 읽고 알 수 있는 내용이 <u>아닌</u> 것은 무엇인가요?

① 문화재는 조상들의 숨결이 살아 있는 유적이다.
② 문화재는 많은 이들에게 개방되어야만 진정한 가치가 있는 것이다.
③ 문화재 훼손이 우려되므로 문화재 개방은 신중하게 결정해야 한다.
④ 훼손을 예방한다는 이유로 수많은 문화재가 폐쇄되는 것은 문제가 있다.
⑤ 일부 학자들은 문화재 훼손이 관광객 때문이 아니라 자연적 현상에 불과하다고 하였다.

4 다음 보기 에서 설명하는 것은 무엇인가요?

| 보기 | • 국보 제1호 | • 2008년 화재 사고로 한 줌의 재가 됨. |

① 돈의문　　　　　② 혜화문　　　　　③ 숙정문
④ 숭례문　　　　　⑤ 흥인지문

5 글 **나**의 의견을 뒷받침하는 근거로 제시한 것이 <u>아닌</u> 것은 무엇인가요?

① 일반 관람객에게 오랫동안 공개하지 않은 팔만대장경
② 하루에 수만 명의 관람객이 몰리자 관람 인원을 제한한 경복궁
③ 유리 벽으로 가리고 먼 발치에서만 내부를 볼 수 있도록 한 석굴암
④ 관리인을 고용하고 방범 카메라를 설치하여 관리 감독을 강화한 창덕궁
⑤ 사람들이 내뿜는 이산화 탄소와 체열로 벽화가 훼손되자 개방을 중단한 알타미라 동굴 벽화

6 다음은 글 **가**와 **나**의 의견을 평가한 것입니다. 보기 에서 빈칸에 들어갈 알맞은 말을 찾아 써 보세요.

글 **나**는 문화재 개방을 하지 않거나 제한하는 다양한 (   )을/를 근거로 제시하여 자신의 의견을 뒷받침하고 있어.

글 **가**는 글 **나**에 비해 (   )로 제시한 실제 사례가 거의 없고, 자신의 (   )만을 반복하고 있어서 (   )이/가 떨어져.

보기   근거   사례   의견   설득력

재미있는 낱말 놀이터 '발'과 관련된 관용 표현

🍎 다음 그림을 보고, 빈칸에 들어갈 알맞은 관용 표현을 보기 에서 찾아 써 보세요.

약속 시간이 다 되었는데도 버스가 오지 않자 건우는 _____.

올해부터 나는 굳은 결심을 하고 피시방(PC방)에 _____.

육지로 나가는 배가 끊겨 민준이는 섬에 꼼짝없이 _____.

보기   발을 굴렀다   발을 끊었다   발을 벗었다   발이 묶였다   발이 넓었다

왜 그럴까?

우리 생활 속에서 '발'과 관련된 관용 표현을 많이 찾아볼 수 있습니다. '발(을) 구르다'는 '매우 안타까워하거나 다급해하다.', '발(을) 끊다'는 '오가지 않거나 관계를 끊다.', '발(이) 묶이다'는 '몸을 움직일 수 없거나 활동할 수 없는 형편이 되다.'라는 뜻입니다.

　작품에는 인물들의 다양한 삶의 모습이 드러납니다. 인물의 삶의 모습을 파악하려면 인물이 처한 상황을 찾아 보고, 그 상황에서 인물이 한 말과 행동을 이해할 수 있어야 합니다.

　작품 속 인물의 삶을 파악한 뒤에는 인물의 삶과 자신의 삶을 비교하여 보거나 자신의 주변에 작품 속 인물과 비슷한 인물이 있는지 찾는 과정을 통하여 깨달음을 얻을 수 있습니다.

　자, 이제 작품에 드러난 삶의 모습을 파악하여 보고, 삶에는 다양한 모습이 있다는 것을 이해해 보도록 할까요?

다음 이야기를 읽고 물음에 답해 봅시다.

[앞 이야기] 옛날 '불라국'이라는 나라에 임금인 오구대왕과 길대 부인이 있었는데, 딸만 여섯 명을 낳았다. 부부는 나랏일을 맡길 수 있는 아들을 낳을 수 있을지 걱정이 많았다. 어느 날 한 스님이 길대 부인에게 백일 동안 기도를 하면 귀한 자식을 낳을 수 있다고 하여 길대 부인은 백 일 동안 정성스럽게 기도를 하였다.

하루는 아이가 태어날 기미가 보였다. 궁녀들이 팔다리를 주무르고 배도 쓰다듬으며 길대 부인을 도왔다. 시녀들이 아이를 받아서 뉘어 놓고 보니, 선녀 같은 딸이었다.

이 소식을 전해 들은 오구대왕은 정신이 몽롱해졌다. 슬픈 마음이 안개처럼 구름처럼 가슴에 꽉 차올랐다.

이때 오구대왕이 입을 열어 명령을 내리는데, 무서운 명령을 내린다.

"일곱째의 울음소리도 듣기 싫다. 일곱째를 사람의 발길이 닿지 않는 곳에 멀리멀리 내다 버려라."

길대 부인이 자리에 누웠다가 그 명령을 듣고 억장이 무너졌다. 자기가 낳은 자식을 어떻게 내다 버릴까마는, 왕의 명령을 거역할 수는 없었다.

다음 날 아침, 길대 부인과 시녀들은 아이를 안고 첩첩산중으로 찾아들어 갔다. 길대 부인은 아이를 안고

"너와 내가 죽지 않고 만날 날이 있으려나. 버리기 전에 이름이나 지어 보자. 낳자마자 버리는 자식이니, 네가 '바리데기'로구나."

- 신동흔, 『바리데기, 야야 내 딸이야 내가 버린 내 딸이야』 중에서

 오구대왕이 일곱째 딸을 내다 버리라고 한 까닭은 무엇인가요?

① 아들이 아니어서
② 부모에게 효도하지 않아서
③ 딸을 제물로 바쳐야만 해서
④ 딸이 선녀같이 예쁘지 않아서
⑤ 스님이 일곱째 딸을 버리라고 해서

 다음 인물의 마음과 행동을 통해 알 수 있는 가치관을 선으로 바르게 이어 보세요.

딸만 여섯 명을 낳게 되자, 부부는 나랏일을 맡길 수 있는 아들을 낳을 수 있을지 걱정함.		남편인 왕의 의견에 순종해야 한다.
길대 부인이 오구대왕의 명령에 억장이 무너졌지만 자식을 버림.		여자가 아닌 남자만 나랏일을 할 수 있다.

다음은 앞의 글에 이어지는 내용입니다. 글을 읽고 물음에 답해 봅시다.

[앞 이야기] 버려진 바리데기를 산신령이 데려다 키우게 되고, 오구대왕은 자식을 버린 일로 근심이 가득하여 몸에 병이 생겨나고 고칠 길이 없게 되었다. 어느 날 바리데기가 아침상을 차려서 산신령님께 올리자, 산신령은 바리데기에게 오늘 너를 낳은 어머니가 나타날 것이라는 말을 남기고 사라진다.

바리데기가 산신령의 말을 생각하며 가만히 서 있는데, 멀리서 울면서 오는 부인이 있었다. 바리데기가 부인에게 어떻게 온 것인지 물으니

"내가 십오 년 전에 내 딸 바리데기를 갖다가 버렸습니다. 여기에 와 보니 옛날 일이 생각나 눈물이 납니다."

이 말을 들은 바리데기는 어머니임을 알아보았다. 바리데기와 길대 부인은 서로 부여잡고 대성통곡을 하며 울었다.

그날 밤, 바리데기가 옷을 깨끗이 입고 머리를 곱게 빗고서 아버지께 인사를 드리러 갔다. 그러자 병에 걸려 누웠던 오구대왕이 깜짝 놀라 땅을 치면서 벌떡 일어나 앉아 울면서 말하였다.

"내 딸아, 내 딸아, 네가 안 죽고 살아 있다니 이것이 웬 말이냐. 나는 너를 갖다 버리라고 한 죄를 받아 병이 들었다. 네가 아들 겸 딸 겸해서 너희 어머니를 모셔라."

바리데기가 이 말을 듣고 길대 부인을 만나 들으니,

"너희 아버지 병은 인간 세상에는 약이 없고, 서천 서역에서 약수를 구해 와야 나을 수 있다는구나. 하지만 아무도 가겠다는 사람이 없다."

바리데기는 이 말을 듣더니마는

"어머니, 걱정 마세요. 제가 서천 서역에 가서 약수를 구해다 아버지를 살리겠습니다."

길대 부인이 반대하였으나 어찌나 조르는지 못 들은 척할 수가 없었다. 길대 부인과 오구대왕은 붙잡지도 못하고 눈물로만 작별하였다.

- 신동흔, 『바리데기, 야야 내 딸이야 내가 버린 내 딸이야』 중에서

 3 버려진 바리데기는 어떻게 되었나요?

① 산신령이 데려다 키웠다.　　　　　② 몸에 고칠 수 없는 병이 생겼다.
③ 산속에 사는 동물에게 잡아먹혔다.　④ 다른 나라로 떠나 새로운 부모를 만나 살았다.
⑤ 서천 서역에서 구한 약수를 먹고 아들이 되었다.

4 바리데기를 다시 만난 오구대왕의 마음은 어떠하였을까요? (정답 2개)

① 딸이 살아 있는 것에 깜짝 놀랐다.
② 아들이 아닌 딸이 찾아온 것에 실망하였다.
③ 자신의 병이 낫게 될 것이라는 기대를 하였다.
④ 딸을 갖다 버리라고 말한 것에 대해 죄책감을 느꼈다.
⑤ 바리데기 때문에 자신이 병에 걸렸다며 딸을 원망하였다.

5 다음 바리데기의 말과 행동에 드러난 가치관을 파악하여 빈칸에 써 보세요.

> • 바리데기의 말: "어머니, 걱정 마세요. 제가 서천 서역에 가서 약수를 구해다 아버지를 살리겠습니다."
> • 바리데기의 행동: 서천 서역에 가서 약수를 구해 오겠다는 바리데기를 길대 부인이 반대하였으나 바리데기는 계속 졸라서 허락을 받고 길을 떠났다.

바리데기의 가치관	부모님께 (　　　　　　)하는 것을 중요하게 생각한다.

'발걸음'과 관련된 관용 표현

🍎 다음 문장의 빈칸에 들어갈 알맞은 관용 표현을 바르게 선으로 이어 보세요.

나이 드신 할머니와 할아버지를 두고 떠나려니 ＿＿＿＿＿＿.

음식점에서 밥을 먹고 배탈이 난 이후로 우리 가족은 그곳에 ＿＿＿＿.

날이 어두워지자 조급한 마음에 ＿＿＿＿＿＿.

•　　　　　　　•　　　　　　　•

발걸음도 끊었다　　　발걸음을 재촉하였다　　　발걸음이 떨어지지 않았다

** 그럴까?**

발걸음은 '발을 옮겨서 걷는 동작'이라는 뜻을 가지고 있습니다. 이 뜻을 바탕으로 관용 표현을 쉽게 이해할 수 있습니다. '발걸음이 떨어지지 않다.'는 '애착, 미련, 근심, 걱정 등으로 마음이 놓이지 아니하여 선뜻 떠날 수가 없다.'라는 뜻입니다. '발걸음도 끊다.'는 '전혀 오거나 가지 아니하다.'라는 뜻이고, '발걸음을 재촉하다.'는 '길을 갈 때에 빨리 서둘러 가다.'라는 뜻입니다.

2 작품 속 다양한 삶의 모습 이해하기 ❷

인물의 말과 행동을 통해
가치관 파악하기

작품에 담긴 다양한
삶의 모습 이해하기

주변에서 작품 속 인물과
비슷한 사람 찾아보기

공부한 날	월	일

 다음 이야기를 읽고 물음에 답해 봅시다.

그날, 용구 삼촌이 소를 먹이러 갔는데 해질녘이 되어도 돌아오지 않았습니다.

"애비야, 못골 안으로 갔나 본데, 좀 내다보아라."

할머니가 아무래도 걱정이 되는지 아버지에게 참다못해 들먹거렸습니다.

그때였습니다. 암소 누렁이의 워낭 소리가 어둑어둑한 골목길에서 들려왔습니다.

"삼촌 온다!"

경희 누나와 내가 먼저 사립문 밖으로 달려 나갔습니다. 그런데 누렁이는 길게 고삐를 땅바닥에 끌면서 혼자만 걸어오는 것이 아닙니까.

"삼초온!" / 내가 큰 소리로 불렀습니다.

"……."

삼촌은 대답도 없고, 저쪽 못골 개울 언덕길은 까맣게 어둡기만 하였습니다. 아버지가 누렁이 암소를 마당 귀퉁이 말뚝에 매어 놓고 손전등을 들고 나왔습니다. 못골 개울 둑길로 아버지와 경희 누나와 내가 함께 삼촌을 찾아 나섰습니다.

서른 살이 넘었는데도 용구 삼촌은 이렇게 모든 게 서툴렀습니다. 언제나 집안사람들은 삼촌 때문에 마음을 놓지 못하는 것입니다.

– 권정생, 『용구 삼촌』 중에서

1 이 이야기에서 일어난 중요한 사건은 무엇인가요?

① 집안사람들이 용구 삼촌을 걱정하는 것   ② 아버지가 누렁이 암소를 말뚝에 매어 놓은 것

③ 경희 누나와 내가 사립문 밖으로 달려 나간 것   ④ 서른 살이 넘은 용구 삼촌이 모든 일에 서투른 것

⑤ 누렁이를 데리고 나간 용구 삼촌이 집으로 돌아오지 않은 것

2 용구 삼촌을 대하는 우리 가족의 행동을 보고, 이 글에 드러난 삶의 모습을 파악하여 다음 빈칸에 써 보세요.

> 이 글에 등장하는 우리 가족은 용구 삼촌이 돌아오지 않자 삼촌에게 무슨 일이 생긴 것이 아닌지
> (   )하고, 삼촌을 애타게 찾아다니고 있다. 서른 살이 넘었는데도 하는 일이 서투른 삼촌
> 을 따뜻하게 아끼고 서로 (   )하는 가족의 모습이 드러나 있다.

다음 이야기를 읽고 물음에 답해 봅시다.

옛날 옛적, 개미와 소새와 왕치가 한집에서 살고 있었다. 개미는 지금이나 그때나 다름없이 부지런하고 일을 잘하였다. 소새는 성질이 좀 괴팍하여 인정이 없고 야박스러운 구석은 있었으나, 본래 재치가 있고 부지런하여 제 앞길 하나는 넉넉히 꾸려 나가고도 남았다. 딱한 것은 왕치였다. 파리 한 마리 건드릴 힘도 없는 약질이라서 날마다 놀고먹었다. 놀고먹으면서도 배 속은 커서 먹기는 남의 배나 먹었다. 그것도 염치 아닌 노릇인데 속이 없고 성질까지 불량하였다.

부모 자식이나 같은 핏줄이라면 모를 텐데, 남남끼리 한집 한울 안에 살면서 그 모양이니, 눈치는 혼자 먹어야 하였다. 그래도 개미는 천성이 너그럽고 낙천적이어서 별로 허물을 탓하지 않았지만, 성미 까다로운 소새는 왕치를 영 못 볼 상으로 미워하였다. 걸핏하면 꽁하여 구박을 하고 눈치를 주었다.

어느 가을이었다. 백곡이 풍성한 식욕의 계절이었다. 가을도 되고 하였으니 우리 잔치나 한번 차리는 것이 어떠냐고 셋이 모여 앉은 자리에서 소새가 말하였다.

"거, 참 좋은 말일세!"

잔치도 잔치이지만, 한편 저를 골려 주자는 계획인 줄은 모르고, 먹을 생각만 한 왕치가 냉큼 받아서 찬성하였다. 잠자코 있었으나 개미도 반대는 없었다.

사흘 잔치를 하기로 하였다. 사흘 동안 계속하여 잔치를 하는데, 차리기는 하나가 하루씩 혼자 맡아서 차리기로 하였다. 첫날은 개미가 잔치를 차리면 둘째 날은 소새가, 그리고 마지막 날은 왕치가……, 이렇게.

왕치는 그렇게 잔치를 하루씩 혼자서 차린다는 데는 속으로 몹시 걱정스러웠으나, 그렇다고 체면에 "나는 못 합네." 할 수 없는 터라 어물어물 코대답을 해 두었다. 둘이 먼저 차리거든 우선 먹어 놓고 볼 일이라는 속셈이었다. 줄곧 이런 식으로 지내 왔으니 새삼스러울 것도 없었다.

- 채만식, 『왕치와 소새와 개미와』 중에서

3 이 글에 등장하는 인물이 <u>아닌</u> 것을 보기 에서 찾아 기호를 써 보세요.

| 보기 | ㉠ 왕치 | ㉡ 소새 | ㉢ 개미 | ㉣ 파리 |

(   )

4 소새가 왕치와 개미에게 제안한 것은 무엇인가요?

① 가을이 되었으니 잔치나 한번 차리자.
② 가을이 되었으니 얻은 곡식을 똑같이 나누자.
③ 한집에 사는 것을 그만두고 각자 나가서 따로 살자.
④ 일을 하는 자만 계속 일을 하니 공평하게 일을 하자.
⑤ 한집에 살면서 왕치를 보는 것이 힘드니 왕치를 내보내자.

5 다음 중 소새가 **4** 와 같은 제안을 한 까닭으로 가장 알맞은 것은 무엇일까요?

① 셋이 한집에 사는 것이 싫어졌기 때문에

② 왕치에게 맛있는 음식을 대접하고 싶어서

③ 일을 하지 않고 놀고먹기만 하는 왕치를 골려 주기 위해서

④ 그동안 자신들을 위해 고생한 개미에게 선물을 주고 싶어서

⑤ 왕치에게 스스로 먹을 것을 구하는 방법을 알려 주기 위해서

6 이 글에 등장하는 인물에 대한 설명으로 알맞은 것을 찾아 선으로 이어 보세요.

왕치 •	• 천성이 너그럽고 낙천적이며, 부지런하고 일을 잘한다.
소새 •	• 인정은 없지만 부지런하여 제 앞길은 잘 꾸려 나간다.
개미 •	• 놀고먹으면서 속이 없고 성질이 불량하다.

7 왕치가 소새의 제안을 찬성한 까닭은 무엇인가요?

① 개미가 먼저 찬성하자, 반대할 수 없었기 때문에

② 일을 하지 않는 소새를 골려 주고 싶었기 때문에

③ 친구들에게 좋은 음식을 대접해 주고 싶었기 때문에

④ 평소에 자신을 구박하는 소새의 눈치가 보였기 때문에

⑤ 개미와 소새가 차려 주는 음식을 먹을 생각만 하였기 때문에

8 왕치는 어떤 인물이라고 할 수 있나요?

① 다른 이를 함부로 무시하는 인물

② 자신이 가장 훌륭하다고 생각하는 인물

③ 다른 이가 노력한 대가를 쉽게 얻으려는 인물

④ 자신이 하는 일만 매우 고된 일이라고 생각하는 인물

⑤ 다른 이가 가진 좋은 점을 배워야 한다고 생각하는 인물

9 자신의 주변에서 개미와 가장 비슷한 인물을 찾아서 말한 친구를 찾아 이름을 써 보세요.

건우: 이유 없이 다른 친구들을 괴롭히고 놀리는 친구가 이 글에 나오는 개미와 가장 비슷해.	**지안:** 선생님이나 부모님께 다른 친구의 잘못을 고자질하는 친구가 이 글에 나오는 개미와 가장 비슷해.	**준우:** 매일 아침 일찍 등교하여 책을 읽고 오늘 배울 내용을 미리 공부하는 친구가 이 글에 나오는 개미와 가장 비슷해.

(   )

10 왕치에게 해 줄 충고하는 말로 알맞지 <u>않은</u> 것은 무엇인가요? (정답 2개)

① 다른 사람의 일까지 떠맡아서 할 필요는 없어.

② 친구들이 하는 말에 무조건 반대하는 태도는 옳지 않아.

③ 나중에 일어날 일을 생각하지 않고 대답부터 먼저 하는 행동은 좋지 않아.

④ 친구들이 나의 약점을 이해하고 받아 주고 있음을 알고 고마워하는 마음을 가져야 해.

⑤ 일을 하지 않고 친구들이 열심히 일을 하여 얻은 음식을 얻어먹기만 하는 행동은 좋지 않아.

고유어의 뜻 알아보기

🍏 다음 그림 아래에 제시된 고유어를 보고 그 뜻을 찾아 선으로 이어 보세요.

바투

도랑

모꼬지

• • •

놀이나 잔치 또는 그 밖의 일로 여러 사람이 모이는 일

매우 좁고 작은 개울

두 대상이나 물체의 사이가 썩 가깝게

왜 그럴까?

우리말의 낱말은 고유어, 한자어, 외래어로 이루어져 있습니다. 그 가운데에서 고유어는 '순우리말' 또는 '토박이말'이라고도 부릅니다. 고유어는 우리말에 본디부터 있었던 낱말이나 그것을 바탕으로 하여 새로 만들어진 낱말을 일컫습니다. '바투'는 '두 대상이나 물체의 사이가 썩 가깝게', '도랑'은 '매우 좁고 작은 개울', '모꼬지'는 '놀이나 잔치 또는 그 밖의 일로 여러 사람이 모이는 일'을 뜻합니다.

인물의 말과 행동을 통해
가치관 파악하기

작품에 담긴 다양한
삶의 모습 이해하기

주변에서 작품 속 인물과
비슷한 사람 찾아보기

공부한 날   월   일

 다음 이야기를 읽고 물음에 답해 봅시다.

> 우리 집에는 우산이 모자라서 비 오는 날이면 나는 우산 없이 다니기를 잘하였습니다. 학교가 먼 큰오빠, 작은오빠, 언니 들이 우산을 받고 학교에 가면 학교가 가까운 옥이는 우산이 없어 비를 맞으며 갑니다.
>
> "옥이 비옷 하나 사 줘야겠군."
>
> 하면서도 아버지, 어머니는 그걸 사 주지 못하였습니다.
>
> 옥이는 언니, 오빠들이 우산을 받고 가는데 저만 우산 없이 학교 다니는 것이 싫어서 투정을 하였습니다.
>
> "잊지 않고 이번엔 비옷을 사 줄게."
>
> 어느 날, 어머니가 값싼 비옷 하나를 사 오셨습니다.
>
> 옥이는 그걸 보고 좋아 어쩔 줄을 몰랐습니다. 방에서 입어 보고 거울까지 들여다보고 하였습니다. 그런데 옥이가 비옷을 산 뒤로 웬일인지 비가 오지 않았습니다.
>
> — 이원수, 『엄마 없는 날』 중에서

1 옥이의 행동을 통해 짐작할 수 있는 옥이의 마음을 선으로 바르게 이어 보세요.

부모님께 투정하는 행동	•	•	갖고 싶던 비옷을 사 주셔서 기쁨.
어머니가 사 오신 비옷을 입어 보고 거울까지 들여다보는 행동	•	•	오빠와 언니는 모두 우산을 쓰고 가는데 나만 우산 없이 학교 가는 것이 싫고 속상함.

2 이 글에 담긴 삶의 모습을 파악하여 다음 빈칸에 들어갈 알맞은 말을 써 보세요.

> 옥이네 집은 (   )이/가 부족하여 비 오는 날 오빠와 언니 들이 우산을 들고 나가면 옥이는 비를 맞고 학교에 가게 된다. 이 모습을 안타까워하던 부모님은 옥이에게 비옷을 사 주고 싶어 하지만 형편이 어려워 바로 사 주지 못하고 시간이 흐른 뒤에 값싼 비옷을 사 준다. 이 글에는 (   ) 가정 형편이지만 자식을 위하는 옥이 부모님의 삶의 모습, 작은 것에도 기뻐할 줄 아는 옥이의 삶의 모습이 담겨 있음을 알 수 있다.

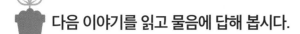

놀부는 이 무렵 흥부네 소식을 듣고 샘이 나고 화가 나서 제 풀에 앓아눕고 말 지경이었다. 그래서 봄이 다시 한창 무르익기 시작한 어느 날 그는 기어코 더 이상은 궁금증과 조바심을 참지 못하고 헐떡헐떡 흥부네 집을 찾아갔다.

찾아가 보니 흥부네는 과연 소문대로 큰 부자가 되어 있었다. 놀부는 더욱 치솟는 욕심과 시기심을 참지 못하고 두 눈에 쌍심지를 켜 단 채 기세등등 곧바로 대문을 박차고 흥부네 사랑채를 지나 곧바로 안채까지 달려들어갔다. 그리고 허둥지둥 버선발로 달려 나와 형님을 맞는 제 아우 흥부의 인사도 받는 둥 마는 둥 ㉠제가 먼저 방 아랫목에 깔린 비단 보료 위로 떡 하니 다리를 꼬고 앉아서는 대뜸 아우 닦달부터 시작하였다.

"네 이놈, 흥부야! 내가 듣자니 네가 요즈음 밤이슬을 맞아 가며 못된 짓을 하고 다닌다면서?"

"형님, 그게 무슨 말씀이십니까? 이 모든 것이 다 고마우신 조상님의 음덕과 형님의 넓으신 보살핌 덕분에 얻어 누리게 된 복인걸요."

흥부는 벌써 그 형 놀부의 성깔과 속셈을 아는 터라, 놀부의 그런 엉뚱한 시비조 다그침에 비위가 상하지 않도록 진심을 다하여 고분고분 대답하여 나갔다. 그러니까 놀부는 그럴수록 더 기고만장하여 억지를 부렸다.

"그래, 그것은 그럴 것이다. 그런데 너 혼자 이렇게 부자가 되어 살면서 어찌 이 형님은 한번 찾아볼 생각을 안 했단 말이냐?"

"그렇지 않아도 형님 좋아하실 것으로 쓸 만한 선물을 장만하여 형님께 한번 인사를 드리러 갈 생각이었습니다. ㉡하오나 다시는 눈앞에 나타나지 말라시는 전날의 말씀이 계신 터라 쉽게 길을 나서지 못하고 있던 참에 형님께서 먼저 발걸음을 해 오시니 송구하기만 합니다."

"저런, 칠칠치 못한 놈 같으니라고. 그래, 누가 이렇게 부자가 되어서도 찾아오지 말라더냐. 하여튼, 기왕 이 형님이 좋아할 선물을 장만하여 올 생각이었다니 말이다만, 내가 원하는 것이면 무엇이든지 주겠느냐?"

"말씀만 하십시오. 제 하나뿐인 형님이신데 무엇인들 못 드리겠습니까?"

"그렇다면 먼저 저기 저 자개가 박힌 문갑을 내게 주겠느냐?"

"드리다마다요."

"듣자니 저기 윗목에 있는 옷장이 매우 값진 물건이라는 소문이던데 과연 그렇구나. 네 형수 선물로 저것도 주겠느냐?"

"화초장 말씀이십니까? 물론 그렇지요."

"아까 들어오다 보니, 마루 벽에 걸려 있는 모란꽃 그림이 썩 좋더구나. 그것도 주겠느냐?"

놀부는 먼저 눈에 띄는 대로 무엇이든지 마구 내놓으라고 하였고, 흥부는 그때마다 그것을 즐겁게 허락하였다. 그 상자에서 쏟아져 나왔다는 가지가지 비단도? 그렇지요. 쌀도 백 가마니쯤? 물론 그렇지요. 돈도, 금은보화도? 그렇지요, 그렇지요.

"아니다, 아니다. 그런 것 다 그만두고, 아예 그 보물 상자들을 내게 주면 어쩌겠느냐?"

-이청준, 『흥부가』 중에서

3 놀부가 들은 흥부네 소식은 무엇인가요?

① 흥부가 큰 부자가 되었다는 소식

② 흥부가 놀부네 집을 찾아다닌다는 소식

③ 제비가 찾아와서 흥부가 복을 받았다는 소식

④ 흥부가 놀부 집에서 쫓겨나서 가난하게 살고 있다는 소식

⑤ 흥부가 밤이슬을 맞아 가며 못된 짓을 하고 다닌다는 소식

4 놀부가 밑줄 친 ㉠과 같이 행동한 까닭은 무엇인가요?

① 아우인 흥부에게 예의를 갖추기 위해서

② 다리가 불편하다는 사실을 감추기 위해서

③ 노력을 하여 큰 부자가 된 흥부를 존경하는 마음에서

④ 방에서 가장 따뜻한 아랫목에 앉아 추위를 피하기 위해서

⑤ 집주인이 앉는 보료에 먼저 앉아 자신이 형이라는 것을 과시하기 위해서

5 흥부가 놀부에게 인사를 가지 <u>못한</u> 까닭은 무엇인가요?

① 놀부가 집을 알려 주지 않았기 때문에

② 집에 먹을 것이 없어 일을 하느라 바빴기 때문에

③ 형님에게 드릴 선물을 마련하지 못하였기 때문에

④ 놀부가 다시는 눈앞에 나타나지 말라고 하였기 때문에

⑤ 놀부가 자신의 재산을 모두 빼앗아 갈 것이라고 생각했기 때문에

6 밑줄 친 ㉡에 담긴 흥부의 마음을 짐작하여 보기 에서 찾아 빈칸에 써 보세요.

> 흥부는 놀부의 '(   )'을 '(   )'이라고 높여서 표현하고, 놀부가 먼저 자신의 집에 온 것에 대해 '두려워서 마음이 거북하다'는 뜻의 '송구하다'라는 표현을 사용하였다. 이와 같이 놀부를 (   ) 자신을 (   ) 표현을 사용하는 까닭은 놀부의 마음을 상하지 않게 하기 위해서이다.

| 보기 | 말 | 말씀 | 높이고 | 낮추는 |

다음 중 우리 주변에서 놀부와 비슷한 사람은 누구인가요?

① 열심히 책을 읽고 있는 친구에게 다가가 방해하는 친구
② 자신이 저지른 잘못을 반성하지 않고 다른 친구 탓을 하는 친구
③ 친구가 상과 선물을 받은 것을 시샘하여 친구의 것을 탐내는 친구
④ 자신이 할 수 있는 일도 계속 다른 사람에게 해 달라고 요구하는 친구
⑤ 자동차를 운전하면서 도로 규칙을 어기고 자기 마음대로 운전하는 어른

'길'의 여러 가지 뜻

🍎 다음 그림에서 밑줄 친 '길'의 뜻을 보기 에서 찾아 기호를 써 보세요.

( )

( )

( )

( )

보기

㉠ 방법이나 수단
㉡ '과정', '도중', '중간'의 뜻을 나타내는 말
㉢ 사람이나 동물 또는 자동차 따위가 지나갈 수 있게 땅 위에 낸 일정한 너비의 공간
㉣ 사람이 삶을 살아가거나 사회가 발전해 가는 데에 지향하는 방향, 지침, 목적이나 전문 분야

왜 그럴까?

'길'은 여러 가지 뜻을 지닌 낱말입니다. 첫 번째 그림에서 '길'은 '사람이나 동물 또는 자동차 따위가 지나갈 수 있게 땅 위에 낸 일정한 너비의 공간'의 뜻으로 쓰였습니다. 두 번째 그림에서 '길'은 '사람이 삶을 살아가거나 사회가 발전해 가는 데에 지향하는 방향, 지침, 목적이나 전문 분야'의 뜻으로 쓰였습니다. 세 번째 그림에서 '길'은 일부 명사 뒤에 붙어 '과정, 도중, 중간'의 뜻을 나타내는 말로 쓰였습니다. 네 번째 그림에서 '길'은 주로 '는/을 길'의 구성으로 쓰여 '방법이나 수단'의 뜻으로 쓰였습니다. 이처럼 두 가지 이상의 뜻을 가진 낱말을 다의어라고 합니다.

읽기 목표
2 작품 속 다양한 삶의 모습 이해하기 ④

인물의 말과 행동을 통해 가치관 파악하기 | 작품에 담긴 다양한 삶의 모습 이해하기 | 주변에서 작품 속 인물과 비슷한 사람 찾아보기 | 공부한 날 월 일

 다음 시를 읽고 물음에 답해 봅시다.

남자들의 약속

이정인

남자가 셋이나 되는 집에서
하나뿐인 여자 마음 몰라준다고
엄마가 집을 나갔다.
쓰레기 버리러 나간 엄마가
들어오지 않았다.

엄마가 잘 가는 운동장에도 없고
길 건너 공원을 샅샅이 찾아도 없다.
나는 쿵쿵거리는 가슴으로
다리 밑에도 살펴보았지만
그림자도 보이지 않았다.

집이 발칵 뒤집힌 줄도 모르고
새벽에야 돌아온 엄마,
차 안에서 음악 듣다
그만 잠들었단다.

엄마 앞에서 남자끼리 약속했다.
양말 세탁기에 골인하기
자기 이불 자기가 개기
신발 얌전히 벗어 놓기
튀지 않게 오줌 누고 물 꼭 내리기
밥 차릴 때 숟가락 놓기…….

손꼽아 보니
어려운 일 한 가지도 없다.

1 이 시를 읽고 알 수 있는 '남자 셋'의 평소 모습으로 알맞지 **않은** 것은 무엇인가요?

① 양말을 벗어서 아무 데나 두었다.   ② 신발을 현관에 아무렇게나 벗어 두었다.
③ 오줌이 여기저기 튀고 물도 내리지 않았다.   ④ 엄마가 밥을 차릴 때 식탁에 숟가락을 놓았다.
⑤ 자고 일어나서 이불을 개지 않고 그대로 두었다.

2 이 시에 드러난 삶의 모습을 정리하여 다음 빈칸에 공통으로 들어갈 말을 써 보세요.

가족이 (   )을/를 도와주지 않아 엄마가 혼자서 모든 (   )을/를 하게 되었다.
속이 상한 엄마가 집을 나가자, 가족들은 앞으로 (   )을/를 도와서 함께하기로 약속하였다.

(   )

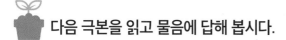 **다음 극본을 읽고 물음에 답해 봅시다.**

　　강아지 분장을 한 진득이와 나무 막대기 분장의 말뚝이가 천하대장군과 지하여장군 앞에 서 있다. 진득이는 울고 있고, 말뚝이는 자신은 죄가 없다는 듯이 억울한 표정을 짓고 있다.

진득이: (한 팔로 눈물을 닦으며) 제가 무슨 동네북이라도 되나요? 만날 말뚝이가 저를 발로 찬단 말이에요.

말뚝이: (한 손으로 진득이를 가리키며 억울하다는 표정을 짓는다.) 아니, 저는 만날 이렇게 한 자리에 말뚝처럼 서 있는데 어떻게 온 동네를 빨빨거리며 돌아다니는 진득이를 발로 찰 수 있단 말이에요? 전 억울해요.

천하대장군: (진득이와 말뚝이를 번갈아 바라보며 아리송한 표정을 짓는다.) 어허, 그것참! 누구의 말이 사실인지 판단하기가 쉽지 않구나.

지하여장군: (판결을 내리기 위한 꾀를 생각해 낸 듯한 표정과 몸짓으로 혼잣말을 한다.) 옳지, 이러면 되겠군. 말뚝이 너는 진득이를 발로 찬 적이 한 번도 없단 말이지?

말뚝이: (말뚝처럼 꼿꼿하게 선 자세로) 그럼요, 저를 좀 보세요. 저는 다리도, 팔도 움직일 수 없는 말뚝이라고요.

지하여장군: (진득이 엉덩이의 멍든 자국을 어루만진다.) 진득이 너의 이 멍 자국은 분명 말뚝이가 발로 찬 자국이란 말이지?

진득이: (슬픈 표정을 지으며) 네, 못된 말뚝이가 엉덩이를 차서 이렇게 된거라고요.

지하여장군: (천하대장군에게) 천하대장군님, 요술을 부리셔서 과거로 돌아가게 해 주세요. 어떤 일이 있었는지 확인해 보면 되지 않겠습니까?

천하대장군:(하늘 높이 두 팔을 뻗어 우렁찬 목소리로 주문을 왼다.) 우르릉 쾅쾅, 수리수리 쾅쾅, 과거로 돌아가라!

　　강아지 진득이와 막대기 말뚝이가 그 자리에서 '코끼리 맴맴' 하는 자세로 두세 바퀴를 돌자 과거로 돌아간다. 진득이가 이리저리 눈치를 보다가 말뚝이에게 다가간다.

진득이: (살금살금 눈치를 보며 말뚝이에게 다가가며) 아휴, 오줌이 마려워 못 참겠네. 어디 볼일 좀 보자. (말뚝이를 발견하고는) 아하, 내가 좋아하는 곳이 바로 저기 있군. (말뚝이에게 다가가 한 발을 들고 볼일을 본다.)

말뚝이: (진득이가 자기한테 슬금슬금 다가오는 것을 보면서) 어, 어어……. 저 녀석 또 내 몸에 쉬하려고 하네. 어디 오기만 해 봐라.(진득이가 다가와 다리를 들고 쉬를 하자 진득이를 발로 찬다.)

진득이: (깜짝 놀라 엉덩이를 움켜쥐고 촐싹대며 뛰면서) 아이고, 내 엉덩이야!

천하대장군: (　　　㉠　　　) 네 이놈…… 진득이…….

　　진득이는 바닥에 엎드리고, 말뚝이는 고소하다는 듯한 표정과 몸짓을 하며 막 내린다.

- 김선민, 「동네북 진득이」 중에서

3 이 극본의 등장인물이 <u>아닌</u> 것을 보기 에서 찾아 기호를 써 보세요.

보기 　㉠ 진득이　　　㉡ 말뚝이　　　㉢ 코끼리　　　㉣ 천하대장군　　　㉤ 지하여장군

（　　　　　　　）

4 이 극본에서 가장 중요한 사건은 무엇인가요?

① 진득이와 말뚝이가 서로 다툼.
② 힘이 센 말뚝이가 진득이를 괴롭힘.
③ 천하대장군과 지하여장군이 서로 다툼.
④ 진득이는 강아지 분장을 하고 말뚝이는 막대기 분장을 함.
⑤ 잘못을 저지른 진득이와 말뚝이가 천하대장군에게 벌을 받음.

5 진득이와 말뚝이의 주장이 무엇인지 찾아 바르게 선으로 이어 보세요.

진득이 ・
말뚝이 ・

・ 한 자리에 말뚝처럼 서 있기 때문에 돌아다니는 진득이를 발로 찰 수 없다.

・ 말뚝이가 자신을 발로 차서 엉덩이에 멍 자국이 났다.

6 ㉠에 들어갈 천하대장군의 행동에 대한 설명으로 가장 알맞은 것은 무엇인가요?

① 진득이의 머리를 쓰다듬으며　　　② 팔을 들어 진득이에게 호령하며
③ 진득이와 말뚝이를 번갈아 바라보며　　　④ 진득이를 불쌍한 눈빛으로 바라보며
⑤ 무슨 영문인지 몰라 당황해하는 표정으로

7 이 극본을 읽고 알 수 있는 진득이의 모습으로 알맞은 것을 찾아 ○표 하세요.

다른 사람에게 알리지 않고 선행을 베푼다.	현명하고 지혜롭게 어려운 문제를 잘 해결해 나간다.	자신의 잘못을 인정하지 않고 자신이 피해 입은 것만 생각한다.
（　　　）	（　　　）	（　　　）

8 이 극본에 담긴 삶의 모습으로 가장 알맞은 것은 무엇인가요?

① 어려움에 처한 사람을 도와주면 복을 받게 된다.

② 열심히 노력하면 원하는 바를 얻을 수 있게 된다.

③ 결국 진실은 밝혀지고 잘못한 사람이 벌을 받게 된다.

④ 잘 아는 일이라고 자만하지 말고 겸손한 태도를 지녀야 한다.

⑤ 지나치게 욕심을 부리게 되면 자신이 가지고 있던 것도 모두 잃게 된다.

비유적 표현 찾기

🍎 다음 문장의 빈칸에 알맞은 비유적 표현을 찾아 ○표 하세요.

왜 그럴까?

어떤 현상이나 사물을 비슷한 현상이나 다른 사물에 빗대어 표현한 것을 '비유적 표현'이라고 합니다. 비유적 표현은 한 대상을 다른 대상에 빗대어 표현하기 때문에 두 대상 사이에 공통점이 있습니다. 첫 번째 문장에서는 형이 시키는 대로 움직이는 '나'를 '로봇'에 비유할 수 있습니다. 두 번째 문장에서는 구름이 뭉게뭉게 피어 있는 모습을 솜사탕에 비유할 수 있습니다. 이처럼 비유적 표현을 사용하면 자신이 말하고자 하는 바를 효과적으로 나타낼 수 있습니다.

읽기 목표

2 작품 속 다양한 삶의 모습 이해하기 ❺

인물의 말과 행동을 통해
가치관 파악하기

작품에 담긴 다양한
삶의 모습 이해하기

주변에서 작품 속 인물과
비슷한 사람 찾아보기

공부한 날 월 일

정리 **다음 설명 중 옳은 것을 모두 찾아 ○표 하세요.**

인물의 행동이나 말에 주의하여 글을 읽으면 인물의 마음을 더 깊이 이해할 수 있다.

인물이 처한 상황에서 한 말과 행동에는 그 인물이 추구하는 가치가 담겨 있다.

인물이 추구하는 가치를 통하여 그 인물이 추구하는 삶의 모습을 파악할 수 있다.

인물이 처한 상황과 인물이 추구하는 가치와는 관련이 없다.

인물이 처한 상황에서 인물이 한 말과 행동을 알아보면 작품에 담긴 삶의 모습을 이해할 수 있다.

현실과 달리 작품 속 인물들은 모두 비슷한 삶을 살아간다.

이야기를 읽을 때 인물의 삶을 파악하면서 읽으면 작품을 깊게 이해할 수 있다.

작품 속에서 다양한 삶을 찾아보는 활동을 통해 다른 사람의 삶을 존중하고 다양성을 이해할 수 있다.

작품 속 인물도 저마다의 가치를 추구하며 다양한 삶을 살아간다.

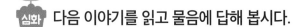

가 우리 가족은 아주아주 높은 곳에서 산다. 너무 높은 곳이라서 하늘을 나는 매와 나무 사이에 숨어 있는 동물들 말고는 살아 있는 걸 거의 볼 수가 없다.

내 이름은 칼이다. 난 맏이도 막내도 아니지만 남자아이 중에서는 첫째다. 난 아빠를 도와 쟁기질을 하고 길 잃은 양을 데려올 줄도 안다.

저녁이 되면 소를 집으로 몰고 온다. 별로 어렵지 않은 일이다. 집에 오면 누나 라크가 책 속에 코를 처박고 있다. 엄마가 괜찮다고 하면 아침부터 저녁까지 그러고 있을 것이다. 아빠는 라크를 '세상에서 가장 책을 좋아하는 아이'라고 부른다.

난 아니다. 난 꿈쩍도 않고 앉아 책 나부랭이나 보는 것엔 관심 없다.

나 울타리를 손보는데 또각거리는 말발굽 소리가 들린다. 진흙처럼 붉은 밤색 암말이다. 말을 탄 사람은 남자가 아니라 여자다. 여자는 온세상 사람들 다 보라는 듯이 바지를 입고 있다. 우리는 그 낯선 아주머니를 친절하게 맞이한다. 아주머니도 아주 다정하다. 아주머니는 따뜻한 차를 한 모금 마신다. 그리고 안장에 달려 있던 가방을 탁자에 내려놓고 무언가를 꺼낸다. 라크의 두 눈은 황금이라도 본 것처럼 반짝거린다. 그리고 어쩔 줄 몰라 하며 그쪽으로 두 손을 뻗는다.

물론 아주머니가 가져온 건 보물이 아니다. 한낱 책일 뿐이다!

믿어지는가? 산기슭을 따라 애써 짊어지고 온 것이 책이라니! 만약 아주머니가 떠돌이 땜장이처럼 잡동사니를 팔러 온 거라면 쓸데없는 짓이다. 우리는 돈이 없으니까. 누구나 아는 사실이지만 우리에겐 동전 한 푼도 없다. 그러니 책 따위를 살 수 없는 건 당연하다.

아빠는 라크를 보더니 헛기침을 한다.

"물물 교환을 하면 되겠지. 책 한 권에 열매 한 주머니."

난 말은 못 하고 등 뒤로 두 손을 꼭 쥔다. 그 열매는 책 따위가 아니라 파이를 만들려고 내가 딴 건데!

그런데 놀랍게도 아주머니는 아주 단호하게 나무 열매를 받지 않겠다고 한다. 채소 한 소쿠리도 받지 않는다. 이 책들은 공기처럼 모두 공짜란다! 게다가 앞으로도 두 주에 한 번씩 이 책들을 다른 책과 바꿔 주기 위해 온다고 한다.

다 온 세상이 할아버지의 수염처럼 하얀 날이다. 한밤중에 도둑고양이가 울어 대듯 바람이 힘차게 울어 댄다. 우리 가족은 난롯불 가까이에 앉아 있다. 이런 날에는 아무도 찾아오지 못할 것이다. 아마 산이나 들에 있는 동물들도 숨어 지낼 거다.

그런데 맙소사! "똑, 똑, 똑." 누군가 유리창을 두드린다. 바로 책 아주머니다. 머리끝부터 발끝까지 꽁꽁 감싸고 왔지, 뭔가! 책 아주머니는 우리 가족이 감기에 걸리지 않도록 창문 틈으로 책을 건넨다. 아빠가 하룻밤 묵어가라고 하니 책 아주머니는 고개를 흔든다.

"말이 잘 데려다줄 텐데요, 뭘."

난 잠시 가만히 서서 책 아주머니가 저 멀리 사라지는 모습을 지켜보고 있다. 머릿속에서 생각이 창밖의 눈보라처럼 막 소용돌이친다. 말만 용감한 게 아닌 것 같다. 말에 탄 사람도 용감하다.

책 아주머니가 이런 어려움도 무릅쓰고 오는 이유가 무엇일까. 갑자기 알고 싶다.

나는 글과 그림이 있는 책을 집어 들고 라크에게 내민다.

"뭐라고 쓰여 있는지 가르쳐 줘."

라 봄이 되었다.

책 아주머니가 잠시 우리 집에 들른다. 엄마가 선물을 준다. 엄마의 가장 귀한 선물, 나무딸기파이 만드는 법이다. 엄마의 나무딸기파이는 세상에서 최고로 맛있는 음식이다. 엄마가 말한다.

"고생하시는 거에 비하면 보잘것없어요."

그러고는 자랑스러워하며 낮게 덧붙인다.

㉠<u>"책 읽는 아이가 한 명 더 늘었답니다."</u>

- 헤더 헨슨 글, 김경미 옮김, 『꿈을 나르는 책 아주머니』 중에서

1 글 **가**에서 알 수 있는 '나'는 어떤 아이인가요?

① 공부를 잘하는 아이   ② 책에는 관심이 없는 아이

③ 동물과 대화를 나누는 아이   ④ 높은 나무를 잘 오르는 아이

⑤ 집안일 하는 것을 싫어하는 아이

2 다음 중 '나'가 책에 대해 어떻게 생각하는지 드러내는 문장을 모두 찾아 ○표 하세요. (정답 2개)

온 세상이 할아버지의 수염처럼 하얀 날이다.

난 꿈쩍도 않고 앉아 책 나부랭이나 보는 것엔 관심 없다.

엄마의 나무딸기파이는 세상에서 최고로 맛있는 음식이다.

물론 아주머니가 가져온 건 보물이 아니다. 한낱 책일 뿐이다!

3 '나'가 책에 대해 궁금증이 생긴 까닭은 무엇인가요?

① 라크가 혼자서 계속 책을 보는 모습이 신기했기 때문에

② 책 아주머니가 열매도 채소도 받지 않겠다고 하였기 때문에

③ 봄이 되어도 책 아주머니가 여전히 우리 집을 찾아왔기 때문에

④ 아빠가 귀한 열매 한 주머니를 책 아주머니에게 주려고 하였기 때문에

⑤ 바람이 몹시 불고 눈이 새하얗게 쏟아진 날에도 책 아주머니가 책을 주러 왔기 때문에

4 밑줄 친 ㉠의 뜻으로 가장 알맞은 것은 무엇인가요?

① 우리 집에는 이제 책이 충분히 있답니다.

② 새로 태어난 아이가 있어 가족이 늘어났답니다.

③ 이제 라크가 우리 집에서 가장 책을 잘 읽게 되었답니다.

④ 책을 읽지 않았던 칼이 아주머니 덕분에 책을 읽게 되었답니다.

⑤ 다른 집 아이들은 그렇지 않을 텐데 우리 집 아이들은 모두 책을 읽을 수 있답니다.

5 이 글의 '책 아주머니'와 가장 비슷한 사람을 보기 에서 찾아 기호를 써 보세요.

보기
- ㉠ 교통사고로 팔다리를 잃었지만 꿈을 포기하지 않고 운동선수가 된 장애인
- ㉡ 실패를 두려워하지 않고 여러 번 실험을 하여 발명품 개발에 성공한 과학자
- ㉢ 아이에게 직접 고기를 잡아 주는 것이 아니라 고기를 잡는 방법을 알려 준 아버지
- ㉣ 비가 오든 눈이 오든 홀로 사시는 할머니에게 점심 도시락 배달을 하는 자원봉사자

(　　　　)

뜻이 비슷한 속담 찾기

🍎 뜻이 비슷한 속담을 찾아 선으로 이어 보세요.

사공이 많으면 배가 산으로 간다.

열의 한 술 밥이 한 그릇 푼푼하다.

백지장도 맞들면 낫다.

목수가 많으면 기둥이 기울어진다.

왜 그럴까?

우리가 사용하는 속담 중에는 비슷한 뜻을 가진 속담이 있습니다. '사공이 많으면 배가 산으로 간다.'는 여러 사람이 저마다 제 주장대로 배를 몰려고 하면 결국에는 배가 물로 못 가고 산으로 올라간다는 뜻으로, 여럿이 일하는데 의견이 너무 많으면 도리어 일을 망친다는 뜻을 가진 '목수가 많으면 기둥이 기울어진다.'는 속담과 뜻이 비슷합니다. '백지장도 맞들면 낫다.'는 쉬운 일이라도 협력하여 하면 훨씬 쉽다는 뜻으로, 여럿이 각각 조금씩 도와주어 큰 보탬이 됨을 비유적으로 이르는 말인 '열의 한 술 밥이 한 그릇 푼푼하다.'는 속담과 뜻이 비슷합니다.

읽기 목표

3 타당성 평가하며 자료 읽기 ❶

자료의 조사 동기, 조사 과정 등을 파악하기 | 조사 결과를 바르게 해석하고 의미 찾기 | 조사 자료를 활용한 글을 읽고 타당성 평가하기

공부한 날   월   일

어떠한 주제로 자신의 의견을 말할 때나 어떤 대상에 대해 설명을 할 때 근거 자료를 제시하는 경우가 있습니다. 자료에는 실험의 결과나 설문 자료 등이 제시되는데, 이 내용에는 조사 목적이나 동기, 조사 과정과 조사 방법, 조사 결과가 잘 드러납니다.

이러한 자료가 담긴 글을 읽을 때에는 제시된 자료를 무조건 믿는 것이 아니라, 조사 과정이 논리적이고 합리적인지를 따져 보아야 합니다. 제시된 자료를 그대로 믿게 되면 우리는 잘못된 정보를 얻을 수도 있습니다.

자, 이제 타당성을 평가하며 자료를 읽어 볼까요?

다음 글을 읽고 물음에 답해 봅시다.

미세 먼지로부터 학생들의 건강을 지키자!
팀명: 학생 건강 지킴이

■ 탐구 동기

- 미세 먼지로부터 학생들의 건강을 지키기 위해 선생님들이 미세 먼지에 대해 얼마나 잘 알고 대응하고 있는지 파악하기 위함.

■ 탐구 방법

→ 대상 선정: 우리 학교 4~6학년 담임 선생님 40명

→ 조사 방법: 미세 먼지의 심각성에 대해 얼마나 잘 알고 있고 대처하고 있는지를 파악하기 위해 설문 조사를 실시함.

■ 탐구 결과 - 1차

가 선생님들의 미세 먼지 이해도 조사

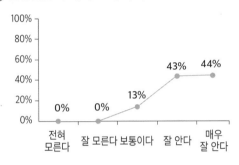

나 선생님들이 생각하시는 미세 먼지의 가장 큰 원인

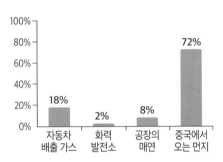

(이하 생략)

- 통계청, 『2017 제19회 전국 학생 통계 활용 대회 수상 작품집』 중에서

1 **가**와 **나** 그래프에 대한 설명으로 알맞지 <u>않은</u> 것은 무엇인가요?

① **가**에서는 선생님의 답변 결과를 퍼센트(%)로 표시하였다.
② **가**에서는 미세 먼지 이해도를 5단계로 나누어 조사하였다.
③ **가**에서 미세 먼지에 대해 전혀 모른다고 답한 선생님들의 비율은 0퍼센트(%)였다.
④ **나**에서 선생님들은 미세 먼지의 가장 큰 원인을 자동차 배출 가스 때문으로 보았다.
⑤ **가**는 꺾은선 그래프로, **나**는 막대그래프로 조사 결과를 제시하였다.

2 탐구 동기에 따라 추가 조사를 한다고 할 때 가장 알맞은 것을 보기 에서 찾아 기호를 써 보세요.

> 보기
>
> ㉠ 학생들이 일주일에 운동을 몇 번 하는지에 대한 조사
> ㉡ 선생님들이 생각하시는 미세 먼지의 가장 큰 원인에 대한 조사
> ㉢ 학생들이 선생님의 말씀을 얼마나 신뢰하고 있는지에 대한 조사
> ㉣ 선생님들이 학생들의 건강을 위해 미세 먼지에 어떻게 대응하고 있는지에 대한 조사

(   )

다음 글을 읽고 물음에 답해 봅시다.

우리 밥상에서 쉽게 볼 수 있는 달걀은 약 4000년 전 인도, 말레이시아 등지에서 닭을 기르면서 사람들이 먹어 왔던 것으로 추정된다. 1960년대에만 하더라도 달걀은 일반인들이 쉽게 먹을 수 없는 귀한 음식이었다. 하지만 오늘날 국내에서 하루 동안 생산되는 달걀은 대략 4270만 개 정도로, 국민 1명당 1개를 먹어야 모두 다 소비할 수 있는 양이다. 많은 생산량도 문제이지만 생산량만큼 소비가 많지 않은 것도 문제이다.

달걀은 단백질이 풍부하고 나트륨이 적으며 비타민과 무기질 등 우리 몸에 필요한 필수 아미노산을 골고루 갖추고 있어 남녀노소 모두에게 질 좋은 단백질을 공급하는 식품이다. 그럼에도 불구하고 달걀 먹는 것을 꺼리는 사람들도 있는데 이는 바로 콜레스테롤의 주범이 달걀이라는 오해 때문이다.

1913년 러시아 생물학자 니콜라이 아니츠코프는 토끼를 대상으로 매일 달걀을 먹였더니 심혈관 질환을 유발하였다는 결과를 밝혔다. 하지만 이 실험은 대단히 잘못된 것인데 그것은 실험 대상을 초식 동물인 토끼로 삼았기 때문이다. 초식 동물은 체내에서 콜레스테롤을 이용하지 못하기 때문에 매일 달걀을 먹었을 때 혈중 콜레스테롤이 증가할 수밖에 없다. 이 실험 결과로 그 당시 달걀 소비는 엄청나게 감소하였을 뿐만 아니라 오늘날까지도 달걀을 먹으면 콜레스테롤이 높아진다고 생각하는 이들이 많다.

달걀 1개에는 약 250~400밀리그램(mg)의 콜레스테롤이 들어 있다. 그런데 달걀에는 콜레스테롤을 낮추는 효능이 있는 성분이 함께 들어 있기 때문에 달걀 1개를 먹었다고 해서 몸속에 250~400밀리그램(mg)의 콜레스테롤이 증가했다고 보기 어렵다. 그러나 이러한 설명에도 불구하고 사람들의 '달걀'에 대한 잘못된 인식은 견고한 벽처럼 깨지기 어려워 보인다.

3 이 글의 내용과 일치하지 <u>않는</u> 것은 무엇인가요?

① 달걀은 현재 우리 밥상에서 쉽게 볼 수 있는 음식이다.
② 1960년대에 달걀은 일반인들이 쉽게 먹을 수 없는 귀한 음식이었다.
③ 현재 우리나라의 달걀 소비량은 생산량에 비해 너무 많은 것이 문제이다.
④ 달걀은 지금으로부터 약 4000년 전에 사람들이 먹었던 것으로 추정된다.
⑤ 현재 우리나라에서 하루에 생산되는 달걀은 국민 1명이 1개를 먹어야 소비할 수 있는 양이다.

4 러시아 생물학자의 실험이 잘못된 까닭은 무엇인가요?

① 토끼에게 지나치게 많은 양의 달걀을 먹였기 때문에
② 생물학자가 음식 재료인 달걀을 가지고 실험을 하였기 때문에
③ 토끼는 풀과 달걀을 함께 먹어야만 콜레스테롤을 이용할 수 있기 때문에
④ 실험을 했던 1910년대에 비해 현재 사람들의 신체가 많이 발달했기 때문에
⑤ 콜레스테롤을 체내에서 이용하지 못하는 토끼를 대상으로 실험을 하였기 때문에

5 잘못된 조사 결과로 인해 어떠한 일이 벌어졌나요?

① 달걀의 생산량과 소비량이 급속히 늘었다.

② 달걀이 인간에게 필요한 영양소를 모두 갖춘 식품으로 주목을 끌게 되었다.

③ 토끼가 아닌 사람을 대상으로 한 달걀의 콜레스테롤 실험이 계속 진행되었다.

④ 실제로 달걀 1개에 콜레스테롤이 얼마나 들어 있는지를 확인하는 실험이 이어졌다.

⑤ 오늘날까지도 달걀을 먹으면 콜레스테롤이 높아진다는 잘못된 생각이 퍼지게 되었다.

상황에 알맞은 낱말 찾기

🍎 다음 만화를 보고 빈칸에 들어갈 낱말을 보기 에서 찾아 써 보세요.

보기	추정	유발	인식

왜 그럴까?

뜻을 모르는 낱말도 낱말이 쓰인 상황과 문장을 살펴보면 그 뜻을 짐작할 수 있습니다. 홈스가 사건 현장에서 나무에 물기가 묻어 있는 것을 보고, 사건이 비 오는 날 일어났음을 짐작하고 있으므로 '미루어 생각하여 판정하다.'라는 뜻을 가진 '추정하다'는 말이 적절합니다. 다음 장면에서는 홈스가 땅에서 광물을 발견하고 이를 사건과 연결 짓고 있으므로 '어떤 것이 다른 일을 일어나게 하다.'라는 뜻을 가진 '유발하다'는 말이 적절합니다. 마지막으로 해설자가 다른 사람들은 모두 이 광물을 쓸모없는 돌덩이라고 생각했지만 홈스만은 그렇지 않았다고 하였습니다. 즉, 홈스는 광물을 사건과 연결하였으므로 사물을 분별하여 판단한 것입니다. 따라서 '사물을 분별하고 판단하여 알다.'라는 뜻을 가진 '인식하다'는 말이 적절합니다.

 읽기 목표

3 타당성 평가하며 자료 읽기 ②

| 자료의 조사 동기, 조사 과정 등을 파악하기 | 조사 결과를 바르게 해석하고 의미 찾기 | 조사 자료를 활용한 글을 읽고 타당성 평가하기 | 공부한 날 | 월 | 일 |

 다음 글을 읽고 물음에 답해 봅시다.

주제	지렁이 똥은 어떻게 생겼을까?	조사 기간	10월 2일 ~ 11월 2일
		작성자	김○○
조사하게 된 동기	최근에 신문 기사에서 지렁이를 키우면 집에서 나오는 음식물 쓰레기를 줄일 수 있다는 글을 보았다. 음식물 쓰레기를 지렁이 먹이로 사용하고, 지렁이의 똥은 화분에 거름으로 사용할 수 있기 때문에 음식물 쓰레기를 줄일 수 있다는 내용이었다. 이 기사를 보고 지렁이 똥이 어떻게 생겼는지 알고 싶어서 지렁이를 키우면서 직접 관찰해 보기로 했다.		
조사를 통하여 알고 싶은 점	1. 지렁이의 똥은 어떻게 생겼을까? 2. 지렁이 똥의 특별한 점은 무엇일까?		
조사 방법	1. 비 오는 날 집 앞의 화단에서 지렁이 10마리를 잡아 와서 흙을 담은 상자에 넣어 둔다. 2. 지렁이에게 음식물 쓰레기를 먹이로 준다. 3. 3일에 한 번씩 지렁이가 싼 똥을 자세히 관찰하고, 그 내용을 기록한다.		

1 글쓴이가 지렁이 똥에 대해 조사하게 된 동기는 무엇인지 빈칸에 알맞은 말을 써 보세요.

> 지렁이를 키우면 (   )를 지렁이 먹이로 사용하고 지렁이의 똥은 화분에 (   )
> 으로 사용할 수 있기 때문에 음식물 쓰레기를 줄일 수 있다는 기사를 보고 (   )이 어떻
> 게 생겼는지 알고 싶어서

2 이 글에서 알 수 있는 내용이 <u>아닌</u> 것은 무엇인가요?

① 이 주제로 조사하게 된 동기   ② 이 조사를 통해 알고 싶은 것
③ 이 주제의 대상을 조사하는 방법   ④ 이 주제를 조사하는 데 드는 비용
⑤ 작성자가 탐구하고 싶어 하는 주제

다음 글을 읽고 물음에 답해 봅시다.

매일 만 걸음을 걸으면 건강에 효과가 있다는 '만 보 걷기' 운동은 세계적으로 큰 인기를 끈 일상 운동 중 하나이다.

'만 보 걷기' 운동은 일본 규슈 보건대 요시히로 히타노 교수에 의해 시작되었다. 그는 1960년대 초 성인 비만율이 높아지고 있다는 사회적 문제를 해결하기 위한 방법으로 만 보 걷기를 제안하였다. 히타노 교수는 하루에 만 보를 걸으면 평소보다 20~30퍼센트(%)의 열량을 소모할 수 있기 때문에 비만이 되는 것을 막을 수 있어 건강을 유지할 수 있다고 주장하였다. 그는 만 보 걷기를 하면 체중이 감소하고 심폐 기능이 좋아진다고도 주장하였다. 그후 히타노 교수의 '만 보 걷기' 운동은 전 세계적으로 널리 퍼졌다.

하지만 최근 '만 보 걷기' 운동이 사람들이 생각하는 것만큼 효과가 있는가에 대한 연구가 이루어졌다. 영국의 한 방송사는 하루 만 보 걷기 운동 효과를 실험하는 방송을 제작하였다. 이들은 성인 100명을 두 그룹으로 나눈 후, 한 그룹은 매일 만 보를 걷게 하였고, 다른 한 그룹은 하루에 10분씩 3회 숨이 찰 정도의 운동을 한 달 동안 하도록 하였다. 한 달 후, 하루에 만 보씩 걷는 것보다 하루에 10분씩 3회 운동하는 것이 열량을 소모하는 데 더 효과적이라는 점이 드러났다.

1시간 걷기의 열량 소모는 사람마다 체중과 보폭, 걷기 속도가 다르기 때문에 약간씩 차이가 있기는 하지만, 일반 성인의 경우 보통 200킬로칼로리(kcal) 정도 열량이 소모된다고 한다. 만 보를 걷는 데 약 1시간 40분 정도가 걸린다고 하였을 때, 소모되는 열량은 대략 300킬로칼로리(kcal) 정도에 불과하다. 하지만 하루에 10분씩 3회 숨이 찰 정도로 운동을 하면 하루에 만 보를 걸을 때보다 30퍼센트(%) 이상 더 많은 열량을 소모할 수 있다고 한다. 이렇게 본다면 만 보 걷기 운동의 효과는 '운동'이라고 이름 붙일 수 없을 정도로 효과가 미미하다.

그런데 왜 만 보 걷기가 이렇게 일반적인 운동으로 퍼졌을까?

규슈 보건대 요시히로 히타노 교수의 '만 보 걷기' 운동이 전 세계적으로 퍼지는 데 가장 큰 일조를 했던 것은 바로 '만보기'와 도쿄 올림픽이다. 그 당시 일본의 한 기업은 걸음 수를 측정하는 제품을 만들었는데, 그 제품의 이름을 '만 보 걷기'와 관련을 지어 '만보기'로 지었다. 또 그 당시 일본은 올림픽이 대유행하여 사람들이 운동하는 것에 높은 관심을 가지고 있었다. 그래서 '만보기'는 자연스럽게 사람들에게 좋은 운동 도구로 소개될 수 있었고, 그 덕분에 판매된 첫해에만 무려 100만 대가 넘게 팔리는 성공을 거두었다.

3 '만 보 걷기' 운동에 대한 설명으로 알맞지 <u>않은</u> 것은 무엇인가요?

① 매일 만 걸음씩 걷는 운동이다.
② 세계적으로 큰 인기를 끈 일상 운동이다.
③ 도쿄 올림픽에서 정식 종목으로 인정되었다.
④ 매일 만 걸음을 걸으면 건강에 효과가 있다는 운동이다.
⑤ 일본 규슈 보건대 요시히로 히타노 교수에 의해 시작되었다.

4 히타노 교수의 주장으로 알맞지 <u>않은</u> 것은 무엇인가요? (정답 2개)

① 만 보 걷기를 하면 심폐 기능이 좋아진다.

② 만 보 걷기를 하면 체중을 증가시킬 수 있다.

③ 하루에 만 보를 걸으면 건강을 유지할 수 있다.

④ 만 보 걷기를 하면 평소보다 20~30퍼센트의 열량을 몸 안에 저장해 둘 수 있다.

⑤ 성인 비만율이 높아지는 사회적 문제를 해결하기 위한 방법으로 '만 보 걷기'를 제안하였다.

5 영국의 한 방송사에서 한 실험이 무엇인지 다음 빈칸에 알맞은 말을 써 보세요.

> • 주제: '(　　　　　　　　)' 운동이 사람들이 생각하는 것만큼 효과가 있는가?
> • 조사 대상: 성인 100명
> • 조사 기간: (　　　　　　　　)
> • 조사 방법: 성인 100명을 두 그룹으로 나눈 후, 한 그룹은 매일 (　　　　　　　)을/를 걷게 하였고, 다른 한 그룹은 하루에 10분씩 3회 (　　　　　　　)을/를 하게 함.

6 영국의 방송사에서 한 실험의 결과로 알맞은 것은 무엇인가요?

① 운동을 하는 시간이 길수록 소비하는 열량도 많았다.

② 격렬하게 운동하는 것은 오히려 건강을 해치게 된다는 결과가 나왔다.

③ 만 보 걷기 운동은 숨이 찰 정도로 격렬하여 열량 소모에 효과적이었다.

④ 만 보 걷기 운동을 하는 데 드는 시간에 비해 운동 결과의 효율성이 떨어졌다.

⑤ 운동을 하는 사람의 태도에 따라 운동 결과가 달라져서 결과를 도출하지 못하였다.

7 만 보 걷기 운동이 널리 퍼지게 된 까닭은 무엇인가요? (정답 2개)

① 걸음 수를 측정하는 제품인 '만보기'가 출시되었기 때문에

② 혼자 하는 운동을 좋아하는 일본인에게 알맞은 운동이었기 때문에

③ 당시 올림픽이 열리고 있어 사람들이 운동에 높은 관심을 가졌기 때문에

④ 일본의 유명한 인사들이 만 보 걷기 운동을 적극적으로 홍보하였기 때문에

⑤ 만 보 걷기 운동이 다른 운동보다 더욱 효과적이라는 실험 결과가 나왔기 때문에

만보기에 대한 설명으로 알맞지 <u>않은</u> 것은 무엇인가요?

① 걸음 수를 측정하는 제품이다.
② 일본의 한 기업에서 만든 제품이다.
③ 만 보 걷기와 관련을 지어 '만보기'라는 이름을 지었다.
④ 판매된 첫해에 100만 대가 넘게 팔리는 성공을 거두었다.
⑤ 영국의 한 방송사에서 광고한 이후 전 세계적으로 유명해졌다.

잘못 쓰기 쉬운 말

🍎 다음 밑줄 친 말을 맞춤법에 맞게 바르게 고쳐 써 보세요.

낳아서 ➡ [   ]

잠궜니 ➡ [   ]

문안하게 ➡ [   ]

금새 ➡ [   ]

 그럴까?

뜻을 잘 알고 있는 낱말이지만, 발음을 헷갈려서 잘못 쓰기 쉬운 말들이 있습니다. 따라서 평소에 맞춤법에 맞는 낱말을 바르게 쓰는 연습이 필요합니다. '병이나 상처 따위가 고쳐져 본래대로 되다.'의 뜻으로 쓸 때는 '낳아서'가 아니라 '나아서'로 써야 합니다. '물, 가스 따위가 흘러나오지 않도록 차단하다.'의 뜻으로 쓸 때는 '잠궜니'가 아니라 '잠갔니'로 써야 합니다. '이렇다 할 단점이나 흠잡을 만한 것이 없다.'의 뜻으로 쓸 때는 '문안하게'가 아니라 '무난하게'로 써야 합니다. '지금 바로'의 뜻으로 쓸 때는 '금새'가 아니라 '금시에'가 줄어든 말인 '금세'로 써야 합니다.

읽기 목표

3 타당성 평가하며 자료 읽기 ❸

자료의 조사 동기,
조사 과정 등을 파악하기

조사 결과를 바르게
해석하고 의미 찾기

조사 자료를 활용한 글을
읽고 타당성 평가하기

공부한 날   월   일

 다음 글을 읽고 물음에 답해 봅시다.

주제	용돈을 어떻게 사용하고 있을까?
조사하게 된 동기	친구들과 용돈에 관해 이야기를 나누었는데, 저마다 받는 용돈의 액수와 용돈을 사용하는 방법이 달랐다. 한 친구는 용돈을 모아서 영화를 본다고 하였고, 다른 친구는 용돈으로 군것질을 한다고 하였다. 다른 친구는 용돈으로 학용품을 사는데, 용돈이 부족하다고 하였다. 친구들이 용돈을 얼마나 받는지, 받은 용돈을 어디에 쓰고 있는지 등이 알고 싶어졌다.
조사 방법	1. 우리 반 아이들 30명에게 설문 조사함. 2. 용돈을 어디에 사용하는지에 대한 대답은 중복해서 답할 수 있도록 함.
조사 결과	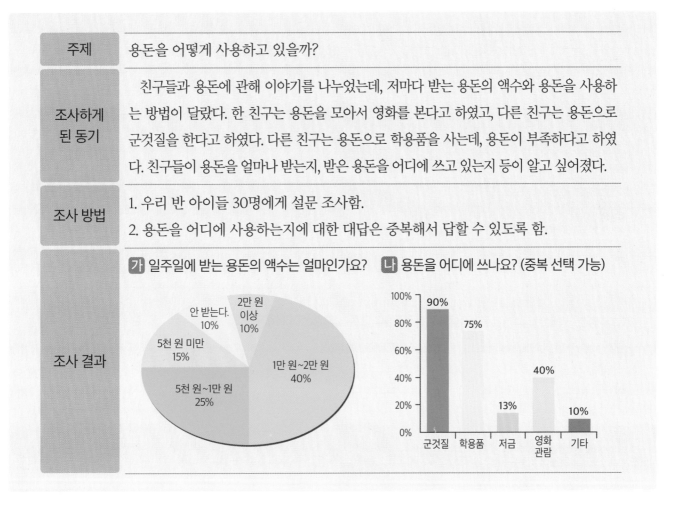

1 글쓴이가 이 주제에 대해 조사하게 된 동기는 무엇인지 빈칸에 알맞은 말을 써 보세요.

우리 반 친구들이 (   )을/를 얼마나 받는지, 어디에 쓰고 있는지 알고 싶어서

2 조사 결과 우리 반 아이들이 일주일에 받는 용돈의 액수로 가장 많이 답한 것은 무엇인가요?

① 안 받는다.   ② 5천 원 미만   ③ 5천 원 ~ 1만 원

④ 1만 원 ~ 2만 원   ⑤ 2만 원 이상

3 조사 결과를 바르게 이해한 것을 찾아 ○표 하세요.

(1) 우리 반 아이들은 용돈으로 저금은 전혀 하지 않는 것으로 조사되었다. ·················· (   )

(2) 조사 결과 우리 반 아이들은 용돈을 군것질을 하는 데 가장 많이 사용하였다. ················ (   )

다음 글을 읽고 물음에 답해 봅시다.

놀이 시설 늘리기 대작전, 선생님 부탁해요

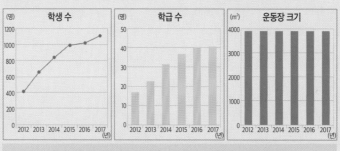

학생 수가 해마다 늘어남. → 학급 수가 증가 → 여유 공간에 교실 증축
➡ 운동장 크기는 변함이 없음. → 놀 공간이 없음, 놀이 시설 부족

결론
• 우리 학교는 학생 수에 비해 놀이 공간 및 시설이 턱없이 부족함.
• 놀이터와 운동장을 사용하는 학생들이 고학년으로 갈수록 적음.
• 고학년으로 갈수록 놀이 시설에 대한 불만이 높으며 특히 고학년들도 놀이터를 이용하여 놀고 싶은 마음이 큼.
• 그네>전통놀이>구름사다리>늘목 순으로 설치를 원함.

느낀점
• 통계 자료를 바탕으로 우리의 희망사항을 선생님들께 전달했는데 신뢰가 간다고 의견을 흔쾌히 받아주셨다. 통계는 '사회 및 자연현상을 나타내 주는 의미를 가진 수치'라는 것을 실감할 수 있었던 기회였다. 통계는 미래를 예측할 수 있게 해 주고 우리의 생활을 편리하게 해 주는 것임에 틀림없다.

조사기간
2017. 6. 24. ~ 7. 10.
조사방법
◉ 1차조사 : 주변 17개 학교 관찰조사
◉ 2차조사 : 설문지 조사
 - 대상 : 학년별 2개 학급 총 12학급 337명
 - 조사일시 : 2017. 7. 5 ~ 7. 7.
◉ 3차조사 : 스티커 현장 조사
 - 대상 : 등굣길 우리 학교 학생 631명
 - 조사일시 : 2017. 7. 10.
◉ 우리들의 희망 건의

• 우리 학교는 시소, 모래장, 미끄럼틀, 정글짐, 철봉 5개가 설치되어 있음.
• 우리 학교는 다른 학교에 비해 설치된 놀이 시설의 종류가 적었음.

• 그네는 설치 공간이 있어야만 가능하지만 전통놀이는 우리 학교 자투리 공간을 활용한다면 설치할 수 있음. 현재 우리 학교 상황에서는 전통놀이 설치 가능성이 가장 높음.

• 만족하지 못하는 경우의 까닭: 그네가 없음, 저학년을 위한 놀이 시설이 많음, 너무 많은 아이들이 이용해 위험함.

• 놀이터를 활용하는 학년은 주로 저학년임.(3학년 이상은 놀이터를 사용하지 못함.)
• 고학년으로 갈수록 교실에서 지내는 학생이 많음.
• 3학년 이상 학생들도 놀이터 이용이 허락된다면 많은 학생들이 이용하기를 원함.

- 통계청, 『2017 제19회 전국 학생 통계 활용 대회 수상 작품집』 중에서

4 학생들이 이 조사를 통해 주장하려는 것은 무엇인가요?

① 학교의 주인은 학생들입니다.
② 우리 학교의 교실 수를 늘려 주세요.
③ 우리 학교에 놀이 시설을 더 많이 설치해 주세요.
④ 우리 학교에 운동장이 부족하니 학교를 다시 지어 주세요.
⑤ 고학년 학생들도 놀이를 좋아하니 저학년 학생들처럼 놀이 시간을 늘려 주세요.

5 이 조사를 실시한 학생들이 문제점으로 지적한 현재 상황은 무엇인가요?

① 학생 수가 늘어나면서 증축된 교실이 많아졌다.
② 학생들이 건의 사항을 말해도 학교에서는 들어주지 않는다.
③ 우리 학교 주변에는 17개나 되는 학교가 있어 서로 비교가 된다.
④ 학생 수가 늘어났지만 운동장의 크기는 그대로여서 놀이 시설이 부족하다.
⑤ 늘어난 학생들 때문에 학년별, 요일별로 놀이 장소를 구별하여 사용하도록 하고 있다.

6 우리 학교의 놀이 시설에 대한 만족도를 조사한 결과를 바르게 말한 것은 무엇인가요?

① 저학년 학생들은 고학년에 비해 '매우 만족 못함'에 답을 많이 하였다.
② 고학년 학생들은 모두 우리 학교 놀이 시설에 대해 매우 만족하고 있다.
③ 저학년 학생들은 고학년을 위한 놀이 시설이 많다는 이유로 만족하지 못하고 있다.
④ 우리 학교에 설치된 그네는 공간을 많이 차지하고 있어 학생들이 대체로 불만을 표시하였다.
⑤ 놀이 시설에 만족하지 못하는 까닭으로는 너무 많은 아이들이 이용해 위험하기 때문이라는 의견이 있었다.

7 2차 조사 (1)의 결과를 통해 알 수 있는 점은 무엇인가요?

① 조용해야 할 도서관에서 많은 학생들이 떠들며 놀고 있다.
② 운동장이 좁고 놀 공간이 없다 보니 많은 학생들이 대체로 교실에서 놀이를 하고 있다.
③ 중간 놀이 시간에는 주로 교실에서 놀지만 점심시간에는 모두 운동장을 사용하고 있다.
④ 점심시간에는 주로 저학년이 놀이터를 활용하지만 오후가 되면 고학년 학생들이 놀이터를 이용한다.
⑤ 놀이터를 주로 이용하는 학생이 저학년인 이유는 고학년 학생들은 놀이터를 시시하게 생각하기 때문이다.

8 이 조사에서 사용한 조사 방법으로 알맞지 <u>않은</u> 것은 무엇인가요?

① 2차 조사를 할 때에는 학년별로 학급을 정하여 조사하였다.
② 일정 기간을 정하여 관찰 조사를 하거나 설문 조사를 하였다.
③ 실제로 주변의 학교를 방문하여 어떤 놀이 시설이 있는지 조사하였다.
④ 어디에서 놀이를 하는지 알아보기 위해 학생들을 대상으로 설문지 조사를 하였다.
⑤ 우리 학교에 추가로 설치할 놀이 시설을 알아보기 위해 선생님들과 면담 조사를 하였다.

9 이 글을 읽고 조사 과정에 대하여 적절하게 평가한 것은 무엇인가요?

① 이 조사 과정을 통해서는 조사를 하게 된 동기를 알 수 없었다.

② 실제적인 자료를 바탕으로 한눈에 보기 쉽게 도표로 제시하였다.

③ 학생들의 생활과 밀접한 관련이 없는 주제를 탐구 주제로 정하였다.

④ 동일한 대상을 여러 번 조사하였고, 조사할 때마다 답변한 내용이 달라 신뢰할 수 없었다.

⑤ 우리 학교로 조사 범위를 한정하여 다른 학교의 놀이 시설에는 무엇이 있는지 알기 어려웠다.

북한에서 사용하는 낱말

🍎 다음 낱말들을 북한에서는 어떻게 부르는지 선으로 이어 보세요.

| 카스텔라 | 냉면 | 녹차 | 도넛 |

| 찬국수 | 설기과자 | 가락지빵 | 푸른차 |

 그럴까?

우리나라에서 사용하는 낱말 가운데에는 북한에서 사용하는 낱말과 다른 것이 있습니다. '카스텔라'는 밀가루에 설탕, 달걀, 물엿 따위를 넣고 반죽하여 오븐에 구운 빵으로, 북한어로는 '설기과자'라고 합니다. '냉면'은 차게 해서 먹는 국수로, 북한어로는 '찬국수'라고 합니다. '녹차'는 푸른빛이 그대로 나도록 말린 부드러운 찻잎 또는 그 찻잎을 우린 물로, 북한어로는 '푸른차'라고 합니다. '도넛'은 밀가루에 베이킹파우더, 설탕, 달걀 따위를 섞어 이겨서 경단이나 고리 모양으로 만들어 기름에 튀긴 과자로, 북한어로는 '가락지빵'이라고 합니다.

읽기 목표
3 타당성 평가하며 자료 읽기 ④

| 자료의 조사 동기, 조사 과정 등을 파악하기 | 조사 결과를 바르게 해석하고 의미 찾기 | 조사 자료를 활용한 글을 읽고 타당성 평가하기 | 공부한 날 | 월 | 일 |

 다음 기사문을 읽고 물음에 답해 봅시다.

초등학생 언어에 채팅 가장 큰 영향

　초등학생들이 사용하는 언어에 채팅(38.6%)과 주위 친구들(34.2%)이 가장 큰 영향을 미치는 것으로 나타났다.

　△△ 생명이 9일 한글날을 앞두고 서울시 소재 초등학교의 전교 어린이 회장 232명을 대상으로 설문 조사를 실시한 결과 '평소 우리말 맞춤법을 잘 지켜서 사용하고 있다고 생각하는가'라는 질문에 과반수 어린이가 '아니요'(53%)라고 대답했다. 우리말 맞춤법을 제대로 지키지 않는 가장 큰 이유는 인터넷 소설, 채팅 등에서 통신 용어를 사용하기 때문(78.4%)이라고 답했다.

　'자신이 사용하는 언어에 가장 큰 영향을 끼치는 것은 무엇인가'라는 물음에 채팅(38.6%), 주위 친구들(34.2%)이 가장 많았다. 게임(8.8%), 부모님(8.8%), TV 드라마나 영화(5.7%) 등의 순이었다. 이는 채팅이 어린이들의 일상 언어 사용에 부모보다 더 큰 영향력을 끼치는 것으로 해석된다.

－『매일경제』, 2005. 10. 07. 기사 중에서

---

1 이 기사문에 담긴 조사 내용으로 알맞지 <u>않은</u> 것은 무엇인가요? (정답 2개)

① 초등학생들이 사용하는 언어를 주제로 한 조사이다.

② 서울시 소재 초등학교의 전교 어린이 회장을 대상으로 한 설문 조사이다.

③ 초등학생들의 언어에 부모님은 아무런 영향을 끼치지 않는 것으로 조사되었다.

④ 채팅과 주위 친구들이 초등학생들의 언어에 가장 큰 영향을 끼치는 것으로 조사되었다.

⑤ 과반수의 어린이가 평소 맞춤법을 잘 지켜서 사용하고 있다고 생각하는 것으로 조사되었다.

2 조사 결과를 바탕으로 글을 쓸 때 주의할 점으로 알맞지 <u>않은</u> 것에 ○표 하세요.

(1) 조사를 통해 수집한 자료의 출처는 밝히지 않아도 된다.·····················(　)

(2) 글의 주제에 맞는 조사 결과를 근거 자료로 사용해야 한다.·····················(　)

(3) 실험이나 조사 결과를 통해 얻은 사실을 정확하게 전달해야 한다.·····················(　)

다음 기사문을 읽고 물음에 답해 봅시다.

욕설 청소년 58퍼센트(%) "욕은 습관, 고치기 어렵다"

평소 욕설을 하는 청소년 10명 중 7명은 초등학교 때부터 욕설을 시작했으며, 청소년의 절반은 하루 중 여러 차례 습관적으로 욕을 한다는 것이 조사 결과 나타났다.

30일 교육부, 충청북도 교육청, 한국 교원 단체 총연합회가 서울 교육 대학교에서 공동 주최한 '학생 언어문화 개선 콘퍼런스'에서 KBS 한국어 진흥원과 국립 국어원은 지난 9월에 전국 14~19세 청소년 1518명을 대상으로 이메일 설문 조사를 한 내용을 공개했다.

조사 결과에 따르면 '하루에 얼마나 욕설을 자주 하는가'라는 물음에 △하루 10번 이상 22.1퍼센트(%) △하루 3~9번 정도 30.4퍼센트(%) △하루 1~2번 정도 38.9퍼센트(%)로 전체 중 91.4퍼센트(%)가 하루에 한 번 이상 욕을 하는 것으로 나타났다.

욕설을 처음 사용한 시기는 73퍼센트(%)가 '초등학교 때부터'라고 답해 욕설을 접하는 시기가 점차 어려지는 것으로 나타났다.

학생들이 욕설을 하는 이유는 △'멋있어 보이고 재미있다.' △'친구끼리 친근감 표시다.' △'습관이다.' △'화나면 자연스럽게 나온다.'는 의견이 대부분이었다.

'욕설 사용 줄이기'에 대해 묻자 86.8퍼센트(%)가 '욕설을 하지 않거나 줄일 생각이 있다.'고 답했지만 이 중 42.2퍼센트(%)만이 이를 실행에 옮기겠다는 의지를 강하게 밝혔다. 나머지 44.6퍼센트(%)는 다소 회의적인 반응이었으며 그 이유는 '습관이 돼서 고치기 어렵다'가 57.7퍼센트(%)로 가장 많았다.

㉠한편 법무부가 법무부 산하 소년원, 비행 예방 센터 등 17개 기관에서 교육 받는 학생 1114명을 대상으로 이번 달에 조사한 언어 사용 실태 분석에서도 98.5퍼센트(%)가 비속어를 사용한 경험이 있고 평균 11.78세에 비속어 사용을 시작한 것으로 나타났다.

한편 교육부는 이번 콘퍼런스에서 각계 전문가들이 내놓은 학생 언어문화 개선 실태, 원인 진단, 제안을 토대로 종합적인 개선 방안을 올해 안에 마련할 계획이다.

- 『아주경제』 2011.11.30. 기사 중에서

 이 기사문에서 조사한 내용의 주제는 무엇인가요?

① 청소년들의 욕설 사용 실태는 어떠한가?
② 청소년들의 가장 잘못된 습관은 무엇인가?
③ 욕설을 하는 청소년들 중 범죄를 저지른 청소년은 얼마나 될까?
④ 우리나라 청소년들은 우리말과 글에 대해 얼마나 잘 알고 있는가?
⑤ 청소년의 바른 우리말 사용을 위해 교사들은 어떤 노력을 하고 있는가?

4 '학생 언어문화 개선 콘퍼런스'에서 공개된 조사 내용에 대한 설명으로 알맞지 <u>않은</u> 것을 보기 에서 찾아 기호를 써 보세요.

보기
> ㉠ 조사 시기는 지난 9월이었다.
> ㉡ 조사 대상은 14~19세 청소년 1518명이었다.
> ㉢ 특정 지역에 사는 청소년들만을 대상으로 한 조사이다.
> ㉣ 많은 청소년을 조사하기 위해 이메일 설문 조사를 실시하였다.

(   )

5 조사 결과에 대해 바르게 말하지 <u>못한</u> 것은 무엇인가요?

① 욕을 하지 않거나 줄일 생각이 있는 청소년들도 86.8퍼센트(%)나 된다.
② 욕설 사용 줄이기를 실행에 옮기겠다고 답한 비율은 42.2퍼센트(%)였다.
③ 욕을 사용하는 청소년의 대부분이 학교에 적응하는 것에 어려움을 겪고 있다.
④ 하루에 한 번 이상 욕을 사용하는 청소년이 91.4퍼센트(%)로 높은 비율을 보였다.
⑤ 욕을 한다고 응답한 청소년 10명 중 7명은 초등학교 때부터 욕을 시작했다고 하였다.

6 학생들이 욕설을 하는 까닭이 <u>아닌</u> 것은 무엇인가요?

① 습관이 되었기 때문에
② 친구끼리 친근감을 표시하려고
③ 멋있어 보이고 재미있기 때문에
④ 화가 나면 자연스럽게 나오기 때문에
⑤ 자신이 힘이 세다는 것을 과시하려고

7 밑줄 친 ㉠이 이 기사문에서 어떤 역할을 하는지 바르게 말한 친구를 찾아 이름을 써 보세요.

> 건우: 법무부에서 가장 먼저 청소년들의 언어 사용 실태 조사를 하였음을 알려 주고 있어.

> 지안: 비행을 저지른 청소년들의 욕설 사용 비율이 높다는 것을 보여 줌으로써 욕을 사용하면 나쁜 짓을 저지를 가능성이 높음을 알려 주고 있어.

(   )

8 청소년들이 욕설 사용을 줄이는 것이 어렵다고 말한 까닭을 보기 에서 찾아 기호를 써 보세요.

보기
> ㉠ 욕설을 계속 사용하고 싶기 때문에
> ㉡ 습관이 되어서 고치기 어렵기 때문에
> ㉢ 친구들과 대화하려면 반드시 사용해야 하기 때문에

(   )

 재미있는 낱말 놀이터

문장 바르게 고쳐 쓰기

🌱 다음 문장에서 밑줄 친 부분을 바르게 고쳐 빈칸에 써 보세요.

내가 가장 바라는 것은 여행을 가고 싶다.
➡ (   ) 여행을 가고 싶다.

나는 피아노를 잘한다.
➡ 나는 피아노를 (   ).

나는 체육 시간이 즐겁다. 왜냐하면 나는 운동을 좋아한다.
➡ 왜냐하면 나는 운동을 (   ).

나의 꿈은 멋진 가수가 되고 싶다.
➡ (   ) 멋진 가수가 되고 싶다.

왜 그럴까?

제시된 문장들은 문장 성분끼리 호응하지 않아 어색하게 느껴집니다. 이러한 문장을 자연스럽게 고칠 때에는 문장의 앞뒤를 살펴 어울리는지 살펴보아야 합니다. 첫 번째 문장은 '내가 가장 바라는 것은'이라는 주어와 '가고 싶다'라는 서술어가 서로 어울리지 않습니다. 따라서 주어를 '나는'으로 고쳐야 합니다. 두 번째 문장에서 '피아노를'이라는 목적어와 '잘한다'라는 서술어가 서로 어울리지 않습니다. 따라서 서술어를 '잘 친다'로 고쳐야 합니다. 세 번째 문장에서 '왜냐하면'은 '때문이다'와 호응하는 낱말이므로 서술어를 '좋아하기 때문이다'로 고쳐야 합니다. 네 번째 문장에서 '나의 꿈은'이라는 주어와 '되고 싶다'라는 서술어가 어울리지 않습니다. 따라서 '되고 싶다'라는 서술어에 어울리는 주어인 '나는'으로 고쳐야 합니다.

3 타당성 평가하며 자료 읽기 ❺

| 자료의 조사 동기, 조사 과정 등을 파악하기 | 조사 결과를 바르게 해석하고 의미 찾기 | 조사 자료를 활용한 글을 읽고 타당성 평가하기 | 공부한 날 | 월 | 일 |

 정리 다음 설명 중 옳은 것을 모두 찾아 ○표 하세요.

글의 주제에 맞는 조사가 이루어졌는지 살펴보아야 한다. ☐

글에 제시된 조사 결과는 그대로 믿어도 된다. ☐

조사 대상이나 조사 과정에서 잘못된 부분은 없는지 찾아본다. ☐

잘못된 조사 과정이나 결과로 인해 잘못된 정보를 얻을 수도 있다. ☐

조사를 통해 수집한 자료의 출처는 밝히지 않아도 된다. ☐

조사 내용을 전달할 때에는 조사 결과를 통해 얻은 정확한 사실을 전달해야 한다. ☐

조사 결과에 영향을 끼친 다른 요인이 없는지 살펴본다. ☐

조사 결과를 바르게 분석해야 글을 바르게 파악할 수 있다. ☐

조사 내용이 담긴 글을 읽을 때에는 타당성을 평가하여 비판적으로 이해해야 한다. ☐

사회적 존재로서 성인에게 직업은 두 가지 의미를 갖는다. 첫째, 직업은 자아실현의 수단이다. 개인은 각자의 취향과 재능이 있으며 이것을 발전시키는 과정을 통해 인간다운 삶을 살게 된다. 성인에게 있어 시간의 상당 부분이 직업과 관련된 일로 채워진다는 점에서, 개인의 잠재력 실현을 가능케 하는 직업 선택 여부는 인간의 삶의 질에 상당한 영향을 미친다. 둘째, 직업은 경제적 독립을 가능하게 한다. 한 인간은 직업을 가짐으로써 기본적 생존과 복지를 위한 재정적 자원을 스스로 조달할 수 있는 여건을 마련하게 되고, 비로소 자신을 둘러싼 주요 사안에 대한 결정의 주체로서 살아갈 수 있게 된다. 따라서 직업, 즉 진로 선정을 위한 노력은 크게, '나의 자아실현을 가능하도록 하는 직업은 무엇인가?', '나를 경제적 주체로 살아갈 수 있도록 할 직업은 무엇인가?'의 두 가지 질문을 둘러싼 행동으로 구성된다.

다음은 우리나라 초등학생의 희망 직업 상위 10개를 정리한 것이다. 눈에 띄는 현상은 무려 40~70퍼센트(%)의 학생이 다음 10개 직업 중 하나를 갖기를 희망하고 있다는 것이다.

(단위: %)

순위	1	2	3	4	5	6	7	8	9	10
2007년	교사 (15.7)	의사 (10.5)	연예인 (9.9)	운동선수 (9.4)	교수 (6.5)	법조인 (5.4)	경찰 (5.2)	요리사 (4.2)	패션디자이너(2.8)	프로게이머 (2.2)
2012년	운동선수 (10.7)	교사 (10.4)	의사 (9.2)	연예인 (8.2)	교수 (6.0)	요리사 (5.1)	법조인 (4.5)	경찰 (3.6)	패션디자이너(2.5)	제빵사 (2.0)
2016년	교사 (9.6)	운동선수 (8.8)	의사 (6.8)	요리사 (5.7)	경찰 (4.8)	법조인 (3.7)	가수 (3.2)	제빵사 (2.7)	과학자 (2.7)	프로게이머 (2.6)

2009년에 초등학생 1,047명을 대상으로 실시한 설문(이상준, 정윤경, 2009)에서 무려 20퍼센트(%)가량의 초등학생들이 돈을 많이 버는 것이 인생의 최종 목표라고 답하였다. 명예에 주요한 가치를 부여하고 있는 비율도 상당히 높은 것으로 나타났는데, 이러한 수치는 학생들이 직업과 진로를 자아실현의 기회로 바라보기보다는 경제·사회적 지위 획득의 수단으로 인식하고 있다는 주장을 뒷받침하는 것으로 해석된다.

(단위: %)

돈	명예	권력	인기	봉사	기타	아직 없다
19.8	21.8	9.1	9.1	10.0	5.8	24.5

그러나 2014년 초등학생을 대상으로 벌인 한 조사(송창용 외, 2014)에서는 다소 다른 결과가 나타났다. 인생을 사는 데 가장 중요하다고 생각하는 것을 묻는 질문에 다음과 같이 대답했다.

(단위: %)

행복한 가정을 이루는 것	내가 잘하고 좋아하는 일을 하는 것	종교 생활을 잘 하는 것	사회 발전에 기여하는 것	건강하게 사는 것	남을 위해 봉사하는 것	돈을 많이 버는 것	명성(명예)을 얻는 것	무응답
39.9	35.7	1.7	2.0	11.3	3.2	4.7	1.3	0.2

또, 직업을 갖는 가장 중요한 이유에 관해 물었을 때 '자신과 가족의 생계를 유지하기 위하여'라고 답한 학생이 절반을 차지했다.

(단위: %)

자신과 가족의 생계를 유지하기 위하여	사회에 봉사하고 참여하기 위하여	자아실현을 위하여	사회적으로 인정받기 위하여	무응답
46.0	17.1	20.8	15.8	0.2

자아실현과 경제적 독립을 위한 수단으로서의 직업의 가치 중 어느 하나만이 중요한 것은 아니다. 그러나 직업의 경제적 의미만을 강조하게 되어 자아실현의 가치가 지나치게 경시되는 사회는 건강하게 발전하기 어렵다. 반대로 개인이 직업의 경제적 가치를 고려하지 않고 자아실현에만 의미를 두어 진로를 선택하는 경우도 사회적으로 바람직하다고 보기 어렵다. 이러한 점에서 우리나라 청소년들이 미래의 직업을 꿈꾸고 계획함에 있어 어디에 가치와 비중을 두는가를 탐색할 필요가 있다.

- 권희경, 한국교육개발원, 『교육정책포럼 289호』 중에서

1 이 글에서 조사한 내용이 <u>아닌</u> 것은 무엇인가요?

① 초등학생의 희망 직업　　　　　　　② 희망 직업을 선택한 이유
③ 직업을 갖는 가장 중요한 이유　　　④ 학생들이 생각하는 인생의 최종 목표
⑤ 인생을 사는 데 가장 중요하다고 생각하는 것

2 직업이 가지는 두 가지 의미는 무엇인지 빈칸에 써 보세요.

(1) : (　　　　　　　　　)의 수단
(2) : (　　　　　　　　　)을/를 가능하게 함.

3 우리나라 초등학생의 희망 직업에 대한 조사 결과를 바르게 해석한 것은 무엇인가요?

① 2016년에 초등학생들은 연예인이 되기를 가장 희망하였다.
② 2016년에 초등학생들이 희망하는 직업 중 2위는 운동선수이다.
③ 2007년과 2012년에 초등학생들이 희망하는 직업 1위는 교사이다.
④ 2012년에는 패션디자이너가 남자아이들이 가장 희망하는 직업이었다.
⑤ 2007년에는 프로게이머가 인기가 높았지만 2016년에는 인기가 없는 직업이 되었다.

4 초등학생들이 생각하는 인생의 최종 목표를 조사한 결과로 볼 때, 초등학생들이 직업을 선택하는 기준으로 맞는 것에 ○표 하세요.

자아실현의 기회	경제·사회적 지위 획득의 수단
(　　　　　)	(　　　　　)

5 직업을 갖는 중요한 이유에 대한 조사 결과 가장 많이 나온 답변을 찾아 써 보세요.

(　　　　　　　　　　　)

6 직업을 선택하는 방법에 대하여 가장 알맞은 말을 한 친구를 찾아 이름을 써 보세요.

> 건우: 직업은 자아실현의 수단이 되어야 해. 따라서 직업을 선택할 때 경제적인 것은 생각하지 않아도 돼.

> 하은: 직업을 선택할 때 자아실현을 할 수 있는지와 경제적 독립을 할 수 있는지 이 두 가지를 모두 고려해야 해.

> 준우: 직업은 돈을 버는 수단으로 볼 수 있어. 따라서 자아실현보다는 경제적 독립을 위한 수단이 될 수 있는지를 따져 보아야 해.

(   )

재미있는 낱말 놀이터 — 자주 사용하는 관용 표현의 뜻 알아보기

🍏 다음 상황과 잘 어울리는 관용 표현을 찾아 선으로 이어 보세요.

건우는 우리 반에서 제기차기를 제일 잘해!

어떤 단체나 무리 중에서 몇 되지 아니하게 특별하다.

입이 귀밑까지 찢어지다.

이번 글짓기 대회에서 1등을 한 친구는 감자입니다.

기쁘거나 즐거워 입이 크게 벌어지다.

손가락 안에 꼽히다.

나 비밀이 있어. 사실 나 어제……

남의 이야기나 의견에 관심을 가지고 주의를 모으다.

무릎을 치다.

아… 선생님께서 내 주신 숙제가 있었는데……
맞다! 내일까지 독후감을 써 오라고 하셨지! 지금 해야겠다.

갑자기 어떤 놀라운 사실을 알게 되었거나 희미한 기억이 되살아날 때, 또는 몹시 기쁠 때 무릎을 탁 치다.

귀를 기울이다.

왜 그럴까?

평소에 관용 표현의 뜻을 잘 이해해 두었다가 주변에서 일어나는 상황에 맞게 사용할 수 있어야 합니다. '손가락 안에 꼽히다.'는 '어떤 단체나 무리 중에서 몇 되지 아니하게 특별하다.'라는 뜻이고, '입이 귀밑까지 찢어지다.'는 '기쁘거나 즐거워 입이 크게 벌어지다.'라는 뜻입니다. '귀를 기울이다.'는 '남의 이야기나 의견에 관심을 가지고 주의를 모으다.'라는 뜻이고, '무릎을 치다.'는 '갑자기 어떤 놀라운 사실을 알게 되었거나 희미한 기억이 되살아날 때, 또는 몹시 기쁠 때 무릎을 탁 치다.'라는 뜻입니다.

4 감상문에 드러난 글쓴이의 평가와 근거 찾기 ①

| 감상문을 읽고 작품의 주요 내용 이해하기 | 작품에 대한 글쓴이의 생각 이해하기 | 감상문에 드러난 작품 평가의 근거 파악하기 | 공부한 날 | 월 | 일 |

시나 이야기를 읽고 감동을 받을 때가 있습니다. 작품을 읽고 감동을 받은 까닭이나 그 작품을 좋아하는 까닭 등을 표현한 글을 감상문이라고 합니다. 이러한 감상문에는 작품에 대하여 평가하는 내용을 적게 됩니다. 이때에는 그렇게 평가한 까닭을 밝혀야 합니다.

친구들과 작품을 읽고 떠올린 생각을 비교해 보고 작품의 내용을 서로 다르게 평가한 까닭을 공유하면 작품을 더욱 깊게 이해할 수 있습니다.

자, 이제 작품을 읽은 후 까닭을 들어 작품을 평가해 보고, 작품에 대한 다른 사람의 감상문을 이해하는 공부를 해 볼까요?

다음 시를 읽고 물음에 답해 봅시다.

도토리나무

윤동재

도토리나무가 다람쥐들을 위해
도토리 한 알
땅바닥에 떨구어 주었다.

어디로 떨어졌는지 몰라
어미 다람쥐 아기 다람쥐
서로 바라보고 있다.

도토리나무가 안타까운 듯
어디로 떨어졌는지 가르쳐 주려고
자꾸만 나뭇잎을 흔들고 있다.

1 도토리나무는 다람쥐들을 위해 무엇을 떨구어 주었나요?

(   )

2 3연에서 도토리나무는 왜 나뭇잎을 흔들고 있나요?

① 바람이 많이 불어서
② 도토리를 더 많이 떨구어 주려고
③ 도토리가 어디에 떨어졌는지 가르쳐 주려고
④ 어미 다람쥐와 아기 다람쥐가 도토리나무를 간지럽혀서
⑤ 도토리를 줍느라 땀을 흘린 다람쥐들의 더위를 식혀 주려고

3 이 시를 읽고 감상문을 쓰려고 할 때의 올바른 방법을 모두 찾아 ○표 하세요. (정답 2개)

(1) 시를 읽고 받은 감동을 잘 드러낸다. ·· (   )
(2) 시를 읽고 난 뒤의 자신의 생각이나 느낌을 쓴다. ··································· (   )
(3) 시의 등장인물이나 내용에 대해서는 쓸 필요가 없다. ····························· (   )

다음은 앞의 시를 읽고 쓴 감상문입니다. 글을 읽고 물음에 답해 봅시다.

가 도토리나무가 도토리 한 개를 떨어뜨려 다람쥐들에게 먹이로 준다. 그런데 다람쥐들은 이것을 찾으려고 하지만 찾지 못한다. 그래서 어디로 떨어졌는지 몰라 고개를 갸우뚱하면서 서로 쳐다보고 있다.

도토리나무가 다람쥐들에게 먹이를 주려고 도토리 한 알을 떨어뜨려 주는 모습이 착하고 너그러워 보인다. 아마도 이 도토리나무는 엄청 큰 나무일 것이라는 생각이 든다.

나는 학용품을 가지고 오지 않은 친구에게 학용품을 나누어 주거나 책을 가지고 오지 않은 친구와 함께 책을 보는 것도 싫었던 때가 많았다. 하지만 도토리나무는 인심 좋게 다람쥐들에게 도토리를 떨어뜨렸다. 그렇게 했는데도 다람쥐들이 그것을 찾지 못하니까 떨어진 곳까지 가르쳐 주려는 마음씨가 참 착하다.

앞으로는 나도 이 나무처럼 남을 생각하는 마음씨를 지니고 싶다. 그리고 내가 이 시를 읽고 생각한 것처럼, 다른 친구들도 도토리나무의 착한 마음씨를 배웠으면 좋겠다.

나 시 「도토리나무」는 다른 사람을 돕는 방법이 어떠해야 하는가를 보여 주는 좋은 시이다. 이 시에서 도토리나무는 다람쥐를 위하여 도토리를 일부러 떨구어 준다. 그리고 도토리를 찾지 못하는 어미 다람쥐와 아기 다람쥐를 위하여 나뭇잎을 흔들어 준다.

이 시의 주제는 '타인을 진정으로 돕는 삶'이라고 생각한다. 도토리나무는 남을 위하여 자신이 가진 것을 나누어 주고, 그것을 찾지 못하면 찾을 수 있도록 도와준다. 자신이 가진 것을 나누어 주는 것은 쉽지 않은 일이다. 자신이 그것을 충분히 많이 가지고 있는 경우에도 그러하다. 그런데 도토리나무는 자신의 도토리를 나누어 주었을 뿐 아니라 다람쥐가 찾기 쉽도록 나뭇잎을 흔들어 알려 준다. 직접 말을 하거나 다람쥐에게 떨어뜨리는 것이 아니라 간접적인 방법으로 알려 준다. 나는 이것이 타인에 대한 배려가 밑바탕에 깔린 도움이라고 생각한다.

다른 사람에게 작은 도움을 줄 때에 무척이나 생색을 내는 사람들이 있다. 그런 사람들은 이 시를 읽고 도토리나무의 태도를 본받아야 할 것이다.

4 글 **가**에 담긴 내용이 <u>아닌</u> 것은 무엇인가요?

① 시의 내용　　　　② 자신의 경험　　　　③ 등장인물의 모습
④ 시를 통해 배울 점　　⑤ 시에서 잘못된 점

5 글 **나**에 담긴 글쓴이의 생각이 <u>아닌</u> 것은 무엇인가요?

① 도토리나무는 다람쥐를 배려하여 도움을 주고 있다.
② 자신이 가진 것을 나누어 주는 것은 쉽지 않은 일이다.
③ 이 시는 타인을 돕는 방법이 어떠해야 하는가를 보여 준다.
④ 다른 사람에게 도움을 줄 때에 생색을 내는 행동은 옳지 않다.
⑤ 도토리나무는 다람쥐에게 도토리가 있는 곳을 직접적으로 알려 주었다.

6 다음 빈칸에 들어갈 알맞은 말을 이 글에서 찾아 써 보세요.

> 글 **가** 의 글쓴이는 남을 생각하는 도토리나무의 (　　　　　　　　　　)을/를 중심으로 감상하
> 였고, 글 **나** 는 작품의 주제인 '타인을 진정으로 돕는 삶'을 중심으로 감상하였다.

재미있는 낱말 놀이터

'-던지'와 '-든지'

🌱 다음 문장의 빈칸에 들어갈 알맞은 말에 ○표 하세요.

춥던지 / 춥든지

그리든지 / 그리던지

웃었던지 / 웃었든지

부르든지 / 부르던지　　추든지 / 추던지

왜 그럴까?

> '-던지'와 '-든지'는 자주 헷갈리는 표현입니다. 하지만 이 둘의 뜻은 다르므로 반드시 구분해서 써야 합니다.
> '-던지'는 과거 경험에 관하여 말할 때 쓰고, '-든지'는 어느 것이 선택되어도 상관이 없는 여러 가지 사실이나
> 사물을 나열하는 데 씁니다.

4 감상문에 드러난 글쓴이의 평가와 근거 찾기 ❷

감상문을 읽고 작품의 주요 내용 이해하기 ▸ 작품에 대한 글쓴이의 생각 이해하기 ▸ 감상문에 드러난 작품 평가의 근거 파악하기

공부한 날   월   일

 다음은 『아씨방 일곱 동무』를 읽고 그 책의 인물인 '빨간 두건 아씨'에게 쓴 편지입니다. 글을 읽고 물음에 답해 봅시다.

　　빨간 두건 아씨, 안녕하세요?

　　저는 얼마 전에 도서관에서 옛날 그림이 많이 그려져 있는 책을 발견하였습니다. 그 책을 펼쳤다가 아씨와 일곱 동무를 만나게 되었답니다. 빨간 두건 아씨에게는 바느질을 도와주는 일곱 동무가 있지요? 저에게도 공부할 때에 도와주는 고마운 동무들이 있어서 자랑하고 싶었습니다. 책, 연필, 공책, 지우개, 자, 필통 들이 모두 제게 꼭 필요한 친구들입니다. 아씨의 일곱 동무들은 서로 자기가 가장 중요하다며 싸우고 잘난 체하더군요. 그래서 아씨의 바느질도 제대로 될 수 없었지요.

　　그런데 아씨는 자, 가위, 바늘, 실, 골무, 인두, 다리미 중에서 어느 것이 가장 중요하다고 생각하셨어요? 저는 일곱 동무 모두가 중요하다고 생각합니다. 왜냐하면, 그중에서 어느 것 하나라도 없으면 바느질을 잘할 수 없기 때문입니다.

　　아씨, 사실 저는 빨간 두건 아씨가 어떤 때에는 좀 무서운 사람이라고 느꼈습니다. 일곱 동무들이 잘난 체하고 서로 다툰다고 화를 내셨잖아요. 하지만, 그렇게 무섭게 화내기보다 서로 타일러서 사이좋게 지내게 하는 것이 더욱 좋지 않을까요? 그러면 모두 서로 잘못한 것을 깨닫고 부끄러워하며 더욱 사이가 좋아질 겁니다.

　　저는 이 책을 읽고 바느질에 쓰이는 물건들을 잘 알 수 있었어요. 그리고 아씨의 일곱 동무가 저마다 하는 일이 다 달라 똑같이 소중하다는 것을 느꼈답니다.

　　이제 아씨는 일곱 동무의 도움을 받으며 더욱 바느질을 꼼꼼히 잘하고 계시겠지요? 저도 늘 제 곁에서 공부를 도와주는 물건들을 동무처럼 생각하고 지내겠습니다. 그러면 외롭지도 않고 더욱 힘이 난다는 것을 알았으니까요!

-박정혁 학생, 『제2회 어린이 독후감 수상집』 중에서

1 글쓴이는 '빨간 두건 아씨'의 일곱 동무가 자신의 무엇과 비슷하다고 느꼈나요?

　　　　　　　　　　　　(　　　　　　　　　　　　　　　　)

2 글쓴이가 『아씨방 일곱 동무』 속 인물에 대하여 어떻게 생각하였는지 찾아 선으로 이어 보세요.

| 일곱 동무 | • | | • | 좀 무서운 사람이다. |
| 빨간 두건 아씨 | • | | • | 싸우고 잘난 체를 한다. |

점선대로 자르세요

다음은 『심청전』을 읽고 쓴 감상문입니다. 글을 읽고 물음에 답해 봅시다.

가 나는 심청이가 인당수에 몸을 던져 자신의 목숨을 바친 행동을 이해할 수 없다. 왜냐하면 심청이가 인당수에 빠져 죽어 버리면 아버지인 심 봉사는 자식도 없이 혼자 살아가야 하기 때문이다. 앞이 안 보이는 사람이 혼자 살아가기는 쉽지 않다. 그러므로 심청이가 자신의 목숨을 바친 행동은 매우 무책임한 행동이라고 할 수 있다.

그리고 심청이는 자기 스스로는 효도를 한다고 생각했겠지만 사실은 매우 큰 불효를 저지른 것이다. 자식이 부모보다 먼저 죽는 것은 그 어떤 것보다 큰 불효이다. '부모는 죽으면 산에 묻고, 자식이 죽으면 가슴에 묻는다'는 말이 있다. 이 말은 자식을 잃은 슬픔이 매우 크다는 뜻이다. 그러므로 나는 심청이가 가난하게 살더라도 집에 남아서 아버지를 보살폈어야 한다고 생각한다.

나 요즈음 부모와 자식 간의 사건 사고가 심심치 않게 뉴스에 보도되고 있다. 다 큰 자식이 부모로부터 용돈을 받지 못했다고 부모를 학대하거나 늙은 부모를 모시기 싫어서 자식들이 벌이는 해괴한 행동들은 뉴스를 보는 사람들의 눈살을 찌푸리게 한다. 이럴 때일수록 심청이 우리에게 일깨워 주는 가치를 다시 한번 생각해 보아야 한다. 어떤 사람들은 아버지를 위하여 물에 빠져 죽는 심청이의 행동을 보고 옳지 못하다, 불효를 했다고 말하기도 한다. 사실 표면적으로 보면 심청이의 행동은 옳지 못하다고 할 수 있다. 그 어떤 부모도 자식의 목숨을 빼앗아 자신의 편안함을 추구하고 싶어 하지는 않을 것이다. 그렇다면 심청이는 정말 불효를 저지른 것일까?

이 이야기가 오랜 세월 사람들의 입에서 입으로 전해져 온 까닭은 실제로 일어나기 힘든 일을 이야기로 만들어서 훌륭한 주제를 담았기 때문이라고 생각한다. 『심청전』이 만들어진 시기에도 부모를 위하여 스스로 죽음을 선택하는 딸의 이야기는 흔치 않았을 것이다. 『심청전』을 입에서 입으로 전해 온 사람들은 '효'라는 주제를 선명하게 드러내기 위해서 아버지가 눈을 뜰 수 있다면 자신의 목숨을 기꺼이 버리는 심청이의 모습을 만들어 낸 것이다. 『심청전』에 등장하는 사건들을 모두 사실로 받아들이면 안 된다. 바다인 인당수에서 연꽃이 피어나는 일도, 사람이 연꽃을 타고 나타나는 일도 모두 현실에서는 일어날 수 없는 일이다. 아버지를 위하여 목숨을 버리는 일도, 바다에서 연꽃이 피고 그 속에서 사람이 나타나는 일도 모두 『심청전』의 주제인 '효'를 강조하기 위한 작가의 의도로 보는 것이 맞다.

그러므로 『심청전』을 읽을 때에는 글의 표면에 드러난 이야기만 읽지 말고 작가의 의도를 생각하여야 한다. 효의 가치가 무너지고 있는 이 시대에 『심청전』의 가치가 더욱 빛난다고 생각한다.

3 글 가와 나에 대한 설명으로 알맞은 것을 모두 찾아 ○표 하세요. (정답 2개)

(1) 글 가와 나를 읽으면 『심청전』을 더욱 깊이 있게 이해할 수 있다. ┄┄┄┄┄┄┄┄┄( )

(2) 글 가와 나는 책을 읽고 난 후 자신의 생각이나 느낌을 쓴 글이다. ┄┄┄┄┄┄┄┄┄( )

(3) 글 가와 나의 글쓴이는 같은 책을 읽었으므로 그 책에 대한 감상 또한 동일하다. ┄┄┄┄┄( )

4 다음은 글 **가**와 **나**에 대한 설명입니다. 빈칸에 들어갈 알맞은 말을 보기 에서 찾아 써 보세요.

> 글 **가**와 **나**는 각각 다른 부분을 중심으로 『심청전』에 대한 감상을 쓴 글이다. 글 **가**는 『심청전』속 (   )인 '심청'을 중심으로 감상하였고, 글 **나**는 '효'라는 『심청전』의 (   )을/를 중심으로 감상하였다.

보기	갈등	배경	인물	주제	표현

5 글 **가**의 글쓴이가 심청이의 행동이 옳지 못하다고 말한 까닭은 무엇인가요? (정답 2개)

① 심청이가 아버지의 눈을 고쳐 주지 않았기 때문에
② 자식이 부모보다 먼저 죽는 것은 아주 큰 불효이기 때문에
③ 가난이 힘들어 아버지를 버리고 자신만 살기 위해 떠났기 때문에
④ 앞이 보이지 않는 아버지가 심청이 없이 살아가는 것은 힘들기 때문에
⑤ 심청이가 인당수에 몸을 던지면 아버지의 눈이 떠진다는 말에 속았기 때문에

6 글 **가**의 글쓴이는 심청이가 어떻게 행동했어야 한다고 말하였나요?

① 심청이가 열심히 일을 해서 가난을 벗어났어야 한다.
② 가난하게 살더라도 집에 남아서 아버지를 보살폈어야 한다.
③ 용한 의원을 불러와서 아버지의 눈을 치료해 주었어야 한다.
④ 아버지를 보살피는 것을 귀찮아하지 않고 정성껏 했어야 한다.
⑤ 심청이는 자신을 희생해서라도 아버지의 눈을 뜨게 했어야 한다.

7 글 **나**의 내용과 일치하는 것은 무엇인가요?

① 『심청전』은 현대에 새로 쓰여진 이야기이다.
② 이 이야기에 등장하는 사건은 모두 사실이다.
③ 『심청전』을 읽을 때에는 표면적인 이야기만 읽어야 한다.
④ 요즈음에는 자식들이 부모를 학대하는 일이 거의 일어나지 않고 있다.
⑤ 현실에서 일어나기 어려운 내용을 쓴 이유는 '효'를 강조하기 위해서이다.

8 다음 중 『심청전』에 대하여 감상한 관점이 글 **가**와 비슷하면 '가', 글 **나**와 비슷하면 '나'를 써 보세요.

(1) 심청이는 자신이 떠난 후에 아버지가 처할 상황이나 마음을 생각하지 않고 뱃사람을 따라 떠나기로 결정하였어. 심청이가 아버지의 마음을 조금이라도 생각했다면 그런 행동은 할 수 없었을 거야. ··· (   )

(2) 『심청전』에서 바닷물에 빠진 심청이가 다시 살아 돌아온 것은 현실에서 일어날 수 없어. 이 부분은 부모에게 효도를 하면 복을 받는다는 생각을 강조하기 위한 거야. ························ (   )

(3) 심청이의 아버지에게 심청이는 하나뿐인 자식이야. 내가 심청이의 아버지라면 앞이 보이지 않더라도 자식과 함께 사는 편이 훨씬 행복하다고 느꼈을 거야. ························ (   )

상황에 맞는 속담 찾기

🍎 다음 그림에서 각각의 인물이 처한 상황을 보고, 이 상황에 쓸 수 있는 속담을 찾아 선으로 이어 보세요.

번갯불에 콩 볶아 먹겠다.

가는 말이 고와야 오는 말이 곱다.

떡 줄 사람은 꿈도 안 꾸는데 김칫국부터 마신다.

왜 그럴까?

상황에 맞는 올바른 속담을 찾아 사용하면 그 상황을 좀 더 효과적으로 표현할 수 있습니다. '떡 줄 사람은 꿈도 안 꾸는데 김칫국부터 마신다.'는 해 줄 사람은 생각지도 않는데 미리부터 다 된 일로 알고 행동한다는 말입니다. '가는 말이 고와야 오는 말이 곱다.'는 자기가 남에게 말이나 행동을 좋게 하여야 남도 자기에게 좋게 한다는 말입니다. '번갯불에 콩 볶아 먹겠다.'는 하는 짓이 번갯불에 콩을 볶아 먹을 만큼 급하게 군다는 뜻으로, 어떤 행동을 당장 해치우지 못하여 안달하는 조급한 성질을 이르는 말입니다.

4 감상문에 드러난 글쓴이의 평가와 근거 찾기 ❸

| 감상문을 읽고 작품의 주요 내용 이해하기 | 작품에 대한 글쓴이의 생각 이해하기 | 감상문에 드러난 작품 평가의 근거 파악하기 | 공부한 날 | 월 | 일 |

 다음은 「엄마 걱정」이라는 시를 읽고 친구들에게 쓴 편지입니다. 글을 읽고 물음에 답해 봅시다.

친구들아, 너희들에게 내가 좋아하는 시 작품인 기형도의 「엄마 걱정」을 소개하고 싶어. 나는 이 시가 시 읽기의 즐거움을 느낄 수 있게 해 주는 훌륭한 작품이라고 생각해.

먼저 이 시에는 비유적인 표현이 쓰여 있어 시어의 아름다움을 느낄 수 있어. 엄마 발소리를 '배 춧잎 같은 발소리'라고 표현하였어. 시에서 말하는 이는 열무를 팔고 집에 오는 엄마의 모습을 상상 하며 지친 엄마의 발소리를 시든 배춧잎 같다고 생각하였나 봐. 그리고 "나는 찬밥처럼 방에 담겨" 라고 표현한 부분도 기억에 남아. 해가 져도 혼자 방에 있는 자신의 모습을 온기 잃은 밥에 비유한 점이 인상적이야.

이 시를 읽으면 나와 비슷한 경험을 떠올릴 수 있어서 좋아. 시 속의 아이는 시장에 열무를 팔러 간 엄마를 방에서 외롭게 기다리고 있잖아. 나도 엄마를 기다린 적이 있었는데, 그때의 경험이 떠올 라서 친근한 느낌이 들어. 엄마께서 오시지 않고 나 혼자 방 안에서 쓸쓸하고 아련하게 엄마를 기다 렸던 일이 생각나고는 해.

「엄마 걱정」은 엄마를 기다리는 마음이 잘 나타나 있어. 엄마가 그립거나 엄마에 대한 애틋한 감 정을 느껴 보고 싶은 친구들에게 이 시를 추천할게.

1 이 글을 읽고 알 수 있는 내용이 <u>아닌</u> 것은 무엇인가요?

① 글쓴이는 엄마를 기다려 본 경험이 있다.
② 글쓴이는 「엄마 걱정」이라는 시를 소개하고 있다.
③ 시 「엄마 걱정」에서는 엄마 발소리를 '배춧잎'에 비유하였다.
④ 글쓴이는 「엄마 걱정」이라는 시를 친구들에게 추천하고 있다.
⑤ 시 「엄마 걱정」에는 찬밥을 먹게 된 것을 투정하는 어린아이가 등장한다.

2 글쓴이가 이 시를 읽고 느낀 점이 <u>아닌</u> 것은 무엇인가요?

① 시 읽기의 즐거움을 느낄 수 있다.
② 자신의 모습을 온기 잃은 밥에 비유한 점이 인상적이다.
③ 비유적 표현이 쓰여 있어 시어의 아름다움을 느낄 수 있다.
④ 시를 읽으면 나와 비슷한 경험이 떠올라 친근한 느낌이 든다.
⑤ 이 시를 읽고 앞으로 부모님께 효도해야겠다는 다짐을 하였다.

가 　　　　　　　　　　　　　　　　나무야

강소천 작사

　　나무야 나무야
　　서서 자는 나무야
　　나무야 나무야
　　다리 아프지
　　나무야 나무야
　　누워서 자거라

나 동요 「나무야」는 누구나 어릴 적에 한 번씩은 들어 보았을 법한 유명한 노래이다. 나도 어릴 때에 이 노래를 불렀던 기억이 난다.

　그때에는 이 노래가 나무를 생각하는 고운 마음이 나타난 노래라고 생각했다. 하지만 좀 더 커서 생각해 보니, 이 노래는 너무나 인간 중심적인 노래라는 생각이 들었다.

　나무는 서서 일생을 보낸다. 어린아이가 보면 나무가 불편하게 서서 잠을 자는 것처럼 보일 수 있다. 그러나 나무에게는 서 있는 것이 사람이 누워 있는 것처럼 편안한 상태일 것이다.

　만약 나무가 눕게 된다면 그것은 뿌리가 뽑힌 상태를 의미한다. 그런 나무에게 누워서 자라는 것은 맞지 않는 말이다. 나무에게 죽으라고 하는 것이나 다름없기 때문이다.

　작가는 이 노래의 가사를 쓰면서 나무를 생각하는 아름다운 마음을 말하고 싶었을 것이다. 하지만 나무의 입장에서 생각하지 못하고, 사람의 입장에서만 생각을 한 것이다. 즉, 작가의 의도를 드러내는 방식이 잘못되었다. 나무는 서서 자고, 사람은 누워서 자야 한다.

다 얼마 전 강소천의 「나무야」를 다시 듣고 어린 시절 조금만 걷거나 서 있으면 다리가 아프다고 칭얼거리던 나의 모습이 떠올랐다.

　이 노래를 부를 나이의 어린아이라면 오래 서 있거나 걸어서 다리가 아픈 경험이 누구나 있을 것이다. 평소에는 별 다른 생각 없이 바라보게 되는 나무이지만 자신의 경험에 비추어 생각해 보면 항상 서 있는 나무가 힘들 것이라는 생각을 할 수 있다. 이 노랫말을 쓴 사람은 어린이들이 자신의 경험에 비추어 주변을 돌아보는 곱고 어여쁜 마음을 가지기를 바랐을 것이다.

　이 노래는 주변에 어려움을 겪는 이웃을 돌아볼 수 있게 하는 작품이다. 이 노래를 부르면서 어린이들은 다른 사람의 아픔과 힘듦을 돌아볼 수 있게 될 것이다. 항상 서 있는 것이 당연하다고 생각하는 나무에게 감정을 이입하여 사람과 같이 다리가 아플 것이라고 표현함으로써 주변을 돌아보게 만든 작가의 능력에 박수를 보낸다.

3 글 가에서 말하는 이가 나무에게 누워서 자라고 말한 까닭으로 알맞은 것을 보기 에서 찾아 기호를 써 보세요.

보기
⊙ 나무가 매일 깨어 있는 모습이 안쓰러웠기 때문에
ⓒ 나무가 너무 커서 앞의 경치를 모두 가리고 있었기 때문에
ⓒ 서서 자는 나무의 다리가 아플 것이라고 생각하였기 때문에
ⓔ 겨울이 되어 나무가 땅속에 들어가 있어야 한다고 생각하였기 때문에

( )

4 글 가 ~ 다에 대한 설명으로 알맞지 않은 것은 무엇인가요?

① 글 나와 글 다는 글 가를 듣고 쓴 것이다.
② 글 나는 글 가에 등장하는 나무의 입장에서 작품을 평가하였다.
③ 글 나에서는 글 가를 쓴 작가의 의도를 드러내는 방식이 잘못되었다고 평가하였다.
④ 글 다에서는 자신의 경험에 비추어 글 가를 평가하였다.
⑤ 글 다는 글 가에 나타난 인간 중심적인 사고를 비판하였다.

5 글 다의 글쓴이가 글 가를 다시 듣고 떠올린 생각은 무엇인가요?

① 노랫말을 쓴 사람의 얼굴
② 처음으로 노래를 불렀던 때
③ 나무가 누워서 잠을 자는 장면
④ 주변에서 우리를 위해 일해 주시는 분
⑤ 다리가 아프다고 칭얼거렸던 어린 시절의 기억

6 글 나와 글 다의 글쓴이가 말한 글 가에 대한 평가와 그렇게 평가한 까닭으로 알맞은 것을 찾아 선으로 이어 보세요.

평가	까닭
글 나 •	• 인간 중심적인 노래이다.	• 이 노래를 들으면 자신의 경험에 비추어 항상 서 있는 나무가 힘들 것이라는 생각을 할 수 있기 때문이다.
글 다 •	• 주변에 어려움을 겪는 이웃을 돌아볼 수 있게 한다.	• 나무에게는 서 있는 것이 사람이 누워 있는 것처럼 편안한 상태일 것이기 때문이다.

다음 중 글 가 를 읽고 떠오른 생각이 글 나 와 비슷하면 '나', 글 다 와 비슷하면 '다'를 써 보세요.

(1) 모든 생물은 각자 자신에게 적합한 삶의 방식이 있다. 그것을 존중하지 않고 인간의 방식을 다른 생물에게 강요하는 것은 일종의 폭력이라 할 수 있다. ·······························(   )

(2) 우리 주변에는 너무나 익숙해서 그것에 대해 다시 생각하기 어려운 존재들이 많이 있다. 「나무야」를 읽고 항상 서서 수업을 하시는 선생님의 모습이 떠올랐다. ·······························(   )

(3) 우리 주변에는 「나무야」의 나무처럼 힘들어도 내색을 하지 않고 자신의 자리를 지키는 사람들이 많다. 환경미화원, 급식 조리사와 같은 분들의 존재에 대해 다시 생각하게 되었다. ·······················(   )

 재미있는 낱말 놀이터

온도가 느껴지는 기운을 나타내는 낱말

🍎 다음 그림에 어울리는 문장이 되도록 보기 에서 알맞은 낱말을 찾아 써 보세요.

온돌방의 따뜻한 아랫목에 등허리를 대고 누우니 (   )가 느껴졌다.

한낮의 사막은 뜨거운 (   )가 가득하다.

지하실에서는 싸늘한 (   )가 느껴졌다.

| 보기 | 온기 | 열기 | 냉기 |

 그럴까?

우리말에는 온도가 느껴지는 기운을 뜻하는 낱말이 많이 있습니다. 따뜻한 기운을 '온기', 찬 기운을 '냉기'라고 합니다. 냉기와 비슷한 말로는 추운 기운을 뜻하는 '한기'가 있습니다. 또, 뜨거운 기운은 '열기'라고 합니다.

4 감상문에 드러난 글쓴이의 평가와 근거 찾기 ❹

 다음 글을 읽고 물음에 답해 봅시다.

　　사람들은 흔히 장 발장을 죄에 비해 지나치게 큰 벌을 받은 사람의 대표로 꼽는다. 그러나 지난 주말에 『레 미제라블』을 읽고 나니 장 발장에게 19년 형이 지나치지 않다는 생각이 들었다.

　　장 발장은 굶고 있는 조카들을 위하여 빵을 훔치다가 잡히게 된다. 빵을 훔친 벌로 장 발장은 처음에 5년의 형을 받게 된다.

　　사람들은 장 발장이 빵을 훔친 이유가 굶고 있는 가족 때문이라는 것과, 이 죄로 19년이나 감옥에 있어야 했다는 내용만 보고 장발장이 지나치게 무거운 형벌을 받았다고 생각한다. 그러나 사실 장 발장이 19년이나 감옥에 있었던 이유는 빵을 훔쳤기 때문이 아니라 탈옥을 시도했기 때문이라는 점을 많은 사람들은 생각하지 못하고 있다.

　　만약 장 발장과 같이 탈옥을 시도하는 사람이 많아진다면 세상은 무법천지가 될 것이다. 감옥에서 탈출한 사람이 아무런 벌을 받지 않고 길에 돌아다닌다고 생각하니 상상만 해도 무섭다. 만약 장 발장이 감옥에서 빨리 나가고 싶었다면 탈옥을 할 것이 아니라, 정당한 절차에 따라 허락을 받고 밖으로 나왔어야 한다. 이렇듯 개인이 정당한 절차에 따르지 않고 마음대로 행동하게 되면 사회가 안정적으로 유지될 수 없다. 따라서 장 발장과 같은 죄를 저지른 사람들에게 벌을 주어야 한다고 생각한다.

1 이 글의 글쓴이가 읽은 책의 제목을 찾아 써 보세요.

　　　　　　　　　　　　　　　　　　　　（　　　　　　　　　　　）

2 이 글의 내용과 일치하는 것은 무엇인가요?

① 장 발장은 자신이 먹을 빵을 훔쳤다.
② 장 발장이 처음에 받은 형벌은 징역 19년이었다.
③ 많은 사람들이 장 발장을 악질적인 범인으로 생각한다.
④ 사회가 안정적으로 유지되려면 정당한 절차에 따라야 한다.
⑤ 장 발장은 감옥에서 모범적으로 생활하였으나 억울하게 형벌이 늘어났다.

3 다음 중 '장 발장'에 대하여 이 글의 글쓴이와 비슷한 평가를 한 것을 찾아 ○표 하세요.

(1) 장 발장은 법을 지키지 않았기 때문에 그의 행동은 옳지 않다. ……………………（　　）
(2) 장 발장이 19년이나 감옥에 갇힌 것은 사회적 약자이기 때문이다.……………………（　　）

며칠 전 부모님께 많이 들었던 '장 발장'이 나오는 『레 미제라블』이라는 소설을 읽었다. 나는 장 발장이 책 제목인 줄 알았는데 알고 보니 장 발장은 『레 미제라블』이라는 소설에 나오는 인물 중 한 명이었다. 이 소설은 원래 무척 긴 분량이라서 나는 초등학생을 위해 한 권으로 쉽게 쓴 『레 미제라블』을 읽었다.

『레 미제라블』은 프랑스의 소설가 '빅토르 위고'가 쓴 소설이다. 『레 미제라블』은 프랑스어로 '불쌍하고 비참한 사람들'이라는 뜻이라는데, 실제로 이 소설에는 안타까운 삶을 사는 사람들이 많이 나왔다.

『레 미제라블』을 읽어 보니, 장 발장은 가엾은 인물이라는 생각이 들었다. 너무 가난해서 조카들이 굶게 되자 장 발장은 조카들에게 먹일 빵을 훔치다가 잡혀서 5년 형을 받는다. 그런데 4번이나 탈옥을 시도하는 바람에 19년 형을 살게 되고, 19년 형을 다 살고 나오자 범죄자라는 낙인이 찍혀서 세상 사람들로부터 외면을 받는다. 빵을 훔친 벌로 5년 형도 심한데, 19년이나 형을 살게 되고 그 이후에도 사람들로부터 무시당하고 멸시를 받아 무척이나 속이 상했을 것이다.

떠돌이로 지내던 장 발장은 미리엘 주교의 도움을 받아 살 곳이 생긴다. 하지만 이미 마음이 비뚤어질 대로 비뚤어져 주교의 은식기들을 훔친다. 식기를 훔치고 도망가다가 장 발장은 다시 잡히게 되는데, 미리엘 주교는 장 발장이 훔친 것이 아니라 자신이 준 것이라고 하고 장 발장에게 은촛대까지 더 준다. 나는 이러한 행동을 할 수 있는 미리엘 주교가 정말 존경스러웠다.

장 발장은 미리엘 주교의 행동에 감명을 받아 새사람이 된다. 그는 이름을 '마들렌'으로 바꾸고 사업을 하여 큰 성공을 거둔다. 또 다른 사람들을 돕고 착한 일을 많이 하여서 결국 도시의 시장이 된다. 가난하여 먹을 것이 없을 때에는 도둑질을 하고, 타인으로부터 차가운 시선을 받을 때에는 멋대로 살았지만 미리엘 주교의 따뜻한 마음을 경험한 후로는 장 발장도 마음이 따뜻한 사람이 된 것이다.

나는 환경이 사람을 얼마나 변화시키는가에 대해 생각해 보았다. 장 발장이 먹고살기가 힘들어 빵을 훔치고 은식기를 훔쳤듯이, 내 주변에서 옳지 못한 행동을 하는 사람들도 어떤 이유가 있을 것이라는 생각이 들었다. 옳지 못한 행동을 하는 사람이라고 해서 무시하고 멀리할 것이 아니라, 그 사람도 나름의 이유가 있을 것이라 생각하고 미리엘 주교와 같이 내가 먼저 따뜻한 마음을 전해야겠다는 생각이 들었다. 그러면 그 사람도 장 발장과 같이 새사람이 될 수도 있을 것이다.

『레 미제라블』은 옛날 프랑스의 이야기이지만 현재의 우리 삶과 비슷한 점이 있고, 우리의 성장에 도움을 주는 가치도 담고 있다. 지금도 힘든 환경에서 사느라 잘못된 행동을 하는 사람들이 있기 때문이다. 다른 친구들도 이 이야기를 읽고 상대방의 행동을 이해하려는 태도를 가졌으면 좋겠다.

 이 글의 내용과 일치하는 것은 무엇인가요?

① 글쓴이가 읽은 책의 제목은 『장 발장』이다.
② 글쓴이는 매우 긴 분량의 원작 소설을 읽었다.
③ 글쓴이가 읽은 책은 영국의 소설가가 쓴 것이다.
④ 이 책에는 우리의 성장에 도움이 되는 가치들이 들어 있다.
⑤ 이 책에는 현재 우리의 삶과 비슷한 점이 거의 나타나지 않는다.

5 '장 발장'에 대한 설명으로 알맞은 것은 무엇인가요? (정답 2개)

① 장 발장은 도시의 시장이 되었다.
② 장 발장은 세 번의 탈옥을 시도하였다.
③ 장 발장은 죽을 때까지 물건을 훔치며 살았다.
④ 장 발장은 자신의 이름을 '마들렌'으로 바꾸었다.
⑤ 장 발장이 은식기를 훔치자 미리엘 주교는 장 발장을 신고하였다.

6 글쓴이가 장 발장과 『레 미제라블』에 대하여 평가한 내용과 그 까닭을 찾아 선으로 이어 보세요.

장 발장은 가엾은 인물이다. •

• 미리엘 주교와 사이가 좋지 않았기 때문이다.

• 너무 가난하여 빵을 훔쳤고 이것 때문에 오랫동안 감옥에서 살아야 했기 때문이다.

『레 미제라블』은 우리 삶의 모습과 비슷한 부분이 있다. •

• 미리엘 주교를 본받고 싶어 했기 때문이다.

• 지금도 힘든 환경에서 사느라 잘못된 행동을 하는 사람이 있기 때문이다.

7 글쓴이가 미리엘 주교를 존경스러워한 까닭은 무엇인가요?

① 사업을 해서 큰 성공을 거두었기 때문에
② 은으로 만든 식기가 많은 부자이기 때문에
③ 다른 사람의 죄를 덮어 주고, 선물까지 주었기 때문에
④ 평소 도시의 시장이 되고 싶다는 마음을 가지고 있었기 때문에
⑤ 힘든 환경을 이겨 내고 다른 사람에게 베푸는 삶을 살았기 때문에

8 장 발장의 처지와, 처지에 따른 장 발장의 행동을 선으로 바르게 이어 보세요.

장 발장의 처지	장 발장의 행동

먹고살기가 힘든 처지에 있었음. •

• 빵을 훔치고 은식기를 훔치는 등 도둑질을 함.

미리엘 주교의 따뜻한 마음을 경험함. •

• 다른 사람을 돕고 착한 일을 많이 하는 등 새 사람이 됨.

9 다음 중 장 발장에 대한 평가가 이 글의 글쓴이와 가장 비슷한 것을 찾아 ○표 하세요.

(1) 만약 장 발장이 그렇게 가난하지 않았다면 다른 사람의 빵을 훔치지 않았을 것이고 감옥에 갈 일도 없었을 것이다. ···(   )

(2) 조카들에게 먹일 빵이 필요했다면 빵을 훔치는 것이 아니라 어떤 일이든 합법적인 일을 찾아서 돈을 버는 것이 올바른 행동이다. ···(   )

(3) 그 시대의 법은 가난한 사람들에게 너무 가혹했다. 하지만 장 발장은 올바른 절차와 방법에 따라 자신의 억울함을 호소하고 형을 줄여 달라고 했어야 한다. ····················(   )

'의적'과 '탐관오리'

🍎 『홍길동전』을 읽고 난 후에 쓴 감상문입니다. 빈칸에 들어갈 알맞은 말을 보기 에서 찾아 써 보세요.

홍길동은 양반들의 재산을 훔쳐, 가난한 백성들에게 그 재산을 나누어 준 인물이다. 다른 사람의 재산을 훔치는 것은 잘못된 행동이지만, 홍길동은 못된 짓을 해서 재산을 모은 양반들의 것만 훔쳤다고 하였다. 홍길동이 살았던 조선 시대에는 높은 벼슬을 지내도 재물에 욕심이 없는 (   )도 있었지만, 못된 짓을 해서 자신의 재산을 모은 양반들도 많았다고 하였다. 홍길동은 옳지 못한 방법으로 재산을 모은 (   )들의 재물을 빼앗아 가난한 백성들에게 나누어 준 (   )이다.

보기	의적	청백리	탐관오리

왜 그럴까?

'의적'은 탐관오리들의 재물을 훔쳐다가 가난한 사람을 도와주는 의로운 도적을 뜻합니다. 비슷한 낱말로는 의로운 도둑이라는 뜻의 '의도'가 있습니다. '탐관오리'는 백성의 재물을 탐내어 빼앗는, 행실이 깨끗하지 못한 관리를 뜻합니다. 비슷한 말로는 '탐관', 반대말로는 재물에 대한 욕심이 없이 곧고 깨끗한 관리를 뜻하는 '청백리'가 있습니다.

읽기 목표

4 감상문에 드러난 글쓴이의 평가와 근거 찾기 5

감상문을 읽고 작품의
주요 내용 이해하기

작품에 대한 글쓴이의
생각 이해하기

감상문에 드러난 작품
평가의 근거 파악하기

공부한 날 | 월 | 일

 정리 다음 설명 중 옳은 것을 모두 찾아 ○표 하세요.

같은 작품에 대한 사람들의 감상 내용은 모두 같다.

작품을 평가할 때에는 그 근거를 함께 말해야 한다.

감상문을 함께 읽는 것은 작품에 대한 이해를 깊게 하는 데에 도움이 된다.

작품에 대한 평가가 서로 다르다면 한 사람은 맞고 한 사람은 틀린 것이다.

『심청전』의 심청이에 대한 사람들의 평가는 모두 일치한다.

작품을 읽은 후 작가의 의도에 대해서 평가를 해서는 안 된다.

작품을 감상할 때에 자신의 경험을 떠올리는 것은 옳지 않다.

작품에 대해 평가를 할 때에 인물이나 주제 등을 고려할 수 있다.

이야기뿐 아니라 시를 읽고 나서도 감상문을 쓸 수 있다.

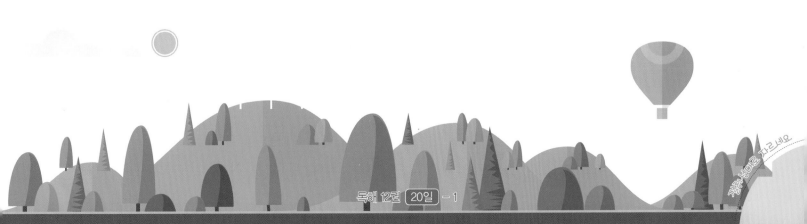

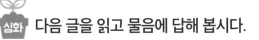

요즈음 사춘기에 접어들어 부모님과 갈등을 겪는 친구들이 많다. 물론 나 역시 그러하다. 그러던 중 『마당을 나온 암탉』이라는 동화를 읽게 되었는데, 우리 부모님의 사랑을 다시 한번 생각해 보게 되었다. 그리고 부모님의 마음을 이해하려고 노력하게 되었다.

이 이야기에 등장하는 암탉의 이름은 '잎싹'이다. 잎싹은 알을 얻기 위하여 기르는 암탉으로 양계장에 들어왔기 때문에 알을 낳으면 주인아저씨가 알을 바로 가져가서 알을 품지 못하였다. 그런데도 잎싹은 남몰래 오랫동안 알을 품어 병아리의 탄생을 보고 싶은 소망을 가져왔다. 그런 잎싹이 양계장을 떠나 우여곡절을 겪은 끝에 자기가 낳은 알은 아니지만 들판에서 알을 발견하고 그 알을 품게 되었다. 알을 품으며 행복해하는 잎싹의 모습을 보니 내 가슴도 뭉클해졌다. 잎싹이 알을 더 따뜻하게 품기 위하여 가슴 털을 뽑는 부분을 읽으며 나는 어렸을 때 우리 엄마가 꼬옥 안아 주시던 모습이 떠올랐다. 그리고 자신이 낳은 알이 아니지만 그 알을 따뜻하게 품은 잎싹은 대단한 모성애를 가진 암탉이라는 생각이 들었다.

결국 잎싹이 품은 알에서는 아기 오리가 깨어나고, 잎싹은 아기 오리를 데리고 마당으로 다시 간다. 그러나 그 마당은 잎싹과 아기 오리를 위협하는 족제비의 위험이 있어서 안전하지 못하였고, 다시 잎싹은 아기 오리를 데리고 저수지로 향한다. 나는 잎싹이 어린 아기 오리를 데리고 저수지로 갈 때에는 무척 힘이 들었을 것이라고 생각하였다. 어린 동생과 함께 외출을 한번 하려면 여간 어려운 일이 아니기 때문이다. 저수지에서 아기 오리가 수련을 밟으며 놀 때에는 아기 오리가 빠질까 봐 무척 걱정이 되었다. 그러다가 아기 오리가 물에 빠졌을 때 어설프지만 헤엄을 치는 것을 보고 안심하였다.

엄마가 된 잎싹은 정말 용감했다. 잎싹이 아기 오리를 구하기 위하여 치열하게 싸우다가 족제비의 눈을 문 행동과, 아기 오리의 발에 묶인 줄을 풀기 위하여 밤새 부리로 계속 쪼아 대던 행동은 자식을 사랑하는 마음이 아니라면 하기 어려운 행동이었다. 족제비에게 공격을 받아 목숨을 잃을 수도 있는데, 이런 용기를 낸 잎싹을 보고 감동을 받았다.

겨울이 지나 철새의 무리들이 떠날 채비를 하고 아기 오리도 잎싹에게 마지막 작별을 고하고 무리와 함께 먼 길을 떠나게 된다. 그렇게 사랑하며 키운 아기 오리가 잎싹의 곁을 떠나 무리들과 떠날 때 몹시 슬펐을 것이다. 우리 부모님께서도 내가 커서 나와 떨어져 있어야 할 일이 있다면 잎싹처럼 마음 한구석이 허전하고 쓸쓸하실 것이다. 잎싹의 마음이 너무나 생생하게 느껴져서 눈물이 나려고 했다.

이 동화를 읽고 나면 나를 아껴 주시는 부모님의 소중함 또한 느낄 수 있다. 그리고 장면의 묘사가 매우 생생하여서 마치 내 눈 앞에서 벌어진 일처럼 느껴질 정도였다.

많은 친구들이 이 책을 읽고 나와 같은 감동을 느꼈으면 좋겠다.

 글쓴이가 읽은 동화의 제목은 무엇인지 이 글에서 찾아 써 보세요.

(   )

2 글쓴이가 읽은 동화의 내용으로 알맞지 <u>않은</u> 것은 무엇인가요?

① '잎싹'은 자신이 낳은 알을 소중히 품었다.
② '잎싹'은 병아리의 탄생을 보고 싶어 하였다.
③ '잎싹'은 이야기에 등장하는 암탉의 이름이다.
④ '잎싹'이 낳은 알은 주인아저씨가 바로 가져갔다.
⑤ '잎싹'은 알을 얻기 위하여 양계장에서 기르는 암탉이다.

3 동화에 등장하는 '잎싹'의 모성애를 보여 주는 사건을 보기 에서 모두 찾아 기호를 써 보세요. (정답 2개)

보기
> ㉠ 아기 오리가 철새 무리와 함께 먼 길을 떠났다.
> ㉡ 아기 오리가 어설프지만 저수지에서 헤엄을 쳤다.
> ㉢ 아기 오리를 구하기 위하여 족제비의 눈을 물었다.
> ㉣ 자신의 가슴에서 털을 뽑고 알을 따뜻하게 품어 주었다.

(,   )

4 동화를 읽고 글쓴이가 떠올린 경험으로 알맞은 것은 무엇인가요? (정답 2개)

① 부모님의 말을 듣지 않아 혼이 났던 기억
② 어렸을 때 자신을 안아 주시던 엄마의 모습
③ 동생과 함께 외출을 할 때 어려움을 겪은 일
④ 여름방학에 저수지에 놀러가서 물에 빠졌던 일
⑤ 시골에 갔을 때 할머니가 키우는 암탉을 본 기억

5 글쓴이가 읽은 동화를 읽고 다른 친구가 쓴 감상문입니다. 다음 글에 대해 바르게 설명한 것을 찾아 ○표 하세요.

『마당을 나온 암탉』에서 등장하는 인물인 '잎싹'은 오랫동안 알을 품고 싶다는 소망을 가져왔다. 하지만 잎싹은 알을 낳는 닭이기 때문에 알을 낳는 족족 주인아저씨에게 빼앗겼다. 그러나 잎싹은 현실에 머무르지 않고 자신이 원하는 삶을 살기 위해서 안전한 양계장을 떠나게 된다. 이렇게 길을 떠난 잎싹의 앞에는 여러 고난이 닥치지만, 잎싹은 고난의 순간을 모두 지혜롭게 버텨낸다. 이 동화를 읽고 개인에게 자유가 얼마나 소중한지, 그리고 개인의 소망에 대한 의지가 얼마나 대단한지에 대하여 느낄 수 있었다.

> 이 친구는 '잎싹'이 자신의 소망을 이루기 위해 자유가 없는 양계장을 떠난 사건을 중심으로 감상문을 썼어. 다른 친구의 감상문을 읽으니 작품을 더욱 깊게 이해할 수 있게 되었어.

> 같은 글을 읽고 한 사람은 '모성애'를 느끼고 다른 사람은 '개인의 소망에 대한 의지와 자유'가 얼마나 중요한지를 느꼈어. 두 사람 중 한 사람은 글을 잘못 읽은 것이라고 생각해.

(   )   (   )

6 글쓴이가 동화를 읽고 느낀 점으로 알맞지 <u>않은</u> 것은 무엇인가요? (정답 2개)

① 부모님의 소중함을 깨닫게 되었다.

② 부모님의 마음을 이해하려고 노력하게 되었다.

③ 부모님의 사랑을 다시 한번 생각해 보게 되었다.

④ 동생을 더욱 아껴 주고 사이좋게 지내기로 다짐하였다.

⑤ 부모님들도 사춘기에 접어든 우리의 마음을 이해해 주셔야 한다고 생각하였다.

 재미있는
**낱말
놀이터**

'밝다'의 여러 가지 뜻

🍎 다음 문장에서 밑줄 친 낱말의 뜻을 보기 에서 찾아 번호를 써 보세요.

햇살이 <u>밝</u>다.·········(   )

<u>밝</u>은 색깔의 옷을 입으니 얼굴도 환해 보인다.··(   )

민아는 인사성과 예의가 <u>밝</u>다. ·····················(   )

보기	① 불빛 따위가 환하다. ② 빛깔의 느낌이 환하고 산뜻하다. ③ 생각이나 태도가 분명하고 바르다.

왜 그럴까?

우리말에는 한 낱말에 여러 가지 뜻을 가진 낱말이 많습니다. '밝다'도 여러 가지 뜻을 가지고 있는 낱말입니다. 문장에서 밑줄 친 낱말의 뜻을 알아보려면 낱말의 앞뒤 문맥을 살펴보아야 합니다. 첫 번째 문장에서는 '햇살'을 통해, 두 번째 문장에서는 '밝은 색깔의 옷'을 통해, 세 번째 문장에서는 '인사성과 예의'를 통해 '밝다'의 뜻을 짐작해 볼 수 있습니다.

읽기 목표

5 글의 중요한 내용 요약하기 ❶

| 글을 읽고
중심 내용 파악하기 | 글을 요약하는 방법과
효과 알기 | 글을 읽고 중요한 내용
요약하기 | 공부한 날 | 월 | 일 |

글을 읽고 내용을 요약하면, 글의 내용을 한눈에 알 수 있으며 중요한 내용을 더 잘 기억할 수 있습니다. 그리고 요약을 하면 글에서 중요한 내용과 중요하지 않은 내용을 구분할 수 있게 됩니다. 특히 많은 내용이 들어 있을 때에는 효과적으로 책을 읽고 정리를 하는 데 도움을 줍니다. 요약을 할 때에는 중심 문장이나 중심 내용을 찾아서 요약을 하거나 글의 전개 방식을 파악하여 글의 짜임에 따라 요약을 하기도 합니다. 이렇게 글을 읽고 요약을 잘 하면 글의 전체적인 내용이나 흐름을 더 잘 파악하여 오래 기억할 수 있고, 읽은 내용을 다른 사람에게 잘 전달할 수 있습니다.

그럼 이제 글을 읽고 중요한 내용을 중심으로 요약해 볼까요?

다음 글을 읽고 물음에 답해 봅시다.

우리가 먹는 밥상에는 땅속에서 자라는 식물이 많이 올라옵니다. 땅속에서 자라는 식물에는 무엇이 있을까요? 대표적으로 무, 당근, 마늘, 고구마 등을 꼽을 수 있습니다.

무는 시원한 맛 덕분에 여러 가지 음식의 재료로 사용되어 무김치나 무나물, 무국 등 다양한 반찬이 되어 우리 밥상에 올라옵니다.

당근은 주황색의 길쭉한 모양을 한 식물로, 눈에 좋은 영양분이 들어 있습니다. 반찬을 해서 먹거나 주스로 갈아 마시는 경우가 많습니다. 토끼나 말 등 채식 동물들은 당근을 몹시 좋아합니다.

마늘도 땅속에서 자라는 줄기 식물입니다. 마늘은 땅속에 있는 줄기에 잎이 여러 겹으로 싸여 있으며, 연한 갈색이 나는 껍질 속에 하얀 마늘이 6~7개가 들어가 있습니다. 마늘은 알싸한 맛을 내고 독특한 향을 내기 때문에 음식의 감칠맛을 내는 재료로 많이 사용됩니다.

고구마는 울퉁불퉁한 모양으로 붉은색의 뿌리 식물입니다. 줄기가 땅 위에 이리저리 자라고 땅속에 뿌리를 내려 굵어진 것입니다. 고구마는 쪄 먹거나 튀겨 먹는 등 다양한 방법으로 요리를 해 먹을 수 있습니다.

1 이 글에서 땅속에서 자라는 식물로 꼽은 식물이 <u>아닌</u> 것은 무엇인가요?

① 무   ② 사과   ③ 당근
④ 마늘   ⑤ 고구마

2 땅속에서 자라는 식물의 특징으로 알맞지 <u>않은</u> 것은 무엇인가요?

① 마늘은 시원한 맛과 달콤한 향이 난다.
② 고구마는 쪄 먹거나 튀겨 먹을 수 있다.
③ 무는 여러 가지 음식의 재료로 사용된다.
④ 당근에는 눈에 좋은 영양분이 들어 있다.
⑤ 당근은 주황색의 길쭉한 모양을 한 식물이다.

3 다음은 이 글을 요약하여 쓴 글입니다. 빈칸에 들어갈 알맞은 말을 보기 에서 찾아 써 보세요.

(   )에서 자라는 식물에는 시원한 맛을 내는 무와 눈에 좋은 영양분이 들어 있는 당근, 알싸한 맛을 내는 (   ), 쪄 먹거나 튀겨 먹을 수 있는 고구마 등이 있다.

보기   땅속   땅 위   열매   마늘   연근   뿌리

다음 글을 읽고 물음에 답해 봅시다.

세종대왕하면 어떤 것이 떠오르나요? 백성을 사랑하여 한글을 만드신 훌륭한 왕이라는 사실인가요? 장영실과 같은 인재를 발굴하여 측우기와 자격루를 만든 왕이라는 점인가요? 이렇듯 많은 업적을 남긴 세종대왕은 음악을 즐기고 몹시 사랑하는 왕이기도 하였습니다.

세종대왕은 왕이 된 후 박연을 불러 '편경'이라는 악기를 만들라고 명하였습니다. 편경은 맑은 소리가 나는 돌을 깎은 뒤 돌을 두드려서 소리를 내는 악기입니다. 12개 혹은 16개의 돌판을 서로 다르게 깎아 두드리면 판의 크기에 따라 음의 높낮이가 달라집니다. 편경은 돌로 만들어져 있어서 언제나 같은 소리를 내고 음을 정확하게 알려 주는 역할을 하였습니다.

박연이 편경을 만든 뒤에 세종대왕께 보여 드리기 위해 연주를 하였습니다. 연주된 음악을 다 들은 후 세종대왕은 편경의 한 음이 잘 맞지 않으니 그 부분을 조금 더 깎으라고 이야기하였습니다. 깜짝 놀란 박연이 가서 편경의 그 부분을 살펴보자 그 부분의 돌이 실제로 덜 깎여 있었다고 합니다. 그 부분을 다시 깎아 편경을 치자 음이 완전하게 소리가 났습니다.

또한 세종대왕은 소리의 길이와 높이를 정확히 표시할 수 있는 '정간보'라는 악보도 만들었습니다. 이전에는 음의 높낮이는 적을 수 있었지만 음의 길이를 적는 방법이 없었습니다. '정간보'라는 악보를 통해 음의 높낮이뿐 아니라 음의 길이도 적을 수 있게 되었습니다.

4. 이 글을 요약하기 위해 중요한 내용을 정리한 것입니다. 빈칸에 들어갈 말을 이 글에서 찾아 써 보세요.

- 세종대왕은 (   )을/를 즐기고 사랑하는 왕이었다.
- 세종대왕은 박연에게 '(   )'이라는 악기를 만들게 하였다.
- 세종대왕은 편경 연주를 듣고 잘못된 부분을 지적하였다.
- 세종대왕은 '(   )'라는 악보를 만들었다.

5. 박연이 연주한 편경의 한 음이 제대로 맞지 않았던 까닭은 무엇인가요?

① 편경에 물이 묻어 있어서
② 편경의 돌을 덜 깎아 내서
③ 편경의 돌을 잘못 사용해서
④ 연주를 제대로 하지 않아서
⑤ 편경의 돌을 너무 많이 깎아 내서

6. 정간보의 특징으로 알맞은 것은 무엇인가요?

① 박연이 만든 우리나라 최초의 악보이다.
② 음의 높낮이를 적을 수 있고 음의 길이도 적을 수 있다.
③ 음의 높낮이도 적을 수 없고 음의 길이도 적을 수 없다.
④ 음의 높낮이는 적을 수 없지만 음의 길이는 적을 수 있다.
⑤ 음의 높낮이는 적을 수 있지만 음의 길이는 적을 수 없다.

7 이 글을 요약할 때, 다음 중 가장 중요한 문장을 찾아 기호를 써 보세요.

> ㉠ 백성을 사랑하여 한글을 만드신 훌륭한 왕이라는 사실인가요?
>
> ㉡ 장영실과 같은 인재를 발굴하여 측우기와 자격루를 만든 왕이라는 점인가요?
>
> ㉢ 이렇듯 많은 업적을 남긴 세종대왕은 음악을 즐기고 몹시 사랑하는 왕이기도 하였습니다.

(   )

'말'과 관련된 낱말

🍎 다음 문장에서 밑줄 친 낱말의 뜻을 찾아 선으로 바르게 이어 보세요.

형은 부모님께 혼이 날까 봐 동생에게 말막음을 확실히 해 두었다.

지안이는 토론에서 말자루를 쥐고 상대방의 의견에 반론을 제기했다.

하은이는 말꼭지에 '아니'라는 말을 붙이는 버릇이 있다.

말의 첫 마디를 비유적으로 이르는 말	상대편이 자기에게 불리하거나 성가신 말을 하지 못하도록 미리 막는 일을 뜻하는 말	여럿이 말을 주고받는 자리에서의 말의 주도권을 뜻하는 말

왜 그럴까?

우리말에는 '말'과 관련된 다양한 낱말들이 있습니다. '말꼭지'는 말의 첫 마디를 비유적으로 이르는 말이고, '말막음'은 말을 하지 못하도록 막는 일을 이르는 말입니다. '말자루'는 말의 주도권이라는 뜻입니다. 우리가 어떤 일에 실제적인 권한을 가지고 있을 때 흔히 '칼자루를 쥐다.'라는 표현을 쓰는 것처럼 이야기를 할 때 주도권을 가진 경우에 '말자루를 쥐다.'라고 말합니다. 이렇듯 '말'과 관련된 다양한 낱말을 찾아 익히고 실생활에서 사용해 보도록 합시다.

글을 읽고
중심 내용 파악하기

글을 요약하는 방법과
효과 알기

글을 읽고 중요한 내용
요약하기

공부한 날   월   일

 다음 글을 읽고 물음에 답해 봅시다.

겨울이 가고 봄이 오면 농촌에 사는 사람들은 매우 분주해집니다. 우선 농사 지을 준비를 해야 합니다. 밭이나 논에 씨나 모종을 심을 준비를 하고 씨앗을 소독해 두기도 하고, 땅을 일구어 씨나 모종이 잘 자랄 수 있도록 합니다. 또한 겨울에 넣어 두었던 농기계를 꺼내어 손보기도 하고 거름을 뿌려 한 해 동안 곡식이 잘 자랄 수 있도록 합니다.

또한 봄나물을 캡니다. 봄에는 산과 들에서 봄나물이 자랍니다. 쑥이나 냉이, 달래, 씀바귀 등은 대표적인 봄나물입니다. 이런 봄나물은 영양가가 높습니다. 봄나물을 캐어 와서 국으로 끓여 먹기도 하고 떡을 만들어 먹기도 합니다.

농촌에서는 봄이 오면 파종을 하거나 전정을 합니다. 파종이란 논이나 밭에 채소나 곡식 등을 키우기 위해 씨를 뿌리는 것을 일컫습니다. 봄에는 주로 감자, 고구마, 옥수수, 상추 등의 작물의 씨앗을 뿌립니다. 전정이란 복잡한 나무의 가지나 늙은 나무의 가지를 잘라 주는 것을 말합니다. 3~5월에 쓸모없는 가지를 잘라 주어야만 가을에 수확을 할 수 있습니다.

1 이 글은 어느 계절에 농촌에서 하는 일을 설명하고 있나요?

① 봄   ② 여름   ③ 가을   ④ 겨울   ⑤ 초겨울

2 봄이 되었을 때 농촌에서 하는 일이 <u>아닌</u> 것은 무엇인가요?

① 농기계를 손본다.　　　　　　　② 곡식과 열매를 수확한다.
③ 파종을 하거나 전정을 한다.　　　④ 봄나물을 캐서 음식을 해 먹는다.
⑤ 밭이나 논에 씨나 모종을 심을 준비를 한다.

3 다음 중 이 글의 마지막 문단의 중심 문장을 찾아 ○표 하세요.

농촌에서는 봄이 오면 파종을 하거나 전정을 합니다.	파종이란 논이나 밭에 채소나 곡식 등을 키우기 위해 씨를 뿌리는 것을 일컫습니다.	3~5월에 쓸모없는 가지를 잘라 주어야만 가을에 수확을 할 수 있습니다.
( )	( )	( )

 **다음 글을 읽고 물음에 답해 봅시다.**

　　우리는 살아가면서 크고 작은 발표를 하게 됩니다. 발표는 어떤 사실이나 결과 따위를 세상에 널리 드러내어 알리는 것을 말합니다. 우리 모두 발표를 잘하고 싶어 하지만, 친구들 앞에 서거나 여러 사람 앞에서 발표를 할 때 두근두근 떨리고 불안해했던 경험이 모두 있을 것입니다. 그렇다면 발표를 잘하려면 어떻게 해야 할까요?

　　우선 발표할 내용을 미리 머릿속으로 생각해 둡니다. 미리 내용을 생각해 두지 않으면 발표를 하는 중간에 할 말이 떠오르지 않아 어려움을 겪을 수 있습니다. 그래서 어떤 내용을 어떤 순서로 발표할 것인지 발표하기 전에 생각해 놓는 것이 좋습니다. 내용을 모두 외우지 않더라도 대략 어떤 내용을 이야기할 것인지 정리해 놓으면 발표를 할 때 보다 효과적으로 생각을 전할 수 있습니다.

　　둘째, 발표를 할 때는 듣는 이를 바라보는 것이 중요합니다. 발표를 할 때 써 놓은 원고만을 바라보기보다는 듣는 사람을 바라보며 발표를 하면 듣는 사람들에게 더 좋은 반응을 이끌어낼 수 있습니다. 또한 듣는 사람의 반응을 살펴가면서 발표를 할 수도 있습니다. 그래서 자신이 하는 발표 내용을 다른 사람들이 잘 이해하고 있는지 살필 수 있습니다.

　　셋째, 발표를 할 때는 알맞은 크기의 목소리로 말하는 것이 좋습니다. 목소리가 지나치게 작으면 듣는 사람에게 발표하는 사람의 소리가 들리지 않게 됩니다. 반면 목소리가 너무 크면 듣는 사람이 쉽게 피로감을 느낄 수 있습니다. 그러므로 발표를 할 때는 적당한 목소리로 또박또박 이야기해야만 발표 내용을 잘 전할 수 있습니다.

　　넷째, 알맞은 속도로 발표를 해야 합니다. 너무 빠르게 발표를 하다 보면 듣는 이가 내용을 잘 알아들을 수 없어 이해하기가 어렵습니다. 너무 느리게 발표를 하다 보면 듣는 이가 지루하게 느낄 수 있습니다. 그러므로 알맞은 속도로 발표를 하는 것이 좋습니다.

　　이렇게 발표를 한다면 더 이상 발표를 두려워할 필요가 없을 것입니다. 이제 자신 있는 모습으로 당당하게 발표를 해 봅시다.

4 이 글에서 설명하고 있는 내용은 무엇인가요?

① 노래를 잘하는 방법
② 청소를 잘하는 방법
③ 발표를 잘하는 방법
④ 집중을 잘하는 방법
⑤ 친구와 사이좋게 지내는 방법

 5 이 글에서 발표의 뜻을 찾아 다음 빈칸에 써 보세요.

　　발표는 어떤 (　　　　　　)이나 결과 따위를 세상에 널리 드러내어 (　　　　　　) 것을 말한다.

6 이 글에서 알 수 있는 발표를 할 때 겪는 어려움은 무엇인가요?

① 발표를 할 기회가 거의 없다.
② 발표를 연습할 장소가 부족하다.
③ 발표할 원고를 작성하는 일이 어렵다.
④ 여러 사람 앞에 서면 떨리고 불안해진다.
⑤ 친구들의 생각이 서로 달라 발표 주제를 정하는 일이 어렵다.

7 발표를 할 때 주의해야 할 점으로 알맞지 <u>않은</u> 것은 무엇인가요?

① 듣는 사람의 반응을 살핀다.
② 알맞은 속도로 발표를 한다.
③ 최대한 큰 목소리로 발표를 한다.
④ 발표할 내용을 미리 생각해 둔다.
⑤ 듣는 사람을 바라보며 발표를 한다.

8 너무 느리게 발표를 할 때의 문제점은 무엇인가요?

① 듣는 사람이 지루해한다.
② 듣는 사람이 질문을 하기가 어렵다.
③ 듣는 사람이 말을 알아듣기가 어렵다.
④ 말하는 사람이 발표 내용을 잊어버린다.
⑤ 듣는 사람의 반응에 적극적으로 대처하기 어렵다.

9 다음은 이 글을 요약한 것입니다. 빈칸에 들어갈 알맞은 내용을 보기 에서 찾아 기호를 써서 요약한 내용을 완성하여 보세요.

> 　발표를 잘하기 위해서는 네 가지 방법이 있다. 첫째, (　　　　　　　　　　　　　　　　　　). 둘째, (　　　　　　　　　　　　　　　　). 셋째, 발표를 할 때에는 알맞은 크기의 목소리로 한다. 넷째, 알맞은 속도로 발표를 한다. 이와 같은 방법에 따라 발표를 하면 더 이상 발표를 두려워하지 않고 자신 있게 할 수 있게 된다.

보기
　㉠ 발표할 내용을 미리 머릿속으로 생각해 둔다
　㉡ 발표를 할 때 듣는 이를 바라보고 반응을 살핀다
　㉢ 미리 내용을 생각해 두지 않으면 발표 도중에 어려움을 겪게 된다
　㉣ 발표할 때 목소리가 너무 크면 듣는 사람이 쉽게 피로감을 느끼게 된다

10 글을 읽고 요약을 하면 좋은 점이 <u>아닌</u> 것은 무엇인가요?

① 글의 내용을 한눈에 알 수 있다.

② 중요한 내용을 더 잘 기억할 수 있다.

③ 중요하지 않은 내용도 잘 정리할 수 있다.

④ 중요한 내용과 중요하지 않은 내용을 구분할 수 있다.

⑤ 다른 사람에게 글의 내용을 보다 효과적으로 전달할 수 있다.

'친구'와 관련된 속담

🍏 다음 그림과 어울리는 속담을 찾아 선으로 바르게 이어 보세요.

> **먹을 가까이하면 검어진다.**
>
> 나쁜 친구를 사귀게 되면 자연히 나쁜 일에 물들게 된다는 뜻

> **친구 따라 강남 간다.**
>
> 자기는 하고 싶지 아니하나 남에게 끌려서 덩달아 하게 됨을 이르는 말

> **고슴도치도 살 친구가 있다.**
>
> 누구에게나 친하게 사귀고 지낼 친구가 있기 마련이라는 말

왜 그럴까?

속담은 오랜 세월 동안 만들어져서 전해 내려옵니다. 속담 안에는 우리 조상들의 삶의 지혜와 생활의 교훈이 담겨 있습니다. 특히 속담은 삶의 모습을 반영하고 있기 때문에 속담을 살펴보면 삶을 짐작하여 볼 수 있습니다. 친구와 관련된 속담을 살펴보면 여러 형태의 친구와의 관계를 담은 여러 모습을 알 수 있습니다. 다양한 속담을 찾아보고 속담 안에 담긴 인간 관계와 그 안의 삶의 모습을 살펴봅시다.

읽기 목표

5 글의 중요한 내용 요약하기 ❸

| 글을 읽고
중심 내용 파악하기 | 글을 요약하는 방법과
효과 알기 | 글을 읽고 중요한 내용
요약하기 | 공부한 날 | 월 | 일 |

 다음 글을 읽고 물음에 답해 봅시다.

올빼미는 주로 밤에 활동하는 야행성 새입니다. 앞으로 튀어나온 올빼미의 눈은 빛을 잘 모을 수 있어 깜깜한 밤에도 잘 볼 수 있습니다. 올빼미가 밤에 활동할 수 있는 것도 눈 덕분입니다.

㉮또 올빼미는 사냥을 잘할 수 있는 몸을 가지고 있습니다. ㉯올빼미의 날개는 몸에 비해 큰 편인데, 날갯짓을 할 때 소리가 크지 않아서 먹잇감에게 날아갈 때도 조용히 다가갈 수 있습니다. ㉰올빼미의 발가락은 모두 4개로 발톱이 매우 날카로워서 먹이를 꽉 잡을 수 있고, 부리는 작지만 날카로워서 먹이를 잘게 찢을 수 있습니다. ㉱또한 올빼미는 소리를 몹시 잘 듣기 때문에 먹잇감의 위치를 정확하게 알아냅니다.

1 이 글에서 설명하고 있는 대상은 무엇인가요?

① 매   ② 황새   ③ 독수리   ④ 다람쥐   ⑤ 올빼미

2 올빼미에 대한 설명으로 알맞지 <u>않은</u> 것은 무엇인가요?

① 부리가 작지만 날카롭다.
② 몸에 비해 날개가 큰 편이다.
③ 밤보다는 낮에 더 많은 활동을 한다.
④ 날카로운 발톱으로 먹이를 꽉 잡을 수 있다.
⑤ 소리를 몹시 잘 들어서 먹잇감의 위치를 정확하게 알아낸다.

3 이 글의 마지막 문단에서 중심 문장을 찾아 기호를 써 보세요.

(   )

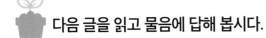

가 담비는 가늘고 긴 몸의 3분의 2 정도 되는 유연한 꼬리를 갖고 있어요. 평소에는 털이 황갈색이다가 겨울이 되면 금빛으로 변하기도 해요. 이렇게 담비의 털은 색깔이 예쁘고, 케라틴 단백질이 발달해 촉감이 무척 부드럽지요. 그래서 담비 털 목도리와 코트는 남녀노소 누구에게나 인기가 많아요.

담비는 환경부가 선정한 우리나라 멸종 위기 야생 생물 2급에 해당돼요. 사람들이 모피를 얻으려고 마구 잡아들인데다 담비가 살고 있는 산림 환경이 파괴되어 그 수가 급격히 줄어들었거든요.

이 밖에도 토끼와 여우, 알파카, 거위 등 많은 동물들이 사람들을 위한 모피로 쓰이고 있어요. 퍼프리아시아(FFA)에 따르면 전 세계적으로 1년에 1억 마리 이상의 동물이 모피로 희생되고 있다고 해요. 하지만 모피를 얻는 과정이 매우 잔인하고, 그 과정에서 야생 동물들은 멸종 위기로 내몰리기도 하지요. 그래서 최근엔 천연 모피의 생산과 사용을 반대하는 사람이 점점 늘어나고 있어요.

- 동아사이언스, 『어린이 과학 동아』 제2호 중에서

나 여름에는 시원한 냉면이 인기가 좋습니다. 쫄깃한 면발과 시원한 국물을 떠올리기만 해도 한여름의 더위가 잊힐 정도입니다. 대표적으로 유명한 냉면으로는 함흥식 냉면과 평양식 냉면을 들 수 있습니다. 함흥식 냉면과 평양식 냉면은 그 이름만 봐도 주로 먹었던 지역을 알 수 있습니다. 함흥식 냉면은 함경도 부근에서, 평양식 냉면은 평안도 부근에서 주로 먹었던 냉면입니다.

함흥식 냉면과 평양식 냉면의 면발은 다소 다른 면이 있습니다. 평양식 냉면은 메밀이 많이 함유된 메밀 냉면이고 함흥식 냉면은 전분이 많이 들어간 냉면입니다. 함흥식 냉면의 면발은 함경도 지방의 특산물인 감자 전분이 포함되는 경우가 많아 면발을 씹을 때 쫄깃한 식감을 자랑합니다. 반면 평양식 냉면은 메밀이 많이 함유되어 면발이 잘 끊어집니다.

또한 함흥식 냉면은 맵고 진한 냉면 비빔장을 사용하는 경우가 많습니다. 그래서 냉면을 먹고 나면 땀이 나고 몸이 더워집니다. 그러나 평양식 냉면은 냉면 육수로 동치미 국물이 주로 사용되어 맵지 않습니다.

 글 **가** 에서 담비의 털로 만든 물건이 인기가 많은 까닭은 무엇이라고 하였나요? (정답 2개)

① 색깔이 예뻐서
② 구하기 쉬워서
③ 촉감이 부드러워서
④ 가격이 싸기 때문에
⑤ 물에 잘 젖지 않아서

5 글 **가** 를 읽고 글쓴이의 생각을 가장 바르게 이해한 것은 무엇인가요?

① 집에서 동물을 키울 때는 사랑과 관심을 주어야 한다.
② 쓰레기를 함부로 버리는 일은 환경을 파괴하는 일과 같다.
③ 동물들을 함부로 잡아들이거나 죽이지 못하도록 해야 한다.
④ 동물원에 사는 동물들은 잘 보호받고 있으므로 걱정하지 않아도 된다.
⑤ 겨울에 난방 기계를 켜는 것보다는 따뜻하게 옷을 입어야 자원을 아낄 수 있다.

6 글 **가** 의 제목을 정할 때, 가장 알맞게 말한 친구를 찾아 이름을 써 보세요.

> 건우: '쫓기는 동물들'이라는 제목이 어울려.
> 하은: '동물을 키울 때 주의해야 할 점'이 제목으로 적절해.
> 지안: '천연 모피의 좋은 점'이라는 제목이 적절할 것 같아.

(   )

7 글 **가** 의 내용을 바르게 요약한 것을 찾아 ○표 하세요.

사람들이 모피를 얻으려고 담비나 토끼 등 야생 동물들을 잡아들여서, 그 수가 굉장히 줄어들어 멸종 위기에 처해 있다.

(   )

담비나 토끼 등을 기를 때에는 동물이 안락하게 생활할 수 있도록 잠자리와 먹을 것을 주어야 하며 관심과 사랑을 베풀어야 한다.

(   )

8 글 **나** 의 내용으로 알맞지 <u>않은</u> 것은 무엇인가요?

① 평양식 냉면을 먹고 나면 땀이 나고 몸이 더워진다.
② 함흥식 냉면에는 전분이 들어 있어 면발이 쫄깃하다.
③ 평양식 냉면은 평안도 부근에서 많이 먹던 냉면이다.
④ 함흥식 냉면은 맵고 진한 비빔장을 사용하는 경우가 많다.
⑤ 평양식 냉면의 면발은 메밀이 많이 들어 있어 잘 끊어진다.

9 글 **나** 의 전개 방식으로 가장 알맞은 것은 무엇인가요?

① 시간의 순서에 따라 설명하였다.
② 장소의 이동에 따라 설명하였다.
③ 두 대상의 차이점을 중심으로 설명하였다.
④ 주제에 대한 글쓴이의 주장과 근거를 제시하였다.
⑤ 해결할 문제와 그에 대한 해결 방법을 제시하였다.

10 글 **나**를 요약하여 쓴 다음 글의 빈칸에 들어갈 말을 차례대로 바르게 짝지은 것은 무엇인가요?

> 냉면에는 대표적으로 평양식 냉면과 함흥식 냉면이 있습니다. 평양식 냉면의 면발에는 (　　　)이/가 많이 들어 있어 면발이 잘 끊어지고, 함흥식 냉면의 면발에는 전분이 많이 들어 있어 쫄깃합니다. 평양식 냉면은 육수로 동치미 국물이 주로 사용되어 맵지 않고, 함흥식 냉면은 맵고 진한 (　　　)을/를 사용하는 것이 특징입니다.

① 메밀, 간장　　　② 메밀, 비빔장　　　③ 감자, 김치　　　④ 동치미, 감자　　　⑤ 메밀, 된장

11 글을 읽고 요약하는 방법으로 알맞지 <u>않은</u> 것은 무엇인가요?

① 문단의 중심 문장을 찾아 본다.　　　② 글의 구조나 짜임을 생각하며 요약한다.
③ 뒷받침 문장을 중심으로 간추린다.　　④ 글에서 다루고 있는 대상이 무엇인지 찾아 본다.
⑤ 정리한 내용을 간결한 문장으로 써서 요약한다.

재미있는 낱말 놀이터 ─ 감정을 나타내는 낱말

🌱 다음 그림의 상황에 알맞은 낱말을 선으로 바르게 이어 보세요.

비 맞은 강아지를 (　　　) 쳐다보았다.　　●　　　●　애석하게

그는 (　　　) 적군에게 잡히고 말았다.　　●　　　●　애처롭게

왜 그럴까?

우리말에는 감정을 나타내는 다양한 말이 있습니다. '애처롭게'와 '애석하게'는 비슷한 뜻을 가지고 있는 것처럼 보이지만 서로 다른 뜻을 가지고 있습니다. '애처롭다'는 '가엾고 불쌍하여 마음이 슬프다'는 뜻, '애석하다'는 '슬프고 아깝다'는 뜻입니다.

읽기 목표

5 글의 중요한 내용 요약하기 ❹

파이팅!

24일

글을 읽고 중심 내용 파악하기 | 글을 요약하는 방법과 효과 알기 | 글을 읽고 중요한 내용 요약하기

공부한 날   월   일

다음 글을 읽고 물음에 답해 봅시다.

공감하며 말하기는 상대를 존중하며 말하는 방법입니다. '공감'이란 상대의 감정을 함께 나눈다는 뜻입니다. 상대의 감정뿐만 아니라 상대의 입장이나 처지까지도 고려하여 말하는 것이 바로 공감하며 말하기입니다.

공감하며 말을 할 때에는 순서가 있습니다. 첫 번째 단계는 경청하기입니다. 들을 때에는 상대의 눈을 바라보며 관심을 가지고 말을 끝까지 듣습니다. 경청을 할 때에는 '그렇구나.', '맞아.' 등의 말로 맞장구를 칠 수 있습니다. 또한 말을 사용하지 않고도 고개를 끄덕이거나 박수치기, 웃어 주기 등을 할 수 있습니다.

두 번째 단계는 처지를 바꾸어 생각해 보는 것입니다. 말하는 사람의 입장이 되어 자신이라면 어떻게 했을지 생각을 해 보는 것입니다. 다른 사람의 입장에서 생각을 해 보면 자기중심적인 입장을 벗어날 수 있게 됩니다.

세 번째 단계는 배려하며 직접 말을 하는 것입니다. 상대방의 처지를 생각하며 자신의 생각이나 의견을 말할 때에는 예의를 지키고 상대의 눈을 바라보며 알맞은 빠르기와 크기로 말하는 것이 좋습니다. 또한 자신의 생각이나 감정을 숨기는 것보다는 솔직하게 말하면서도 상대방의 감정이 상하지 않도록 말하는 것이 중요합니다.

1 공감하며 말하기에 대한 설명으로 알맞지 <u>않은</u> 것은 무엇인가요?

① 상대의 말에 관심을 가지고 끝까지 듣는다.
② 말을 하지 않고 행동으로도 경청할 수 있다.
③ 자기중심적인 입장을 벗어나서 상대의 입장을 생각한다.
④ 자신의 감정을 상대방의 감정보다 더 중요하게 생각해야 한다.
⑤ 상대방의 눈을 바라보며 알맞은 빠르기와 크기로 말하도록 한다.

2 다음은 이 글을 요약한 것입니다. 빈칸에 들어갈 알맞은 말을 써 보세요.

공감하며 말하기는 상대를 (   )하며 말하는 방법으로, (   ) 단계로 나누어 설명할 수 있다. 첫 번째 단계는 (   ), 두 번째 단계는 처지를 바꾸어 생각해 보기, 세 번째 단계는 배려하며 직접 말하기이다.

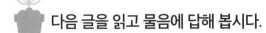 **다음 글을 읽고 물음에 답해 봅시다.**

가 직업은 시대와 상황에 맞게 변화되므로 없어지기도 하고 새로 생기기도 합니다. 오늘날에는 볼 수 없지만 옛날에는 꼭 필요했던 직업으로는 어떤 것들이 있을까요? 옛날에는 사람들이 샘물을 이용하여 생활을 하였습니다. 마을에 샘을 파서 그 샘에서 물을 길어다 밥을 짓고 음식도 하였습니다. 그런데 샘에서 물을 길어 오는 일이 굉장히 힘들고 어렵기 때문에 '물장수'라는 직업이 있었습니다. 물장수는 물통을 지거나 수레에 싣고 다니던 사람입니다. 일정한 곳에 물을 배달하여 주고 돈을 벌던 직업입니다.

또한 전화 교환을 해 주던 직업으로 '전화 교환원'이 있었습니다. 유선 전화가 사용되기 전에는 전자식 전화를 사용하였습니다. 전자식 전화는 전화를 거는 사람의 전화선과 전화를 받는 사람의 전화선을 연결해 주는 전화 교환원이 필요했습니다. 이 사람들은 전화를 거는 사람과 받는 사람의 통화 내용을 모두 들을 수 있었습니다.

'채빙사'라는 직업도 있었습니다. 옛날에는 얼음을 얼리는 냉장고나 냉동고가 없었기 때문에 겨울이 되면 얼음을 채취하여 잘라 놓은 후 더운 여름이 되면 이를 파는 사람이 있었습니다. 이를 채빙사라고 부릅니다. 이 직업은 오늘날 냉장고와 냉동고가 생기면서 자연스럽게 사라지게 되었습니다.

나 오늘날 공해는 전 세계인의 건강을 해치고 목숨을 위태롭게 만들고 있어요. 자동차 매연, 공장 폐수, 쓰레기 같은 공해 물질이 환경을 크게 망가뜨렸거든요. 매연을 줄이거나 없애려면 석유와 석탄 같은 화석 연료를 덜 써야 해요. 그리고 공해를 일으키지 않는 에너지 자원을 개발하는 데 힘써야 해요. 태양과 바람, 땅속의 열기, 파도 등에서 에너지를 얻을 수 있는데, 이런 에너지는 아무리 써도 줄지 않는다는 뜻에서 '재생 가능 에너지'라고 불러요. 재생 가능 에너지 산업에서 일하는 연구자와 설계자, 기술자는 다가오는 미래에 중요한 직업이 될 게 분명해요.

옛날 사람들은 요즘 사람들처럼 고민이 많지는 않았을 거예요. 삶이 복잡해질수록 고민이 늘게 돼 있으니까요. 오늘날 말 못할 고민으로 힘들어하는 사람들을 위한 상담 전문가와 같은 직업이 나날이 많아지고 있어요.

사회 복지사는 건강과 경제 문제로 어려움을 겪는 사람들을 보호해 주고 뒷바라지하는 일을 해요. 부모가 없는 청소년, 몸이 불편한 장애인과 노인들이 사회 복지사의 도움을 받아요. 앞으로 더욱 다양한 돌봄 직업들이 나타나서 큰 역할을 하게 될 거예요.

- 원재길, 『어떡하지, 난 꿈이 없는데』 중에서

3 글 **가**와 **나**에서 다루고 있는 내용이 무엇인지 빈칸에 공통으로 들어갈 말을 찾아 써 보세요.

• 글 **가**: 옛날의 ( )	• 글 **나**: 미래의 중요한 ( )

(   )

4 글 **가**에 나온 옛날의 직업이 <u>아닌</u> 것은 무엇인가요? (정답 2개)

① 채빙사   ② 간호사   ③ 물장수

④ 전화 교환원   ⑤ 컴퓨터 프로그래머

5 글 **가**의 전개 방식으로 가장 알맞은 것은 무엇인가요?

① 설명하는 대상을 나열하고 있다.

② 공간의 변화에 따라 글을 전개하고 있다.

③ 시간의 흐름에 따라 글을 전개하고 있다.

④ 설명하는 대상을 다른 대상과 비교하고 있다.

⑤ 문제점을 제시하고 문제점을 해결하는 방법을 제시하고 있다.

6 글 **나**에서 소개한 '재생 가능 에너지'가 <u>아닌</u> 것은 무엇인가요?

① 태양 에너지   ② 파도 에너지

③ 바람 에너지   ④ 석유 에너지

⑤ 땅속의 열기 에너지

7 글 **나**에서 재생 가능 에너지가 중요하다고 말한 까닭은 무엇인가요?

① 가격이 몹시 저렴한 에너지이기 때문에

② 다른 에너지들을 모두 써 버렸기 때문에

③ 공해를 일으키지 않는 에너지이기 때문에

④ 많은 사람들이 사용하는 에너지이기 때문에

⑤ 석탄과 석유와 같은 에너지 자원이 너무 비싸기 때문에

8 글 **가**의 내용을 요약하려고 합니다. 보기 의 내용에서 중요한 내용을 모두 찾아 기호를 써 보세요. (정답 4개)

> 보기
> ㉠ 오늘날에는 볼 수 없지만 옛날에는 꼭 필요했던 직업이 있었다.
> ㉡ 샘에서 물을 길어다 배달해 주는 물장수라는 직업이 있었다.
> ㉢ 샘에서 길어 온 물로 밥을 짓고 음식을 만드는 데 사용하였다.
> ㉣ 전화를 교환해 주던 전화 교환원이라는 직업이 있었다.
> ㉤ 유선 전화가 사용되기 전에는 전자식 전화를 사용하였다.
> ㉥ 얼음을 채취하여 더운 여름에 파는 채빙사라는 직업이 있었다.

(,   ,   ,   )

9 다음은 글 **나** 의 내용을 요약한 것입니다. 빈칸에 들어갈 알맞은 말을 써 보세요.

> 오늘날 공해는 전 세계인의 건강을 위태롭게 하고 있으므로 미래에는 (   )을/를 일으키지 않는 에너지 자원을 개발하는 데 힘써야 한다. 따라서 이러한 산업에서 일하는 연구자와 설계자, 기술자가 미래에 중요한 직업이 될 것이다. 또한 상담 전문가, 사회 복지사 등과 같은 다양한 (   )들이 미래에 큰 역할을 하게 될 것이다.

재미있는 낱말 놀이터 '바르다'의 서로 다른 뜻

🍎 다음 문장에서 밑줄 친 낱말의 뜻을 찾아 선으로 이어 보세요.

흙을 벽에 <u>바르다</u>.

생선 가시를 <u>바르다</u>.

걸우는 행실이 <u>바르다</u>.

●   ●   ●

●   ●   ●

| 뼈다귀에 붙은 살을 걷거나 가시 따위를 추려 내다. | 차지게 이긴 흙 따위를 다른 물체의 표면에 고르게 덧붙이다. | 말이나 행동 따위가 사회적인 규범이나 사리에 어긋나지 아니하고 들어맞다. |

왜 그럴까?

위에 나오는 각각의 '바르다'는 낱말의 소리만 우연히 같을 뿐이고 뜻의 유사성은 없는 말들입니다. 이처럼 '소리는 같지만 뜻이 다른 낱말'을 동음이의어라고 합니다. 동음이의어는 낱말이 쓰인 상황과 문맥을 통해 뜻을 알 수 있습니다.

읽기 목표

5 글의 중요한 내용 요약하기 ❺

| 글을 읽고 중심 내용 파악하기 | 글을 요약하는 방법과 효과 알기 | 글을 읽고 중요한 내용 요약하기 | 공부한 날 | 월 | 일 |

 정리 '글의 중요한 내용 요약하기'에 대해 정리하면서 빈칸에 들어갈 알맞은 말을 보기 에서 찾아 써 보세요.

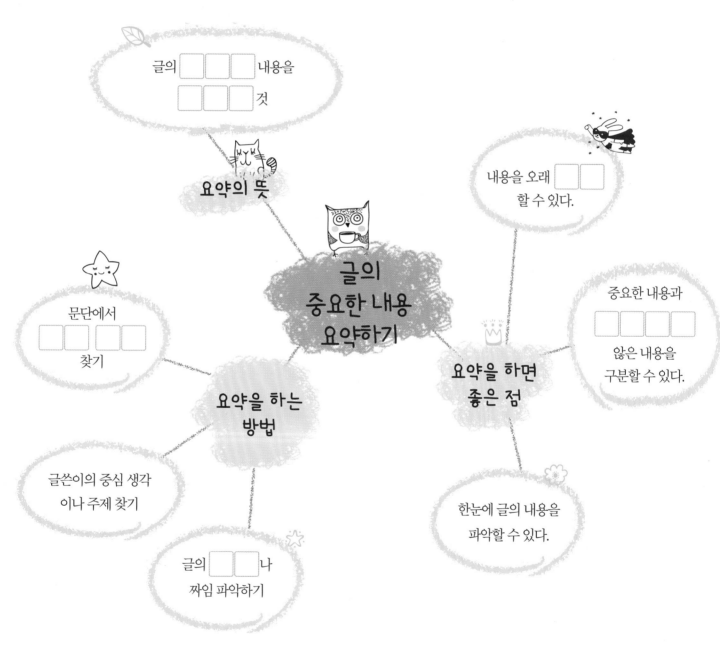

글의 □□□ 내용을 □□□ 것

요약의 뜻

내용을 오래 □□ 할 수 있다.

글의 중요한 내용 요약하기

문단에서 □□□□ 찾기

중요한 내용과 □□□□ 않은 내용을 구분할 수 있다.

요약을 하는 방법

요약을 하면 좋은 점

글쓴이의 중심 생각 이나 주제 찾기

한눈에 글의 내용을 파악할 수 있다.

글의 □□ 나 짜임 파악하기

| 보기 | 구조 | 기억 | 간추린 | 중요한 | 중요하지 | 중심 문장 |

가 한국은행이 최근 '동전 없는 사회'를 만들기 위한 시범 사업으로 고객이 편의점에서 상품을 사기 위해 낸 현금의 거스름돈을 'T머니'와 같은 선불 교통 카드에 충전해 주는 서비스를 실시한다고 밝히면서 '가상 화폐'가 다시 주목받고 있다.

가상 화폐란 컴퓨터 등에 정보 형태로 남아 실물 없이 온라인상으로만 거래되는 화폐로 '전자 화폐'라고도 한다. 어린이들이 자주 사용하는 '교통 카드'가 가상 화폐의 대표적인 예이다.

한국은행이 동전 사용을 줄이려는 것은 동전을 만들기 위해 연간 500억 원에 달하는 막대한 비용이 들어가기 때문이다. 한국은행은 2020년까지 우리 사회를 '동전 없는 사회'로 만든다는 계획이다.

이미 우리의 실생활에 깊숙이 파고든 가상 화폐에 대해 알아보자.

나 '애플페이'나 '삼성페이' 같은 스마트폰 결제 서비스도 가상 화폐의 일종이다. 스마트폰만 있으면 상점에서 물건을 구입하거나 식당에서 밥을 먹은 뒤 비용을 결제할 수 있다.

스마트폰에 든 아주 작은 마이크로 칩 안에 디지털화한 금액 정보를 저장하는 원리로 스마트폰에 사용자의 은행 계좌나 신용 카드 정보를 저장한 뒤 스마트폰으로 결제하면 계좌에서 돈이 빠져나가거나 다음 달 신용 카드 결제 금액에 합산되는 식이다.

결제 방법은 간단하다. 스마트폰 결제기에 스마트폰 뒷면을 가져다 대기만 하면 결제기가 스마트폰 칩 속의 정보를 읽어 순식간에 결제를 끝낸다. 스마트폰 결제 서비스를 이용하면 현금을 만질 일이 전혀 없는 것이다.

다 은행 계좌나 신용 카드와 연결하지 않고 쓸 수 있는 '완전한' 가상 화폐도 있다.

2008년 정체를 밝히지 않은 한 컴퓨터 프로그래머가 개발한 가상 화폐인 '비트 코인'이 바로 그것이다. 모바일 메신저 '카카오톡'에서 이모티콘을 구입하기 위해 지불하는 화폐인 '초코'와 비슷한 개념이다. 다만 '초코'는 '카카오톡'에서 만들고 관리하는 것이지만 '비트 코인'은 따로 주인이나 관리자가 없다는 것이 특징이다.

비트 코인은 완전히 익명으로 거래된다. 컴퓨터와 인터넷만 있으면 누구나 비트 코인을 찍어낼 수 있다. 사용자 개개인이 모두 '조폐 회사'인 셈이다.

비트 코인을 만들기 위해서는 컴퓨터로 수학 문제를 풀어야 한다. 그런데 이 수학 문제는 매우 어려워 일반 가정에서 사용하는 컴퓨터로는 하나를 푸는 데만 수년이 걸린다. 이렇게 수학 문제를 푸는 것을 '비트 코인을 캔다'고 표현하고, 비트 코인을 캐는 사람을 '광부'라고 부른다. 수학 문제를 풀 수 없는 사람은 현금을 내고 광부로부터 비트 코인을 구입하면 된다.

일본에서는 이미 비트 코인이 정식 화폐 대접을 받고 있다. 일본 언론의 보도에 따르면 일본에서 비트 코인으로 물건이나 서비스의 값을 받는 상점은 2500여 곳이라고 한다. 일본의 한 전력 회사는 비트 코인으로 전기 요금을 내는 시스템을 곧 도입하겠다고 밝히기도 했다.

라 가상 화폐는 휴대가 편리하고 결제 방법도 간단해 매년 빠르게 성장한다. 그러나 부작용도 적지 않다. 온라인상 컴퓨터 코드로 만들어진 화폐이기 때문에 해킹에 취약하다는 것이다. 비밀 번호와 같은 보안 코드를 해킹당하면 본인도 모르는 사이에 돈이 '줄줄' 빠져 나갈 수 있다.

익명성이 강한 것도 문제이다. 누가 어디에서 얼마나 결제했는지를 비밀로 하는 가상 화폐 특성상

이를 나쁜 곳에 이용하는 사람들이 생길 수 있기 때문이다. 불법으로 벌어들인 돈을 가상 화폐로 바꾸어 사용할 경우 추적도 어렵다.

- 서정원, 『시사 원정대』 2017년 2월호(통권 56호) 중에서

1 이 글에서 설명하고 있는 가상 화폐란 무엇인가요?

① 종이로 만든 화폐
② 동전으로 되어 있는 화폐
③ 어린아이들이 장난감으로 사용하는 화폐
④ 옛날에 화폐가 없을 때 사용되던 조개껍데기와 같은 화폐
⑤ 컴퓨터 등에 정보 형태로 남아 온라인상으로만 거래되는 화폐

2 한국은행이 동전 사용을 줄이려는 까닭은 무엇인가요?

① 들고 다니기 무겁기 때문에
② 아이들이 동전을 삼키면 위험하기 때문에
③ 사람들이 동전을 많이 잃어버리기 때문에
④ 동전끼리 부딪쳐 시끄러운 소리가 나기 때문에
⑤ 동전을 만드는 데 막대한 비용이 들어가기 때문에

3 이 글의 제목으로 가장 알맞은 것은 무엇인가요?

① 동전을 소중히 여기자
② 스마트폰의 위험한 점
③ 돈을 절약할 수 있는 방법
④ 지폐를 사용할 때 유의할 점
⑤ 동전 없는 사회가 오고 있다

4 가상 화폐에 대한 설명으로 알맞지 않은 것은 무엇인가요?

① 스마트폰 결제 서비스를 이용하면 현금을 만질 일이 없다.
② 은행 계좌나 신용 카드가 없으면 가상 화폐를 사용할 수 없다.
③ 어린이들이 자주 사용하는 교통 카드가 가상 화폐의 대표적인 예이다.
④ 가상 화폐의 일종인 비트 코인은 한 컴퓨터 프로그래머가 개발하였다.
⑤ 스마트폰을 이용해 물건의 값을 지불하는 서비스도 가상 화폐로 볼 수 있다.

5 가 ~ 라 문단의 중심 내용을 찾아 한 문장으로 정리한 것입니다. 빈칸에 들어갈 알맞은 말을 써 보세요.

가 문단	한국은행이 '동전 없는 사회' 만들기를 위한 시범 사업 실시를 밝히면서 ( )이/가 다시 주목받고 있다.
나 문단	가상 화폐의 일종으로 ( )을/를 이용해 물건의 값을 지불하는 서비스를 들 수 있다.
다 문단	( )을/를 풀면 얻을 수 있는 비트 코인도 가상 화폐의 일종이다.
라 문단	가상 화폐는 해킹에 취약하다는 점과 ( )이/가 강하다는 부작용이 있다.

6 이 글에서 말하고 있는 가상 화폐의 문제점으로 알맞은 것은 무엇인가요?

① 추적이 몹시 쉽다.   ② 해킹에 몹시 취약하다.

③ 사용 방법이 몹시 번거롭다.   ④ 적은 금액만 사용할 수 있다.

⑤ 사람들이 들고 다니기 어렵다.

재미있는 낱말 놀이터 자주 틀리는 우리말

🍎 다음 문장의 괄호 안의 낱말 중 올바른 것을 찾아 ○표 하세요.

(아뭏든 / 아무튼) 열심히 하는 자세가 중요하다.

엄마가 자신의 볼을 아기의 볼에 (부비며 / 비비며) 인사를 했다.

아, 나는 언제 (빈털터리 / 빈털털이) 신세에서 벗어날까?

이 밥은 (햇쌀 / 햅쌀)로 지은 밥이야.

왜 그럴까?

우리말에는 자주 틀리기 쉬운 말이 있습니다. '의견이나 일의 성질, 형편, 상태 따위가 어떻게 되어 있든'을 나타내는 말은 '아무튼'으로, '두 물체를 맞대어 문지르다.'의 뜻을 가진 말은 '비비다'로 바르게 써야 합니다. 또한 '재산을 다 없애고 아무것도 가진 것이 없는 가난뱅이가 된 사람'은 '빈털터리'로, '올해 나온 쌀'은 '햅쌀'로 써야 합니다.

| 인터넷 게시 글의 내용 바르게 이해하기 | 게시 글에 대하여 댓글을 다는 바른 태도 알기 | 게시 글과 댓글의 내용 비판적으로 읽기 |

인터넷에는 누구나 여러 종류의 게시 글을 작성할 수 있기 때문에 인터넷 게시 글 중에는 사실 확인이 되지 않은 것도 많습니다. 따라서 인터넷 게시 글을 읽을 때에는 글을 쓴 사람의 생각을 파악하면서 올바르지 않은 내용은 없는지 살피며 비판적으로 읽어야 합니다.

이러한 인터넷 게시 글에 남길 수 있는 짧은 글을 '댓글'이라고 합니다. 댓글을 쓸 때에는 글 쓴이를 존중하며 예의를 갖추고, 게시 글과 관련된 내용으로 써야 합니다. 또한 게시 글의 내용을 비판할 경우, 타당한 근거를 갖추어 씁니다. 댓글을 작성할 때에는 사실 확인을 분명하게 하도록 하며, 다른 사람의 댓글을 읽을 때에도 올바르지 않은 내용을 걸러 가며 비판적으로 읽어야 합니다.

자, 그럼 인터넷 게시 글과 댓글의 내용을 비판적으로 읽고 분석해 볼까요?

점선을 따라 자르세요

다음 글을 읽고 물음에 답해 봅시다.

제목: 은율 탈춤 무료 공연 　　　　　　　　　　　작성자: 김은진 20○○년 4월 20일

　이 공연은 인천광역시 지정 무형 문화재 단체를 초청하여 인천 시민에게 우리 조상의 해학과 풍자가 담기고 서민의 애환이 깃든 독창적인 문화유산을 누릴 수 있는 기회를 제공하는 뜻깊은 공연입니다.

　1. 일시: 20○○년 5월 2일(토) 11시~17시 30분

　2. 장소: 수봉 민속놀이 마당

　　• 비가 올 때는 국악회관 2층 공연장

　3. 문의: 032-○○○-8000, 누리집 www.○○○○○.or.kr

　관심 있는 학생과 학부모님의 많은 참여 바랍니다.

- 인천조동초등학교 누리집 게시 글 중에서

▶ 댓글 쓰기

김사랑 | 우아~ 탈춤 공연이라니 재미있겠다. 나도 부모님과 가 보고 싶어.

박지훈 | 으 재미없어. 저런 공연을 누가 가냐 ㅋㅋㅋ

윤민지 | 무형 문화재 단체의 탈춤 공연을 무료로 볼 수 있다니 꼭 가야겠어.

1 이 글은 무엇에 대해 소개하고 있나요?

① 음악회　　　　　　② 줄넘기 공연　　　　　　③ 태권도 공연

④ 판소리 공연　　　　⑤ 은율 탈춤 공연

2 게시 글의 내용을 바르게 파악하지 <u>못한</u> 것은 무엇인가요?

① 공연은 토요일에 볼 수 있어.

② 오후 6시에는 공연을 볼 수 없어.

③ 은율 탈춤 공연은 무료로 볼 수 있어.

④ 공연 날 비가 오면 국악회관으로 가야 해.

⑤ 문의 사항이 있으면 수봉 민속놀이 마당에 방문해야 해.

3 빈칸에 알맞은 말을 써서 댓글을 바르게 달지 <u>않은</u> 친구의 이름과 그 까닭을 정리해 보세요.

　댓글을 바르게 달지 않은 친구의 이름은 (　　　　　　　)(이)야. 글을 쓴 사람을 배려하지 않는 표현을 사용했기 때문이야.

다음 글을 읽고 물음에 답해 봅시다.

하늘에서 떨어지는 빗방울을 돈이라고 생각하는 나라가 있어요. 바로 아프리카의 보츠와나예요. 이 나라의 화폐 단위는 풀라(pula)와 테베(thebe)인데 재미있게도 모두 빗방울을 뜻하는 단어랍니다. 우리나라에서 100원, 200원이라고 하는 것처럼 보츠와나에서는 100풀라(빗방울), 200테베(빗방울)라고 하는 것이지요.

강수량이 적은 보츠와나는 경제 성장을 하기 위해 빗물을 이용하는 기술이 발전했어요. 이것뿐만이 아니에요. 태양 에너지와 바람의 힘을 이용하여 지하수를 퍼 올리는 기술도 개발했지요.

우리나라의 제주도에서는 얼마 전까지만 해도 나무에서 빗물을 모으는 촘항이라는 물동이가 있었어요. 이것을 이용해서 빗물을 받으면 멀리까지 가서 물을 길어 오지 않아도 되기 때문에 노동력과 시간을 절약할 수 있었지요.

최근에는 부유한 선진국에서도 빗방울의 가치를 인정하기 시작했어요. 곡식이나 과일을 수확하듯이 빗물도 수확하자는 의견까지 나오고 있어요. 빗물은 떨어진 그 자리에서 바로 쓸 수 있기 때문에 운반이 필요 없고, 깨끗한 물을 얻을 수 있는 친환경적인 방법이기 때문이에요.

- 한무영, 『빗물 탐구 생활』 중에서

▶ 댓글 쓰기

똑똑이 | 빗방울도 경제적으로 도움이 된다는 것을 처음 알았어요. 좋은 정보 감사합니다.

제주도 좋아~ | 제주도 감귤 먹고 싶다. 제주도 가고 싶어~ㅠㅠ

곰돌이 | 제주도에서 촘항을 본 적이 있어요. 그땐 어디에 쓰는 물건인지 몰랐는데, 여러 가지로 도움을 주는 물건이었네요.

우주 비행사 | 빗방울이 무슨 돈이 되냐. 별 내용도 없는 글을 쓰고 난리야. 거짓말 좀 하지 마!

 보츠와나에 대한 설명으로 알맞지 <u>않은</u> 것은 무엇인가요?

① 빗물을 이용하는 기술이 발전했다.
② 빗방울을 돈이라고 생각하는 나라이다.
③ 풍부한 강수량을 경제 성장에 이용하였다.
④ '풀라'와 '테베'라는 화폐 단위를 사용한다.
⑤ 태양 에너지와 바람의 힘을 이용하여 지하수를 퍼 올리는 기술을 개발하였다.

 촘항을 이용해서 빗물을 받아 쓰면 좋은 점으로 알맞은 것은 무엇인가요?

① 물을 팔아 큰돈을 벌 수 있다.　　　② 사람들과 사이좋게 지낼 수 있다.
③ 노동력과 시간을 절약할 수 있다.　　④ 교통이 혼잡해지는 것을 막을 수 있다.
⑤ 촘항이 정수기의 역할을 해서 물이 저절로 깨끗해진다.

6 댓글을 쓴 사람과 그 댓글의 문제점을 선으로 바르게 이어 보세요.

| 제주도 좋아~ | • | | • | 글을 쓴 사람을 배려하지 않고 무시하는 댓글을 달았다. |
| 우주 비행사 | • | | • | 글의 내용과 관련 없는 내용의 댓글을 달았다. |

재미있는 **낱말 놀이터**

'숨'과 관련된 관용 표현

🍎 다음 관용 표현의 뜻을 찾아 선으로 바르게 이어 보세요.

숨을 돌리다.

•

숨이 턱에 닿다.

•

숨 쉴 사이 없다.

•

•
몹시 숨이 차다.

•
좀 쉴 만한 시간적 여유도 없이 몹시 바쁘다.

•
잠시 여유를 얻어 휴식을 취하다.

왜 그럴까?

'숨'은 '사람이나 동물이 코 또는 입으로 공기를 들이마시고 내쉬는 기운. 또는 그렇게 하는 일.'을 말합니다. '숨을 돌리다.'는 잠시 여유가 생겨 휴식을 취할 때, '숨이 턱에 닿다.'는 몹시 숨이 찰 때, '숨 쉴 사이 없다.'는 몹시 바쁠 때 사용하는 관용 표현입니다.

읽기 목표

6 인터넷 게시 글과 댓글의 내용 비판적으로 읽기 ❷

인터넷 게시 글의 내용 바르게 이해하기 · 게시 글에 대하여 댓글을 다는 바른 태도 알기 · 게시 글과 댓글의 내용 비판적으로 읽기

| 공부한 날 | 월 | 일 |

 다음 글을 읽고 물음에 답해 봅시다.

민정이의 블로그

프롤로그 | 블로그 | 민정이   방명록

민정이
프로필 ▶ 쪽지 ▶

재미있는 글

나만의 게시판

사진 게시판

달걀말이 이렇게 만들어 보세요

여러분, 달걀 좋아하시나요? 저는 영양가 있고 맛도 좋은 달걀을 정말 좋아해요. 달걀을 이용한 여러 요리가 있지만 오늘은 맛있는 달걀말이를 만드는 방법을 안내하려고 합니다.

먼저 재료로 달걀 여섯 알, 다진 파 한 줌, 소금, 식용유를 준비합니다. 그런 다음 달걀을 큰 그릇에 깨뜨려 넣고 다진 파 한 줌과 소금 적당량을 넣어서 골고루 저어 줍니다. 이때 달걀을 젓가락으로 싹둑싹둑 잘라 주어야 좋아요. 덩어리진 것을 가위로 자르듯 끊어 주면 됩니다. 그런 다음 약한 불에 준비된 지짐 판을 얹고 식용유를 골고루 두른 뒤 달걀 물을 넓게 붓습니다. 그리고 조금씩 익으면 끝에서부터 주걱으로 살살 말아 줍니다.

이렇게 하면 맛있는 달걀말이가 완성됩니다. 간단한 달걀말이 직접 만들어 보세요!

▶ **댓글 쓰기**

승연이 | 떡볶이 먹고 싶어요. ㅠㅠ 저녁에 만들어 먹어야지.

최고지홍이 | 달걀말이를 맛있게 만드는 방법을 알려 주셔서 고맙습니다. 덩어리진 것을 젓가락으로 잘라 주어야 한다는 것은 새롭게 안 사실이에요.

꼬꼬사랑 | 오, 좋은 정보네요. 달걀말이를 할 때 우유를 넣으면 더 부드러워진답니다. 한번 우유도 넣고 해 보세요. :)

---

1 달걀말이 만드는 방법으로 알맞지 <u>않은</u> 것은 무엇인가요?

① 그릇에 달걀, 파, 소금을 넣고 젓는다.
② 달걀을 저으며 젓가락으로 잘라 준다.
③ 약한 불 위에 준비된 지짐 판을 얹는다.
④ 지짐 판에 식용유를 두른 뒤 달걀 물을 넓게 붓는다.
⑤ 달걀이 다 익으면 가운데부터 주걱으로 살살 말아 준다.

2 '승연이'의 댓글이 알맞지 <u>않은</u> 까닭을 찾아 ○표 하세요.

(1) 게시 글을 무조건 비난하는 댓글을 썼다. ·····················( )
(2) 게시 글의 내용과 관련이 없는 댓글을 썼다. ·····················( )

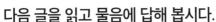 **다음 글을 읽고 물음에 답해 봅시다.**

여러분, '수학'을 떠올리면 어떤 생각이 드시나요? 지루하다, 재미없다, 문제 풀이 등이 생각나실 수 있습니다. 그런데 요즘 '놀이로 배우는 수학'이 인기를 끌고 있다고 합니다. 다양한 보드게임이나 퍼즐, 도형 놀이를 통해 쉽고 재미있게 수학을 배울 수 있도록 하는 것입니다.

한 가지 예로 여러 개의 정사각형으로 만든 퍼즐 놀이가 있습니다. 정사각형은 두 개만 붙이면 간단한 직사각형이 되고 다섯 개를 이어 붙이면 십이각형을 만드는 것도 가능합니다. 학생들은 다양한 규칙을 활용하여 정사각형을 이어 붙여 여러 가지 도형을 만들 수 있습니다. 이러한 퍼즐 놀이를 활용하면 도형의 원리를 쉽고 재미있게 익힐 수 있습니다.

실제로 놀이로 배우는 수학을 체험해 본 학생들은, '예전에는 수학이 싫고 지루하기만 했는데, 지금은 쉽고 재미있다.', '스스로 수학의 규칙을 찾아내려고 노력하다 보니 수학에 관심이 많아졌다.', '여러 전략을 사용하기 위해 몰두하면서 집중력이 높아졌다.', '놀이를 통해 배우니 친구들과 더욱 가까워질 수 있고, 모르는 것도 친구들이 즐겁게 알려 주어서 좋다.' 등과 같이 말했습니다.

이처럼 놀이로 배우는 수학은 재미있을 뿐 아니라 수학적 사고 능력을 기를 수 있는 등 다양한 학습적인 효과가 있습니다. '놀이 수학 개발 업체'에서는 이처럼 학생들이 좋아하는 놀이와 수학적 원리를 접목하여 즐겁게 수학을 공부할 수 있는 프로그램을 지속적으로 개발하고 있습니다. 또한 온라인 교재와 프로그램을 함께 개발하여 보다 쉽게 놀이에 접근할 수 있도록 할 예정입니다.

▶ 댓글 쓰기

봄봄이짱 | 수학의 원리나 규칙을 배울 수 있는 놀이가 많이 개발된다면 보다 재미있고 신나게 수학 공부를 할 수 있을 것 같아요. 앞으로 많은 개발 부탁드립니다.

모래성78 | 놀이들이 정말로 수학적 사고 능력을 기르는 데 도움이 될까요? 또 놀이로만 공부하다 보면 책으로 하는 공부에는 더 집중하지 못할까 봐 우려가 되네요. 놀이가 학습에 도움이 된다는 확실한 근거 자료가 있었는지 더 찾아봐야겠어요.

최고최고 | 공부할 때에는 집중력이 중요해요. 저는 공부를 시작하기 전에 가볍게 기지개를 켜면 집중이 잘 돼요. 여러분도 해 보세요!

공부 시러시러 | 난 또 뭐라고, 이런 거 만들 시간에 그냥 잼난 겜이나 더 만들어 주셈. 아, 핵노잼!

3 이 글에서는 무엇에 대해 이야기하고 있나요?

① 수학 교육의 중요성
② 체육 교육의 중요성
③ 게임 중독을 막는 방법
④ 집중하여 공부하는 방법
⑤ 놀이로 배우는 수학 공부

4 놀이로 배우는 수학을 체험해 본 학생들의 말로 알맞지 <u>않은</u> 것은 무엇인가요?

① 놀이를 통해 배우니 친구들과 더욱 가까워질 수 있다.
② 여러 전략을 사용하기 위해 몰두하면서 집중력이 높아졌다.
③ 예전에는 수학이 싫고 지루하기만 했는데, 지금은 쉽고 재미있다.
④ 놀이를 통해 수학 능력을 길러 반에서 수학을 가장 잘하게 되었다.
⑤ 스스로 수학의 규칙을 찾아내려고 노력하다 보니 수학에 관심이 많아졌다.

5 이 글을 통해 알 수 있는 내용으로 알맞지 <u>않은</u> 것은 무엇인가요?

① '놀이로 배우는 수학'의 예로 정사각형으로 하는 퍼즐 놀이가 있다.
② '놀이 수학 개발 업체'에서는 온라인 교재와 프로그램을 무료로 제공하고 있다.
③ '정사각형으로 하는 퍼즐 놀이'를 활용하면 도형의 원리를 쉽고 재미있게 익힐 수 있다.
④ '놀이 수학 개발 업체'에서는 놀이와 수학적 원리를 접목한 프로그램을 지속적으로 개발하고 있다.
⑤ '놀이로 배우는 수학'은 보드게임이나 퍼즐 등의 놀이를 통해 쉽고 재미있게 수학을 배울 수 있도록 하는 것이다.

6 '모래성78'의 댓글에 대하여 바르게 설명한 것에 ○표 하세요.

(1) 글의 내용을 확인 없이 그대로 받아들였어. ····································(   )
(2) 글의 내용을 그대로 믿지 않고 비판적으로 받아들였어. ····················(   )
(3) 글의 내용을 제대로 이해하지 못하고 게시 글과 관련 없는 댓글을 썼어. ···········(   )

7 댓글을 쓴 사람과 그 댓글의 문제점을 선으로 바르게 이어 보세요.

| 최고최고 | • | • | 게시 글의 내용과 관련이 없는 내용을 댓글로 달았다. |
| 공부 시러시러 | • | • | 상대방의 기분을 상하게 할 수 있는 예의 없는 표현을 사용하였다. |

8 인터넷 게시판의 글을 읽고 댓글을 쓸 때 주의할 점이 <u>아닌</u> 것은 무엇인가요?

① 게시 글과 관련이 있는 내용으로 쓴다.

② 다른 사람을 존중하고 배려하는 내용으로 쓴다.

③ 다른 사람의 저작물을 쓸 때에는 출처를 밝힌다.

④ 게시 글의 내용을 비판적으로 바르게 이해한 후 쓴다.

⑤ 줄임말과 인터넷 용어를 최대한 많이 써서 시간을 절약한다.

'재다'의 서로 다른 뜻

🍎 다음 문장에 쓰인 '재다'의 뜻을 선으로 바르게 이어 보세요.

어느 것이 더 긴지 자로 [재다] . 　　민수는 걸음이 [재다] . 　　고기를 양념에 [재다] .

동작이 재빠르다.

고기 따위의 음식을 양념하여 그릇에 차곡차곡 담아 두다.

자, 저울 따위의 계기를 이용하여 길이, 너비, 높이, 깊이, 무게, 온도, 속도 따위의 정도를 알아보다.

왜 그럴까?

'재다'는 서로 다른 뜻이 있습니다. '길이나 높이 따위를 측정하다', '고기 따위를 양념하여 담아 두다', '동작이 빠르고 날쌔다' 등의 뜻이 있습니다. 이 밖에도 잘난 체하며 뽐을 낸다는 뜻(예 민수는 늘 자기가 최고라며 <u>재고</u> 다닌다.)도 가지고 있습니다.

6 인터넷 게시 글과 댓글의 내용 비판적으로 읽기 ❸

인터넷 게시 글의
내용 바르게 이해하기

게시 글에 대하여 댓글을
다는 바른 태도 알기

게시 글과 댓글의 내용
비판적으로 읽기

공부한 날 　월　　일

 다음 글을 읽고 물음에 답해 봅시다.

책벌레의 블로그

프롤로그 | 블로그 | 책벌레 　　　　　　　　　　　　　　　　　　　　　　　방명록

책벌레
프로필 ▶ 쪽지 ▶

재미있는 이야기

내가 읽은 책

독서 감상 나누기

부모님이 꼭 읽어야 할 책

　동화책『그런 편견은 버려!』는 어린이를 위한 책이라기보다 부모님을 위한 책이라고 할 수 있습니다. 이 책을 읽는 동안에 부모님의 편견으로 아이들이 편견을 가지게 되는 것이 아닐까 하는 생각을 하였습니다. 부모님 때문에 아이들이 편견에 사로잡혀 생각하고 판단하고, 그래서 더욱 편견을 가지고 세상을 바라보게 되는 것이 아닐까 하고요.

　커다랗고 신기한 책 속에서 펼쳐지는 산토끼 선생님의 이야기는 아이들이 부모님으로부터 영향받은 편견을 극복하여 나가는 과정을 참 재미있게 담아내고 있습니다.

▶ **댓글 쓰기**

프로책벌레 | 이 글을 읽으니 저도 꼭『그런 편견은 버려!』를 읽어 보고 싶어요!

다독왕 | 저 책 진짜 지루해요. 여러분 읽지 마세요~ 이 사람 완전 뻥쟁이임.

우아공주 | 저도 이 책을 읽었어요. 가족이나 친구들이 가진 편견에 대한 고민을 토론으로 풀어 가며 서로 이해하는 과정을 보여 주고 있어서 어린이들이 읽기에도 좋은 것 같아요.

앵그리33 | 책벌레도 벌레인가요 ㅠㅠ 전 벌레가 싫어요.

---

1 다음 중 게시 글의 내용으로 알맞은 것에 ○표 하세요.

(1)『그런 편견은 버려!』는 아이들에게 편견을 심어 줄 수 있는 책이다. ······················(　　)

(2)『그런 편견은 버려!』에는 아이들이 부모님으로부터 영향받은 편견을 극복해 나가는 과정이 담겨 있다. ··(　　)

2 다음은 게시 글에 달린 댓글에 대한 설명입니다. 빈칸에 들어갈 알맞은 낱말을 보기 에서 찾아 써 보세요.

　'다독왕'의 댓글은 다른 사람을 존중하고 (　　　　)하는 말을 사용하지 않았습니다. 또, '앵그리33'은 게시 글의 내용과 (　　　　)이/가 없는 내용으로 댓글을 달았습니다.

보기 　　관련　　　　관점　　　　배려　　　　억압　　　　무시

다음 글을 읽고 물음에 답해 봅시다.

　　사람의 조작 없이 스스로 운전하는 자동차를 본 적이 있나요? 예전에는 영화 속에서나 볼 수 있었던 무인 자동차가 ⓒ주목을 받고 있습니다.

　　무인 자동차는 운전자가 조작하지 않아도 목적지까지 스스로 운행하는 자동차를 말합니다. 무인 자동차에는 도로 표지판을 인식하기 위한 영상 카메라와 지피에스(GPS) 등의 장치가 있습니다. 자동차에 달린 장치를 이용해서 앞지르기를 하려는 자동차를 피해 안전하게 주행을 할 수도 있으며 도로에서 약속한 제한 속도에 따라 속도를 조절할 수 있습니다. 또, 차와 차 사이 간격을 조정하거나 도로와 차선을 확인하는 기술 등이 계속 연구되며 발전하고 있습니다.

　　무인 자동차를 이용하면 사람의 부주의로 인해 발생하는 교통사고를 줄일 수 있을 것입니다. 많은 장치로 항상 도로 상황을 파악하고 있기 때문에 도로의 작은 변화에도 빠른 대응이 가능하기 때문입니다. 도로의 상황을 파악하며 운전하므로 교통 체증도 줄어들 것이고, 주차 공간을 찾거나 주차하는 데에 걸리던 시간도 줄어들 것입니다. 또한 직접 운전대를 잡지 않아도 되기 때문에 운전이 어려운 상황에서도 편하게 자동차를 이용할 수 있을 것입니다.

　　그러나 이러한 기술의 발전에 대한 우려의 목소리도 높습니다. 무인 자동차를 일상에서 사용하기에는 아직 해결하지 못한 문제점이 많기 때문입니다. 도로 위의 상황은 시시각각 바뀌므로 때로는 돌발 상황에 대해 운전자가 순간적인 판단을 해야 하는 경우가 있습니다. 이렇게 예측하기 힘든 상황에 무인 자동차는 대처하기 어렵지 않을지, 또 기계의 오작동 문제를 어떻게 해결할 것인지에 대한 고민이 남아 있습니다. 또한, 사고가 발생했을 때 그 책임을 누가 질 것인지에 대해서도 의견이 팽팽합니다. 무인 자동차의 시스템이 해킹되었을 경우 테러나 암살 등의 범죄에 이용될 가능성도 있습니다. 무인 자동차를 일상에서 많이 사용하기 위해서는 각종 안전 규제가 마련되어야 할 것입니다.

▶ 댓글 쓰기

안전이 | 사고가 발생할 경우 '사고를 낸 무인 자동차의 주인'과 '무인 자동차의 시스템 개발 업체' 또는 '무인 자동차의 시스템' 중 사고의 책임이 누구에게 있는지 판단하기가 무척 어려울 것 같네요.

꿈의 자동차 | 저는 자동차에 관심이 많아요. 여러 가지 색깔의 자동차를 보고 있으면 정말 멋져서 입이 다물어지질 않죠. 이번 생일 선물로 자동차 모형을 받고 싶어요!

남극탐험 | 무인 자동차가 일상에서 사용되면, 많은 정보를 수집해서 적절히 주행을 할 테니까 교통 체증도 줄고 도로 공간을 훨씬 효율적으로 쓸 수 있을 것 같아요.

조아조아 | 무인 자동차를 이용하면 운전하기 어려운 상황에서도 편리하게 이동할 수 있을 것 같아요. 빨리 일상에서 많이 사용되면 좋겠네요!

3 ㉠에 들어갈 이 글의 제목으로 알맞은 것은 무엇인가요?

① 무인 자동차, 교통 문제를 해결하다
② 교통사고의 가장 큰 원인, 무인 자동차
③ 무인 자동차 시스템 네트워크 연결 성공
④ 편리한 무인 자동차, 안전 규제 마련이 문제
⑤ 첫 무인 자동차 시범 주행 성공적으로 끝나

4 무인 자동차에 대한 설명으로 알맞지 <u>않은</u> 것은 무엇인가요?

① 무인 자동차의 기술은 계속 연구되며 발전하고 있다.
② 무인 자동차는 도로에서 일정한 속도로만 달릴 수 있다.
③ 무인 자동차는 운전자가 조작하지 않아도 스스로 운행을 한다.
④ 무인 자동차는 앞지르기를 하려는 자동차를 피해 주행할 수 있다.
⑤ 무인 자동차에는 영상 카메라와 지피에스 등의 장치가 들어가 있다.

5 밑줄 친 ㉡과 바꾸어 쓸 수 있는 말은 무엇인가요?

① 위험에 처해 있습니다.   ② 관심을 끌고 있습니다.
③ 유지를 하고 있습니다.   ④ 반대를 하고 있습니다.
⑤ 강력하게 막아서고 있습니다.

6 이 글에 나타난 무인 자동차의 문제점으로 알맞지 <u>않은</u> 것은 무엇인가요?

① 기계가 오작동을 일으킬 수 있다.
② 예측하기 힘든 상황들에 대처하기 어렵다.
③ 사고가 발생했을 때 책임자를 정하기 어렵다.
④ 시스템이 해킹되면 각종 범죄에 이용될 수 있다.
⑤ 사람의 부주의로 인해 발생하는 교통사고를 줄일 수 있다.

7 다음 중 관점이 다른 댓글을 단 사람을 찾아 빈칸에 써 보세요.

> **안전이:** 사고가 발생할 경우 '사고를 낸 무인 자동차의 주인'과 '무인 자동차의 시스템 개발 업체' 또는 '무인 자동차의 시스템' 중 사고의 책임이 누구에게 있는지 판단하기가 무척 어려울 것 같네요.
>
> **남극탐험:** 무인 자동차가 일상에서 사용되면, 많은 정보를 수집해서 적절히 주행을 할 테니까 교통 체증도 줄고 도로 공간을 훨씬 효율적으로 쓸 수 있을 것 같아요.
>
> **조아조아:** 무인 자동차를 이용하면 운전하기 어려운 상황에서도 편리하게 이동할 수 있을 것 같아요. 빨리 일상에서 많이 사용되면 좋겠네요!

(   )

8 '꿈의 자동차'의 댓글에 대해 바르게 판단한 것을 보기 에서 찾아 기호를 써 보세요.

보기
⊙ 게시 글을 비웃고 헐뜯는 내용으로 댓글을 달았다.
ⓒ 게시 글의 내용과 관련이 없는 내용을 댓글로 제시하였다.
ⓒ 게시 글과 관련된 내용의 댓글을 달면서 자신의 생각을 밝혔다.
ⓔ 구체적인 근거를 들어 게시 글의 내용과 반대되는 입장을 댓글로 제시하였다.

(   )

재미있는 낱말 놀이터

뜻이 비슷한 속담 알기

🍎 뜻이 비슷한 속담끼리 선으로 바르게 이어 보세요.

누워서 떡 먹기

땅 짚고 헤엄치기

똥 묻은 개가 겨 묻은 개 나무란다

가랑잎이 솔잎보고 바스락거린다고 한다

왜 그럴까?

'누워서 떡 먹기'는 하기가 매우 쉬운 것을 비유하는 말이며 '똥 묻은 개가 겨 묻은 개 나무란다'는 자기는 더 큰 흉이 있으면서 도리어 남의 작은 흉을 본다는 말입니다. 또, '땅 짚고 헤엄치기'는 일이 매우 쉬움을 뜻하는 말이며, '가랑잎이 솔잎보고 바스락거린다고 한다'는 자기의 허물은 생각하지 않고 도리어 남의 허물만 나무라는 경우를 비유하는 말입니다. 비슷한 뜻을 가진 속담을 알고 상황에 맞게 사용해 보세요.

6 인터넷 게시 글과 댓글의 내용 비판적으로 읽기 ④

파이팅! **29**일

인터넷 게시 글의
내용 바르게 이해하기

게시 글에 대하여 댓글을
다는 바른 태도 알기

게시 글과 댓글의 내용
비판적으로 읽기

공부한 날 | 월 | 일

 다음 글을 읽고 물음에 답해 봅시다.

김지안의 블로그

프롤로그 | 블로그 | 김지안　　　　　　　　　　　　　　　　　　　　　　　방명록

김지안
프로필 ▶ 쪽지 ▶

지안이의 일기

창작 공장

제가 이번에 쓴 시를 여러분에게 소개합니다. 감상평을 올려 주세요!

개나리꽃

꼬마 시인 김지안

나 보기가 싫어서
가실 때에는
말없이 고이 보내 드리우리다

뒷동산 약산
개나리꽃
아름 따다 가실 길에 뿌리우리다

가시는 걸음걸음
놓인 그 꽃을
가볍게 밟고 가시옵소서

나 보기가 싫어서
가실 때에는
나는 절대 울지 아니하리다

▶ **댓글 쓰기**

탐정소년 | 어, 이거 어디서 많이 본 시 같은데?

도라지꽃 | 김소월 시인의 '진달래꽃'과 너무 비슷한 것 같아요.

바람나라 | 이 시를 보니 지난번에 산에 가서 본 노란 개나리가 떠오르네.

---

1 댓글로 보아, 지안이가 쓴 시 '개나리꽃'의 문제점은 무엇인가요?

① 글자의 크기가 너무 크다.　　　　② 시에 리듬감이 느껴지지 않는다.

③ 느낌이 생생하게 드러나지 않았다.　　④ 다른 사람의 작품을 베껴서 이용하였다.

⑤ 상대방을 배려하지 않는 말을 사용하였다.

2 다음은 지안이에게 해 줄 수 있는 말입니다. 빈칸에 들어갈 알맞은 말을 보기 에서 찾아 써 보세요.

다른 사람의 창작물을 함부로 사용하여 (　　　　　　)을/를 침해하는 행동을 해서는 안 됩니다.

보기　　수도권　　　시민권　　　저작권　　　선수권　　　통치권

다음 글을 읽고 물음에 답해 봅시다.

가 생명공학의 또 다른 주인공은 유전자 조작 먹을거리, 곧 GMO(Genetically Modified Organism)입니다. GMO란 유전자 조작 기술을 이용해 만든 농작물이나 식품을 일컫는 말입니다. 유전자 조작 기술이란, 어떤 생물에서 특정한 성질을 지닌 유전자만 따로 떼어 낸 뒤, 그것을 다른 생물의 유전자에 집어넣어 그 특성을 나타나게 만드는 겁니다. 자연 상태에서는 존재하지 않는, 특정한 성질을 지닌 새로운 생명체를 인위적으로 탄생시킨다는 얘기지요.

GMO를 활용한 대표적인 예는 농약을 뿌려도 작물은 피해를 보지 않고 잡초나 해충만 없애도록 농작물 유전자를 조작하는 겁니다. 이를테면 제초제에 강한 콩이나 스스로 살충제를 만드는 옥수수를 개발하는 식이지요.

나 이런 얘기들을 들어 보면 GMO가 우리 생활에 다양한 보탬이 될 것 처럼 보입니다. 실제로 GMO를 찬성하는 사람들은 GMO가 식량 부족 문제를 해결해 줄 대안이라고 주장하기도 합니다. 하지만 문제는 그렇게 간단하지 않습니다. GMO가 일으킬 부작용이나 후유증이 만만치 않은 탓이지요.

무엇보다 GMO는 사람 몸에 나쁜 영향을 미칠 수 있습니다. GMO는 불과 30여 년 전에 처음 만들어진, 인류에게 아주 낯선 '신상품'입니다. 그래서 사람 몸에 어떤 영향을 미칠지, 그리고 문제가 생겼을 때 어떻게 대처해야 할지를 잘 알지 못합니다. 아직 안전성이 제대로 검증되지 않았다는 거지요. GMO를 먹었을 때 알레르기, 암, 독성 중독 등이 생길 수 있다는 증거가 여러 연구 결과에서 나오고 있기도 하고요.

다음으로 GMO는 자연환경에 큰 피해와 혼란을 일으킬 수 있습니다. GMO는 얼마든지 자연으로 퍼져 나갈 수 있습니다. 예를 들어 농약이나 병충해에 잘 견디도록 만들어진 GMO가 야생으로 퍼져 나가면 어떻게 될까요? 이렇게 되면 희한한 돌연변이가 탄생할 수 있고, 이 '괴물'은 기존 야생종을 몰아내면서 생태계를 엉망진창으로 만들 위험성이 높습니다.

다 또 다른 문제는 GMO가 농업과 농민을 큰 어려움에 빠뜨린다는 점입니다. GMO를 처음 개발한 것은 거대 기업입니다. 첨단 기술 개발에 들어가는 엄청난 비용을 댈 수 있는 건 이들밖에 없으니까요. 그래서 GMO 농사에 필요한 종자나 농약 같은 것들은 모조리 이들 기업이 손에 쥐고 있습니다. 기업의 가장 큰 목적은 돈벌이입니다. 그래서 이들 기업은 GMO 종자나 농약 등을 팔아 막대한 이익을 챙깁니다. 반면에 농민들은 이것들을 사는 데 많은 돈을 쓸 수밖에 없습니다. 그 결과 농민과 농업 전체가 갈수록 거대 기업의 지배 아래 놓이게 됩니다. 이는 곧 농민과 농업을 망가뜨리는 결과로 이어지게 됩니다.

라 GMO는 본질적으로 '자연물'이 아니라 생명공학 기술이 만들어 낸 '인공물'이라고 할 수 있습니다. 생명의 본성을 조작한 결과이자, 자연과 생명에 대한 지나친 인간 개입의 산물이지요. GMO 기술은 안전성이 증명되지 않았습니다. 사람과 자연에 어떤 영향을 미칠지 예측하기도 어렵습니다. 위험하고 불확실한 기술이지요.

- 장성익, 『생각이 크는 인문학 10』 중에서

▶ 댓글 쓰기

농부 사랑 | 기술의 발전은 인류에게 긍정적인 면만 있는 것이 아니라 이런 위험도 있겠군요. 그러므로 과학 기술이 발전할 때 어떤 문제가 생기는지 잘 생각해 보아야 할 것 같습니다.

지엠오짱 | 이건 뭥미? ㅎㅎㅎ 나는 GMO 좋은데~? 너나 먹지 마.

구름이 | GMO가 꼭 부정적인 것만은 아니에요. 적은 자원을 효율적으로 사용해서 수확량을 증대시킬 수 있으니까요. 이로 인해 생기는 부작용에 대처하는 방법을 잘 연구한다면 우리 생활에 보탬이 될 거예요.

3 다음 빈칸에 들어갈 알맞은 말을 찾아 써 보세요.

> (   )이란, 어떤 생물에서 특정한 성질을 지닌 유전자만 따로 떼어 낸 뒤, 그
> 것을 다른 생물의 유전자에 집어넣어 그 특성을 나타나게 만드는 것을 말한다.

4 이 글을 읽고 알 수 있는 내용으로 알맞지 <u>않은</u> 것은 무엇인가요?

① GMO는 안전성이 보장되어 있다.
② GMO를 처음 개발한 것은 거대 기업이다.
③ 기업은 GMO 종자나 농약 등을 팔아 이익을 챙길 수 있다.
④ GMO가 야생으로 퍼져 나가면 돌연변이가 탄생할 수 있다.
⑤ GMO를 먹었을 때 알레르기, 암 등이 생길 수 있다는 증거가 나오고 있다.

5 글쓴이가 이 글을 쓴 목적은 무엇인가요?

① GMO의 위험성을 설명하기 위해서
② GMO에 관한 책의 줄거리를 소개하기 위해서
③ GMO가 안전하다는 것을 사람들에게 알리기 위해서
④ 농사를 짓는 방법과 농부들이 하는 일을 소개하기 위해서
⑤ 건강한 신체를 만들기 위해 운동을 하자고 주장하기 위해서

6 글쓴이의 의견과 까닭을 정리하였습니다. 보기 의 내용을 의견과 까닭으로 나누어 빈칸에 기호를 써 보세요.

의견	
까닭	

보기	㉠ GMO는 위험하고 불확실한 기술이다. ㉡ GMO는 사람 몸에 나쁜 영향을 미칠 수 있다. ㉢ GMO가 농업과 농민을 큰 어려움에 빠뜨린다. ㉣ GMO는 자연환경에 큰 피해와 혼란을 일으킬 수 있다.

7 댓글을 단 사람과 댓글에 대한 설명을 선으로 바르게 이어 보세요.

농부 사랑 •

지엠오짱 •

구름이 •

• 글쓴이의 의견을 비방하며 예의를 지키지 않았다.

• 글의 주제를 잘 파악하여 글쓴이의 의견에 동의하고 있다.

• 글쓴이의 의견을 비판적으로 분석하여 반대되는 의견을 제시하였다.

외래어 바로 쓰기

🍃 다음 그림을 보고 문장에 들어갈 알맞은 낱말에 ○표 하세요.

저는 땅콩 (알레르기 / 알러지)가 있어요.

저는 항상 (에네르기 / 에너지)가 넘쳐요.

저는 (뷔페 / 부페)에서 여러 가지 음식을 먹었어요.

왜 그럴까?

외래어는 규칙에 맞게 사용해야 합니다. 우리가 흔히 사용하고 있지만 표준어가 아닌 낱말들도 있어요. 표준어가 무엇인지 알아 두고 일상생활에서 바르게 사용할 수 있도록 합니다.

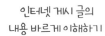
읽기 목표

6 인터넷 게시 글과 댓글의 내용 비판적으로 읽기 ⑤

인터넷 게시 글의 내용 바르게 이해하기 | 게시 글에 대하여 댓글을 다는 바른 태도 알기 | 게시 글과 댓글의 내용 비판적으로 읽기

공부한 날 | 월 | 일

 정리 다음 설명 중 옳은 것을 모두 찾아 ○표 하세요.

인터넷 게시판에 남기는 짧은 글을 댓글이라고 한다.

댓글을 달 때는 게시 글의 내용과 관련이 있는 내용으로 달아야 한다.

댓글을 달 때는 상대를 배려하고 존중하는 표현을 사용해야 한다.

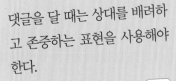

댓글을 통해 상대방의 의견에 대한 자신의 의견을 표현하여 소통을 할 수 있다.

인터넷 게시판에 등록되는 글들은 모두 사실이다.

인터넷 게시판에 올라오는 글은 비판적으로 읽어야 한다.

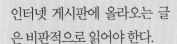

게시 글의 내용이 마음에 들지 않을 때는 글쓴이를 비방하는 댓글을 달아도 괜찮다.

인터넷 게시 글 중에는 사실 확인이 되지 않은 것이 있다.

게시 글의 내용을 비판적으로 분석한 내용이 담긴 댓글을 달 수도 있다.

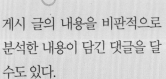

다음 글을 읽고 물음에 답해 봅시다.

"그래, 원자력 발전은 꼭 필요해"

가 전기가 모자라면 전기를 더 만들어 낼 발전소를 세우면 문제를 해결할 수 있어요. 그런데 만약 발전소가 전기를 충분히 만들어 내지 못하면 어떻게 될까요? 바람이 불지 않는 날 풍력 발전기는 멈춥니다. 태양열 발전기가 있어도 밤이나 흐린 날, 비 오는 날에는 발전이 어렵지요. 풍력 발전이나 태양열 발전은 24시간 내내 에너지를 소비하는 우리 상황과는 맞지 않아요. 쉬지 않고 많은 양의 에너지를 언제든지 생산할 수 있는 것은 원자력 발전밖에 없어요.

나 원자력 발전은 생태계를 파괴하지 않습니다. 발전소를 지을 작은 땅만 있으면 환경을 오염시키지 않고 얼마든지 강력한 에너지를 만들어 낼 수 있으니까요. 원자력 발전이 배출하는 미세 먼지와 이산화 탄소는 화력 발전의 100분의 1밖에 안 돼요. 그래서 원자력 발전소를 ㉠'굴뚝 없는 발전소'라고 부른답니다. 우리나라는 다행히 전체 에너지의 30퍼센트를 원자력 발전이 담당하고 있어요. 만약 원자력 발전이 없었다면 서울은 중국 베이징처럼 끔찍한 스모그 도시가 됐을지도 몰라요. 한국 원자력 연구원은 우리나라가 현재의 석탄 발전을 모두 원자력 발전으로 바꾸면 이산화 탄소 배출량을 약 1억 톤 정도나 줄일 수 있다고 했어요.

다 2013년 한국 수력 원자력이 1킬로와트의 전기를 1시간 동안 공급하는 데 드는 비용을 분석한 결과, 원자력은 39.1원, 석탄은 58.9원, 천연가스는 158.6원, 풍력은 162.8원, 수력은 170.9원, 태양광은 463.1원이에요. 원자력 에너지가 얼마나 경제적인지 금방 알 수 있지요. 또한 원자력 발전의 원료인 우라늄은 1그램만으로도 석유 9드럼, 석탄 3톤과 맞먹는 전기를 만들어 낼 수 있습니다. 정말 효율적이지요. 그래서 원자력을 '꿈의 에너지'라고 부르기도 해요. 싼값에 엄청난 양의 에너지를 얻을 수 있는 원자력 발전을 거부할 이유가 없는 것이지요.

라 사람들이 값싸고 깨끗한 원자력 발전을 [㉡] 생각하는 이유는 다름 아닌 사고로 인한 방사능 유출 때문입니다. 그래서 원자력의 '원'자만 꺼내도 "위험해! 불안해!"하고 거부감을 표시하지요. 그러나 원자력 발전은 위험하지 않습니다. 옆 나라 일본에서 엄청난 원자력 발전소 사고가 났는데 무슨 말이냐고요? 원자력 발전이 위험하지 않은 까닭은 원자력 발전소 사고를 미리 예방할 수 있고 혹시 사고가 나도 충분히 극복할 수 있기 때문이에요.

- 김지은, 소이언, 『어린이 토론학교 -환경-』 중에서

▶ 댓글 쓰기

ⓐ **그린마루** | 깨끗하고 효율적으로 에너지를 생산할 수 있는 원자력 발전에 대해 알게 됐음당~ 고맙습당~~~~ 아프롱 더더 발전해 주삼.~♡♡♡♡ㅋㅋㅋㅋ

ⓑ **푸름이** | 제가 신문 기사를 찾아 보니 2011년 일본에서 지진이 일어났을 때 후쿠시마 원자력 발전소에서 방사능이 유출된 사건이 있었습니다. 후쿠시마 지역의 땅에서는 암을 일으키는 물질까지 검출되었어요. 원자력은 한번 사고가 나면 굉장히 위험할 수 있습니다. 좋은 면만 있는 것은 결코 아니랍니다.

ⓒ **대마왕** | 원자력 발전은 무조건 없어져야 합니다. 도대체 뭘 믿고 원자력 발전을 옹호하는 겁니까? 아는 척 좀 하지 마세요.

ⓓ **봉숭아** | 저도 원자력 발전은 꼭 필요하다고 생각해요. 관리만 잘 된다면 도움이 될 거예요.

1 이 글에서 중심이 되는 이야깃거리는 무엇인가요?

① 수력 발전   ② 풍력 발전   ③ 태양열 발전

④ 원자력 발전   ⑤ 천연가스 발전

2 원자력을 밑줄 친 ㉠과 같이 부르는 까닭은 무엇인가요?

① 원자력 발전은 몹시 위험하기 때문에

② 원자력 발전소가 굴뚝처럼 생겼기 때문에

③ 원자력 발전은 밤낮으로 사용할 수 있기 때문에

④ 원자력 발전은 미세 먼지를 많이 발생시키기 때문에

⑤ 원자력 발전은 미세 먼지와 이산화 탄소를 적게 배출하기 때문에

3 ㉡에 들어갈 알맞은 낱말은 무엇인가요?

① 생생하게   ② 투명하게   ③ 깔끔하게

④ 꺼림칙하게   ⑤ 자연스럽게

4 글쓴이가 주장하는 내용으로 가장 알맞은 것은 무엇인가요?

① 원자력 발전은 꼭 필요하다.

② 원자력 발전은 몹시 위험하다.

③ 지진에 대처할 수 있도록 연습을 해야 한다.

④ 새로운 에너지를 개발하도록 노력해야 한다.

⑤ 우리나라를 더욱 사랑하고 발전시켜야 한다.

5 각 문단의 중심 내용을 찾아 다음 빈칸에 들어갈 알맞은 말을 써 보세요.

가 문단	원자력 발전은 쉬지 않고 많은 양의 에너지를 (　　　　　　) 생산할 수 있다.
나 문단	원자력은 (　　　　　　)을/를 오염시키지 않고 강력한 에너지를 만들 수 있다.
다 문단	원자력은 (　　　　　　)에 엄청난 양의 에너지를 얻을 수 있다.
라 문단	원자력 발전은 위험하지 않다.

6 댓글 중 글쓴이의 의견에 찬성하는 사람과 반대하는 사람을 구분하여 기호를 써 보세요.

찬성	반대

 다음은 이 게시 글의 댓글에 대하여 친구들이 나눈 대화입니다. 바르지 <u>않은</u> 설명을 한 친구의 이름을 써 보세요.

> 건우: ⓐ는 글쓴이에 대한 예의는 지켰지만 과도한 인터넷 용어를 사용했어.
>
> 하은: ⓑ는 글의 내용을 비판적으로 분석하고 사실 확인 후 적절한 근거를 들어 자신의 입장을 제시 했어.
>
> 지안: ⓒ는 글의 내용을 타당한 근거 없이 무조건 비방했어.
>
> 준우: ⓓ는 글의 주제와 관련이 없는 이야기를 했어.

(   )

 재미있는 낱말 놀이터

반대의 뜻을 가진 낱말 알기

🍎 다음 문장에서 밑줄 친 낱말과 반대되는 뜻을 가진 낱말을 보기 에서 찾아 빈칸에 써 보세요.

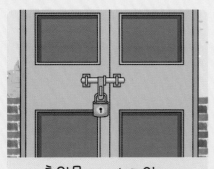

출입문이 <u>폐쇄</u>되었다.

↔

출입문이 [　　　]되었다.

노인 인구가 <u>증가</u>하였다.

↔

어린이 수가 [　　　]하였다.

보기	개방	감소	확대

 그럴까?

'폐쇄'는 '문 따위를 닫아걸거나 막아 버림'이라는 뜻이며, '증가'는 '양이나 수치가 늚'이라는 뜻입니다. 따라서, '폐쇄'와 반대되는 낱말은 '열다'의 뜻을 가진 것이어야 하고, '증가'와 반대되는 낱말은 '줄어들다'의 뜻을 가진 것이어야 합니다.

읽기 목표

7 건의하는 글의 내용 평가하기 ❶

| 건의하는 글을 읽고 문제 상황 및 건의 사항 파악하기 | 건의 사항을 실행할 경우 기대 효과 파악하기 | 건의 사항 및 그에 대한 근거 평가하기 | 공부한 날 | 월 | 일 |

건의하는 글은 개인이나 단체가 특정한 문제에 대해 의견과 해결 방안을 제시하는 글입니다. 건의하는 글에는 지금 문제가 되고 있는 상황과 이를 해결할 수 있는 방안인 건의 사항, 건의 사항에 대한 근거 및 기대 효과 등이 나타납니다. 건의하는 글에서 건의하는 내용과 그에 대한 근거는 이치에 맞는 것이어야 하고, 문제 해결 방안은 현실적으로 실현 가능한 것이어야 합니다.

자, 이제 건의하는 글의 내용을 파악하고 건의 사항 및 근거가 적절한지 평가하여 볼까요?

다음 글을 읽고 물음에 답해 봅시다.

> 가 요즈음 학교 강당에 쓰레기가 많아서 매우 지저분합니다. 학생들이 강당에서 행사를 한 후 발생한 쓰레기를 그냥 버리고 가기 때문입니다. 학생들이 강당에 출입하지 못하도록 제한해 주세요. 학생들이 강당에 출입할 수 없도록 하면 쓰레기가 생길 일도 없어질 것입니다.
>
> 나 요즈음 학교 강당에 쓰레기가 많아서 매우 지저분합니다. 학생들이 강당에서 행사를 한 후 발생한 쓰레기를 버리려고 해도 강당에는 쓰레기 분리수거함이 없습니다. 쓰레기를 교실까지 가져가야 해서 불편하다 보니 몰래 강당에 쓰레기를 버리고 가는 일이 늘어나는 것입니다. 이와 같은 문제를 줄이기 위해 '강당 깨끗하게 쓰기 캠페인'을 진행했지만 쓰레기는 크게 줄어들지 않았습니다. 그래서 저는 강당에 쓰레기 분리수거함을 놓아야 한다고 생각합니다. 그렇게 하면 학생들이 쓰레기를 분리수거함에 분리하여 버려 강당이 깨끗해질 것이기 때문입니다.

1 글 가와 나에서 공통으로 말하고 있는 문제 상황은 무엇인지 빈칸에 알맞은 말을 써 보세요.

학교 (   )에 (   )이/가 많아서 매우 지저분하다.

2 글 가와 나에서 각각 건의하고 있는 사항을 선으로 바르게 이어 보세요.

글 가 •

글 나 •

• 강당에 쓰레기 분리수거함을 놓아 주세요.

• 학생들이 강당에 출입하지 못하도록 제한해 주세요.

3 글 가와 나를 읽고 이야기한 내용이 <u>잘못된</u> 친구의 이름을 써 보세요.

> 하은: 글 가의 글쓴이가 제시한 건의 사항은 이치에 맞지 않는 것 같아. 강당의 출입을 막는다면 학교의 크고 작은 행사를 진행할 때 많은 학생이 모일 수 있는 장소가 없어서 여러 가지 문제가 발생할 거야. 쓰레기를 버리지 않도록 하는 근본적인 해결책이 필요해.
>
> 건우: 글 나의 글쓴이가 제시한 건의 사항인 분리수거함 설치는 관리나 처리 비용 등의 문제가 있기 때문에 바로 시행하기가 어려워. 먼저 학생들이 강당을 깨끗하게 사용하자는 캠페인을 해 보는 것은 어떨까?

(   )

다음 글을 읽고 물음에 답해 봅시다.

　　과학실은 학생들이 다양한 실험을 하며 과학적 원리를 배우는 곳입니다. 그런데 최근에 과학실에 있는 개수대의 수도꼭지가 고장이 났습니다. 그래서 학생들이 실험을 하기 위해 물을 사용할 때나 실험 도구를 씻을 때 멀리 있는 화장실까지 가야 합니다. 이것 때문에 실험 시간이 지체되기도 하고, 실험이 끝난 후 실험 도구를 씻으러 가던 아이들이 실수로 도구를 깨뜨리는 경우도 생겼습니다.

　　학교 시설을 관리하시는 분께 하루빨리 과학실 개수대의 수도꼭지를 수리하여 주시길 건의드립니다. 그리고 개수대를 포함한 과학실의 시설들을 정기적으로 점검하여 주시면 좋겠습니다. 정기적으로 시설들을 점검한다면, 시설의 고장으로 인한 불편이나 안전사고를 예방할 수 있을 것입니다. 학생들이 안전하게 실험하며 공부할 수 있도록 빠른 조치를 부탁드립니다.

 이 글은 누구에게 쓴 글인가요?

　① 담임 선생님
　② 교장 선생님
　③ 과학 선생님
　④ 학교 시설 관리인
　⑤ 학교 누리집 관리자

5 이 글에서 제시하고 있는 문제 상황은 무엇인가요?

　① 과학실의 출입문이 망가졌다.
　② 과학실의 실험 도구가 부족하다.
　③ 과학실의 개수대 수도꼭지가 고장 났다.
　④ 과학실 청소가 제대로 이루어지지 않는다.
　⑤ 과학실에서 실험을 할 때 안전 수칙을 지키지 않는 어린이가 많다.

6 글쓴이가 문제를 해결하는 방안으로 건의하는 것은 무엇인가요? (정답 2개)

　① 과학실의 실험 도구를 늘려 주세요.
　② 과학실의 위험한 실험 도구를 없애 주세요.
　③ 과학실의 시설을 정기적으로 점검해 주세요.
　④ 과학실의 개수대 수도꼭지를 수리해 주세요.
　⑤ 과학실의 오래된 시설을 새것으로 교체해 주세요.

글쓴이의 건의 사항을 실행했을 때 얻을 수 있는 기대 효과는 무엇인가요?

① 더 많은 아이들이 과학실을 이용할 수 있다.

② 아이들이 과학실을 깨끗하게 이용할 수 있다.

③ 과학실에서 더 다양한 종류의 실험을 할 수 있다.

④ 과학 실험이 끝난 후 빠르게 교실로 돌아갈 수 있다.

⑤ 시설의 고장으로 인한 불편이나 안전사고를 예방할 수 있다.

'마음'이 들어간 관용 표현

🍎 다음 그림에 알맞은 관용 표현을 보기 에서 찾아 빈칸에 알맞게 써 보세요.

나는 책 선물이

_____

하은이가 사과하자 나는

_____

나는 이 옷이 전혀

_____

| 보기 | 마음에 찼다 | 마음에 없었다 | 마음이 풀렸다 |

 그럴까?

둘 이상의 낱말이 합쳐져 원래의 뜻과는 전혀 다른 새로운 뜻으로 굳어져서 쓰이는 표현을 관용 표현이라고 합니다. '마음'은 '사람이 본래부터 지니는 품성이나 성격'을 말합니다. '마음에 차다'는 '마음에 흡족하게 여기다.'라는 뜻입니다. '마음에 없다'는 '무엇을 하거나 가지고 싶은 생각이 없다.'라는 뜻이고, '마음이 풀리다'는 '마음속에 맺히거나 틀어졌던 것이 없어지다.'라는 뜻입니다.

7 건의하는 글의 내용 평가하기 ❷

건의하는 글을 읽고 문제 | 건의 사항을 실행할 경우 | 건의 사항 및 그에 대한
상황 및 건의 사항 파악하기 | 기대 효과 파악하기 | 근거 평가하기

공부한 날   월   일

 다음 글을 읽고 물음에 답해 봅시다.

교장 선생님께

안녕하세요? 저는 6학년 1반 지연웅이라고 합니다.

요즘 우리 학교 학생들이 급식 시간에 음식을 남기는 경우가 많습니다. 식판에 음식을 담을 때 먹을 만큼만 담지 않고 욕심을 부려 많이 담기 때문입니다. 음식을 남기면 자원이 낭비되고, 환경도 오염됩니다. 그래서 매주 수요일은 음식을 남기지 않는 날로 정하면 좋겠습니다. 일주일에 한 번, 수요일만 음식을 남기지 않는 것이니까 많이 어렵지 않고, 하루라도 음식물 쓰레기가 줄어드는 효과가 있을 것입니다. 또 이 경험을 통해 학생들이 지나치게 음식을 많이 담거나 남기는 습관을 고칠 수도 있을 것입니다.

교장 선생님, 수요일에는 음식을 남기지 않고 다 먹는 날로 정해 주시기 바랍니다.

지연웅 올림

---

1 글쓴이가 제시하고 있는 문제 상황은 무엇인가요?

① 등교 시간에 지각하는 학생들이 많다.
② 수업 시간에 잡담을 하는 학생들이 많다.
③ 쉬는 시간에 복도에서 뛰는 학생들이 많다.
④ 급식 시간에 음식을 남기는 학생들이 많다.
⑤ 하교 시간에 무단 횡단을 하는 학생들이 많다.

2 글쓴이가 문제를 해결하기 위한 방안으로 건의한 것은 무엇인가요?

① 매주 월요일은 급식량을 줄이기
② 매주 화요일은 스스로 배식하기
③ 매주 화요일은 도시락을 싸 오기
④ 매주 수요일은 음식물 쓰레기통을 없애기
⑤ 매주 수요일은 음식을 남기지 않는 날로 정하기

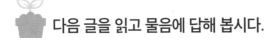

다음 글을 읽고 물음에 답해 봅시다.

하늘 공원 관리인분들께

하늘 공원 관리인께 건의드립니다. 하늘 공원은 녹지가 조성되어 있고 다양한 운동 시설이 있어 많은 주민들이 자주 이용하고 있습니다. 그런데 공원을 이용하면서 쓰레기를 버리고 가는 사람들이 많습니다. 특히 주말에는 나들이객들이 가져가지 않은 쓰레기가 공원 여기저기에 버려져 있습니다. 그래서 월요일 아침이면 공원은 쓰레기로 가득합니다.

하늘 공원은 행복 아파트 단지와 미래 초등학교 사이에 위치하기 때문에 많은 학생들이 학교에 갈 때 하늘 공원을 지납니다. 그런데 한 주를 시작하는 월요일 아침부터 공원에 버려진 쓰레기를 보면 저절로 눈살을 찌푸리게 됩니다. 공원에 버려진 쓰레기 중에는 깨진 유리병, 라이터와 같이 위험한 것도 있어서 주민들이나 학생들이 다칠 수 있습니다. 나들이객이 버리고 간 음식물 쓰레기는 악취가 심해 창문을 열어 놓고 지내는 여름에는 집 안까지 냄새가 들어와 더욱 괴롭습니다.

공원에 이용 예절과 쓰레기 처리에 대한 안내판이 있긴 하지만, 오래 전에 세워져 글자가 바래서 쓰여 있는 문구를 읽을 수가 없습니다.

공원을 관리하시는 관리인 여러분, 공원을 이용하고 난 뒤에 쓰레기는 집으로 가지고 돌아가야 한다는 안내판을 새로 세워 주시기를 바랍니다. 그리고 유리병, 라이터와 같은 위험 물질은 이용 시 주의를 기울여 달라는 문구를 추가하면 이용객들이 조심할 것입니다. 공원을 이용하는 많은 주민들과 학생들의 안전과 행복을 위해 꼭 조치해 주시기를 부탁드립니다.

하늘 초등학교 전교 학생 회장 심양희 올림

3 이 글을 쓴 목적은 무엇인가요?

① 기쁜 일을 축하하기 위해
② 감사의 뜻을 전하기 위해
③ 새로 산 물건을 소개하기 위해
④ 어려운 개념을 쉽게 설명하기 위해
⑤ 자신의 건의 사항을 수용하도록 설득하기 위해

4 이 글에서 제시하고 있는 문제 상황으로 알맞은 것은 무엇인가요?

① 공원을 이용하는 주민들 간에 다툼이 자주 일어난다.
② 공원을 이용하면서 쓰레기를 버리고 가는 사람이 많다.
③ 공원을 지나지 않고는 초등학교에 갈 수 없어 불편하다.
④ 주말에 공원을 이용하는 나들이객들이 큰 소음을 일으킨다.
⑤ 공원에서 강아지를 산책시킬 때 목줄을 착용하지 않는 경우가 있다.

5 글쓴이가 창문을 열어 놓고 지내는 여름에 더 괴롭다고 한 까닭은 무엇인가요?

① 여름에 사람들이 더 많은 쓰레기를 버리기 때문에
② 공원에 사는 벌레들이 집 안까지 들어오기 때문에
③ 음식물 쓰레기의 악취가 집 안까지 들어오기 때문에
④ 공원에서 강아지가 짖는 소리가 집 안까지 들어오기 때문에
⑤ 공원에서 사람들이 밤늦게까지 떠드는 소리가 집 안까지 들어오기 때문에

6 공원에 세워진 안내판에 발생한 문제는 무엇인가요?

① 주민들이 안내판을 부수어 놓았다.
② 오래되어 글자가 바래서 읽을 수 없다.
③ 공원에 어울리지 않는 내용이 적혀 있다.
④ 나들이객들이 낙서를 해서 글씨가 보이지 않는다.
⑤ 안내 내용이 너무 어려워 초등학생이 이해하지 못한다.

7 글쓴이가 문제를 해결하기 위한 방안으로 건의한 것은 무엇인가요?

① 감시인을 고용하기
② 안내판을 새로 세우기
③ 감시 카메라를 설치하기
④ 공원에 쓰레기통 설치하기
⑤ 공원 이용객 수를 제한하기

8 글쓴이의 의견과 어울리는 안내판의 내용에 ○표 하세요.

쓰레기를 버릴 시 벌금 200만 원에 처해질 수 있습니다. - 유리병 사용 시 반드시 분리배출해 주십시오 -	공원에 음식물을 가지고 들어와서는 안 됩니다. - 유리병, 라이터 등의 위험 물질 또한 공원에 반입할 수 없습니다. -	공원을 이용하며 발생한 쓰레기는 가지고 돌아가 주시기 바랍니다. - 유리병, 라이터 등 위험 물질은 조심히 사용하여 주십시오 -
( )	( )	( )

9 건의하는 글에 대한 설명으로 알맞지 <u>않은</u> 말을 한 친구의 이름을 써 보세요.

> 건우: 건의하는 글에는 문제 상황과 건의 사항이 잘 드러나야 해.
>
> 지안: 건의하는 글의 건의 사항은 실행 가능성이 적을수록 좋아.
>
> 하은: 건의하는 글에는 왜 그런 건의를 하였는지, 건의대로 하면 무엇이 나아지는지 나타나 있어.
>
> 준우: 건의하는 글에서 문제를 해결하기 위한 방안이나 근거는 적절하고 이치에 맞아야야 해.

(   )

한자 성어의 뜻 알기

🍎 다음 그림에 알맞은 한자 성어를 찾아 선으로 바르게 이어 보세요.

우공이산(愚公移山)   주마간산(走馬看山)   타산지석(他山之石)

왜 그럴까?

'우공이산'은 우공이 산을 옮긴다는 말로, 어떤 일이든 끊임없이 노력하면 반드시 이루어짐을 이르는 말입니다. '주마간산'은 말을 타고 달리면서 산을 바라본다는 뜻으로, 자세히 살피지 않고 대충대충 보고 지나감을 이릅니다. '타산지석'은 다른 산의 나쁜 돌도 자신의 산의 옥돌을 가는 데 쓸모가 있다는 뜻으로, 본보기가 되지 않을 것 같은 남의 말이나 행동도 자신의 지식과 인격을 수양하는 데에 도움이 될 수 있음을 이르는 말입니다. 각 한자 성어의 한자 음과 뜻을 살펴보면 다음과 같습니다.

우공이산(愚公移山)	愚 어리석을 우, 公 공평할 공, 移 옮길 이, 山 메 산
주마간산(走馬看山)	走 달릴 주, 馬 말 마, 看 볼 간, 山 메 산
타산지석(他山之石)	他 다를 타, 山 메 산, 之 갈 지, 石 돌 석

7 건의하는 글의 내용 평가하기 ❸

건의하는 글을 읽고 문제
상황 및 건의 사항 파악하기

건의 사항을 실행할 경우
기대 효과 파악하기

건의 사항 및 그에 대한
근거 평가하기

공부한 날   월   일

 다음 글을 읽고 물음에 답해 봅시다.

우리나라는 오래전부터 쓰레기 분리배출을 실시하고 있지만, 나날이 급증하는 쓰레기로 인해 환경 오염이 지속되고 있습니다. 따라서 일회용품 사용을 최대한 줄이고 자원 재활용률을 늘리는 방안을 다각도로 모색하여야 합니다.

저는 쓰레기 문제를 해결하기 위한 방안으로 '전국 초등학생 우유 급식 유리병 사용 의무화'를 건의하고자 합니다. 많은 초등학교에서 건강을 위해 우유 급식을 실시하고 있습니다. 이때 사용되는 우유는 종이 팩에 담겨 있습니다. 그러나 종이로 만든 팩은 코팅이 돼 있어 일반 종이보다 재활용을 위해 분해하는 시간이 오래 걸립니다. 또 종이 팩을 일반 폐지와 함께 배출하면 재활용되지 못하고 다시 쓰레기로 버려지기도 합니다. 이러한 실정으로 인해 종이 팩은 실제 재활용률이 낮은 편입니다.

만약 종이 팩 대신 유리병을 사용한다면 이러한 문제를 해결하는 데 큰 도움이 될 것입니다. 전국 초등학생들의 우유 급식에서 사용하는 분량만이라도 종이 팩 대신 유리병을 사용한다면 환경을 보호하는 데 큰 힘이 될 것입니다. 초등학교 우유 급식에서의 유리병 사용을 의무화해 주시기를 건의드립니다.

1 글쓴이가 건의하는 사항은 무엇인지 알맞은 것에 ○표 하세요.

(1) 초등학생 종이 팩 분리배출 교육 의무화 ···(   )

(2) 초등학생 우유 급식에서의 유리병 사용 의무화 ···(   )

(3) 초등학생 우유 급식에서의 종이 팩 사용 의무화 ···(   )

2 글쓴이가 건의한 내용을 평가하였습니다. 빈칸에 들어갈 알맞은 말을 보기 에서 찾아 써 보세요.

(   )은/는 날씨가 추워지면 얼 수 있어서 우유를 보관할 때 적절하지 않고 운반할 때 쉽게 깨지므로 안전하지도 않아. 무리하게 유리병을 사용하는 것보다 (   )의 재활용률을 높일 수 있는 방안을 찾는 것이 더 좋지 않을까? 종이 팩을 일반 종이와 구분해서 배출한다면 다른 것으로 재활용될 수 있어서 환경에 도움이 될 거야.

보기   유리병   종이 팩   분리배출   재활용품   우유 급식

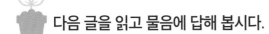 **다음 글을 읽고 물음에 답해 봅시다.**

가 요즈음 우리 학교에는 거친 욕설을 하고 인터넷에서 신조어를 과하게 사용하는 친구들이 많아졌습니다. 듣는 친구의 마음을 생각하지 않고 거친 말을 써서 서로 마음이 상해 싸움을 하는 경우도 많이 보았습니다. 평소에 대화를 할 때도 신조어를 많이 사용해서 인터넷을 자주 하지 않는 친구들은 대화에 참여하기 어렵습니다. 이런 풍경이 당연해지고 있는 상황이 많이 안타깝습니다.

이러한 학교 분위기를 바꿀 수 있도록 아침 방송 시간에 '고운 말 쓰기'라는 프로그램을 운영해 주세요. 주변에서 벌어지는 잘못된 언어생활을 직접 보여 주며, 바르지 않은 말을 어떻게 고운 말로 바꾸어 쓸 수 있을지도 안내해 주면 좋을 것 같습니다. 아침 방송은 전교생이 보는 것이므로 친구들의 언어 습관을 바르게 고치는 데 큰 도움이 될 것입니다.

나 지금은 국제화, 세계화 시대입니다. 이런 때에 다른 나라 사람들과 효과적으로 의사소통하기 위해서는 영어를 공부해야 합니다. 영어도 언어이므로, 많이 말하고 많이 써야 실력이 늘 것입니다. 영어는 모국어가 아니기 때문에 더욱 많은 시간을 들여 공부해야 한다고 생각합니다. 그런데 지금 우리 학교는 영어를 공부할 수 있는 수업 시간이 너무 적습니다.

영어 공부를 매일 할 수 있도록 영어 수업 시간을 늘려 주세요. 영어 수업 시간을 늘리면 학생들이 따로 비용을 들이지 않고도 학교에서 영어 공부를 할 수 있어서 실력 향상에 도움이 될 것입니다.

3 글 **가**와 **나**는 어떤 글인가요?

① 정보를 전달하는 글
② 마음을 표현하는 글
③ 의견을 건의하는 글
④ 친구를 소개하는 글
⑤ 체험을 서술하는 글

4 글 **가**에 나타난 문제 상황은 무엇인가요?

① 친구들이 물건을 아껴 쓰지 않는다.
② 친구들이 분리배출을 잘 하지 않는다.
③ 친구들이 아침 방송을 잘 듣지 않는다.
④ 친구들이 운동장에 쓰레기를 많이 버린다.
⑤ 친구들이 거친 말과 신조어를 많이 사용한다.

5 글 **가**에서 문제를 해결하기 위한 방안으로 건의하는 것은 무엇인가요?

① 아침 방송 시간에 '노인 공경' 프로그램 운영
② 아침 방송 시간에 '칭찬합시다' 프로그램 운영
③ 아침 방송 시간에 '나누는 행복' 프로그램 운영
④ 아침 방송 시간에 '고운 말 쓰기' 프로그램 운영
⑤ 아침 방송 시간에 '분리배출 교육' 프로그램 운영

6 글 **나**에서 제시된 문제 상황은 무엇인지 빈칸에 알맞은 말을 써 보세요.

> 지금 우리 학교는 (   )을/를 공부할 수 있는 (   )이/가 너무 적다.

7 글 **나**에서 문제를 해결하기 위해 내세운 건의 사항으로 알맞은 것은 무엇인가요?

① 영어 수업 시간을 늘리자.
② 모든 수업을 영어로 진행하자.
③ 원어민 영어 강사를 고용하자.
④ 교실 안에서는 영어만 사용하자.
⑤ 학교 도서관에 영어 관련 책을 늘리자.

8 글 **가**와 **나**의 건의 사항을 실행했을 경우 나타날 수 있는 기대 효과를 선으로 바르게 이어 보세요.

글 **가** •	• 따로 비용을 들이지 않고도 학교에서 영어 공부를 할 수 있어서 실력 향상에 도움이 될 것이다.
글 **나** •	• 아침 방송은 전교생이 보는 것이므로 친구들의 언어 습관을 바르게 고치는 데 큰 도움이 될 것이다.

9 글 **가** 와 **나** 를 읽고 건의 내용을 평가하고 있습니다. 적절하지 <u>않은</u> 말을 한 친구의 이름을 써 보세요.

> 건우: 글 **가** 는 학생들이 거친 욕설과 신조어를 과하게 사용하는 문제 상황을 해결하기 위해 '고운 말 쓰기' 방송 프로그램 운영을 건의했어. 하지만 이 프로그램은 학생들의 언어 습관을 고치는 데 전혀 도움이 되지 않을 것 같아. 대신 '인터넷 예절 지키기' 프로그램을 만드는 것이 더 효과적일 거야.
>
> 준우: 글 **나** 는 영어를 많이 공부하기 위해 영어 수업 시간을 늘려 달라는 요구를 하고 있어. 하지만 영어 수업 시간이 늘어나면 그만큼 다른 공부를 할 수 있는 시간이 줄어들 거야. 다른 과목도 영어 만큼 중요한데 이 점을 고려하지 못한 건의 내용인 것 같아.

(   )

재미있는 낱말 놀이터

받침의 알맞은 발음 알기

🍎 다음 문장에서 밑줄 친 낱말의 발음으로 알맞은 것에 ○표 하세요.

이 돈가스는 <u>겉이</u>[거치 / 거티] 바삭바삭해서 정말 맛있습니다.

편지 봉투의 <u>겉에</u>[거체 / 거테] 이름을 썼습니다.

고구마의 <u>겉은</u>[거츤 / 거튼] 조금 탔지만 속은 맛있게 익었습니다.

왜 그럴까?

> 받침 'ㄷ'이나 'ㅌ'은 'ㅣ' 모음을 만나면 'ㅈ'이나 'ㅊ'으로 바뀌어 소리 날 수 있습니다. 다른 모음이 올 때는 원래대로 발음해야 합니다.

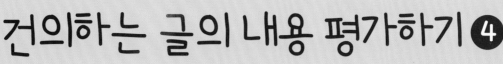

읽기 목표
7 건의하는 글의 내용 평가하기 ❹

건의하는 글을 읽고 문제 상황 및 건의 사항 파악하기 | 건의 사항을 실행할 경우 기대 효과 파악하기 | 건의 사항 및 그에 대한 근거 평가하기 | 공부한날 | 월 | 일

 다음 글을 읽고 물음에 답해 봅시다.

> **가** 안녕하세요? 저는 6학년 4반 박건우입니다. 교장 선생님, 평일 도서관 이용 시간을 늘려 주세요. 지금은 도서관을 평일 오후 4시 30분까지만 이용할 수 있습니다. 그러나 6학년은 수업이 늦게 끝나기 때문에 평일에는 도서관에서 책을 여유 있게 볼 수 없습니다. 평일에 도서관 이용 시간을 늘려 주신다면 6학년 학생들도 도서관의 책들을 잘 활용할 수 있을 것입니다.
>
> **나** 안녕하세요? 저는 6학년 2반 김지안입니다. 교장 선생님, 주말에 도서관을 개방해 주세요. 지금은 도서관을 평일에만 이용할 수 있습니다. 그래서 주말에 가족과 함께 책을 읽고 싶을 때에는 멀리 있는 시립 도서관까지 가야 합니다. 주말에 도서관을 개방해 주시면, 많은 학생들이 가족과 함께 언제든지 책을 읽으며 주말 시간을 알차게 보낼 수 있을 것입니다.

1 글 **가**와 **나**에서 제시한 건의 사항을 선으로 바르게 이어 보세요.

| 글 **가** • | | • 주말에 도서관을 개방해 주세요. |
| 글 **나** • | | • 평일 도서관 이용 시간을 늘려 주세요. |

2 다음은 교장 선생님의 답장입니다. 글 **가**와 **나**에서 건의한 내용을 고려하여 빈칸에 알맞은 말을 써 보세요.

> 건우 학생, 평일에 (   )을/를 이용하기 어려운 6학년의 상황을 학교에서 충분히 고려하지 못했던 것 같군요. 학생의 의견에 따라 평일에 도서관 이용 (   )을/를 늘려 6학년 학생들이 도서관의 책을 잘 활용할 수 있도록 하겠습니다.

> 지안 학생, (   )에 도서관을 (   )해 달라는 요구는 수용이 어려울 것 같군요. 주말에 근무할 사람을 고용하기 위한 여러 문제들을 해결하기가 어렵고, 외부인에게 도서관을 개방하면 도서관 관리가 어려워지며 학교 보안과 안전상의 문제가 발생할 수 있기 때문입니다.

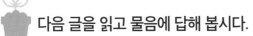

다음 글을 읽고 물음에 답해 봅시다.

행복시 시장님께

어린이는 위험한 상황을 인식하고 빠르게 대처할 수 있는 능력이 부족하기 때문에 사고를 당하기 쉽습니다. 놀이터는 그런 어린이들이 이용하는 곳인 만큼 안전사고가 일어날 가능성이 큽니다. 그런데 우리 행복시에는 오랫동안 방치되어 위험한 놀이터가 많습니다.

발생 년도	2013	2014	2015	2016	2017
행복시 놀이터 안전사고 발생 건수	48	50	52	63	81

<행복시 놀이터 안전사고 발생 건수>

위의 표에서 알 수 있듯이, 행복시의 어린이 놀이터 안전사고 발생 건수가 계속 증가하고 있습니다. 어린이 사고는 발생하면 심각한 피해로 이어지므로 특히 많은 관심을 기울여야 합니다. 저는 놀이터 안전사고를 줄이기 위해 두 가지를 시에 건의드리고 싶습니다.

먼저 행복시 놀이터의 안전성을 철저히 조사하여 각 놀이터 상황에 맞는 조치를 취해 주시기 바랍니다. 모서리가 날카롭거나 돌출된 부분이 있어 아이들이 타고 놀다 상처를 입을 수 있는 기구가 있는지, 이음새가 헐거워지거나 망가져 위험한 놀이 기구가 있는지 등을 조사하여 수리하거나 철거해야 합니다. 바로 조치를 취하는 것이 어렵다면 우선 위험한 놀이 기구나 놀이터의 이용을 중지한다는 표시를 해 주시고, 이후 예산을 확보하여 안전한 새 놀이 기구로 바꾸어 주시기 바랍니다.

또, 행복시의 어린이들을 대상으로 '놀이터 이용 안전 교육'을 실시해 주시기를 바랍니다. 안전한 놀이 기구를 설치하는 것도 중요하지만, 놀이 기구를 안전하게 이용하는 것도 중요합니다. 시에서 '놀이터 이용 안전 교육' 프로그램을 운영하고 교육 자료를 초등학교 및 유치원에 배포하여 어린이들이 놀이 기구를 안전하게 이용할 수 있도록 해야 합니다.

이 두 가지 사항이 시행되면, 아이들은 안전하게 놀이터를 이용할 수 있고, 부모들도 안심하고 아이들을 놀이터에서 놀게 할 수 있을 것입니다. 더욱 안전하고 평화로운 행복시를 위해 이 사항을 꼭 실천해 주시기를 부탁드립니다.

3 이 글의 제목으로 가장 알맞은 것은 무엇인가요?

① 행복시 놀이터를 폐쇄해 주세요.
② 행복시 놀이터 수를 늘려 주세요.
③ 안전한 실내 놀이터를 만들어 주세요.
④ 어린이 놀이터 안전사고를 막아 주세요.
⑤ 놀이터 놀이 기구를 새것으로 교체해 주세요.

4 2015년에 행복시에서는 몇 건의 놀이터 안전사고가 발생했나요?

① 48건 ② 50건 ③ 52건 ④ 63건 ⑤ 81건

5 이 글에서 제시하고 있는 문제 상황으로 알맞은 것은 무엇인가요?

① 어린이 안전 교육 시간 감소
② 어린이 장난감 안전사고 증가
③ 놀이터 앞 어린이 자전거 사고 증가
④ 어린이 보호 구역 내 과속 차량 증가
⑤ 행복시의 어린이 놀이터 안전사고 발생 건수 증가

6 이 글에서 문제를 해결하는 방안으로 건의한 것은 무엇인가요? (정답 2개)

① 어린이 교통 안전 교육 실시
② 어린이 놀이터 앞 차량 통행 금지
③ 어린이 놀이터 안전성 조사 및 조치
④ 어린이 놀이터 이용 안전 교육 실시
⑤ 어린이 통학 차량 안전 관리 시스템 마련

7 글쓴이의 건의대로 놀이터 안전성 조사를 시행했을 때, 조사 대상인 놀이 기구에 ○표 하세요. (정답 2개)

(1) 줄의 이음새가 망가져 끊어질 수 있는 그네 ……………………………………………(　　)
(2) 어린이들이 자주 이용하여 색이 벗겨진 정글짐 ………………………………………(　　)
(3) 모서리가 날카로워 어린이가 찔릴 수 있는 시소 ………………………………………(　　)

8 이 글에서 제시한 건의 사항을 시행했을 때 기대할 수 있는 효과는 무엇인지 빈칸에 알맞은 말을 써 보세요.

　　아이들은 안전하게 (　　　　　　　　)을/를 이용할 수 있고, 부모들도 (　　　　　　　　)하고 아이
들을 놀이터에서 놀게 할 수 있을 것이다.

9 이 글에 대한 시장의 답장을 읽고, 건의 사항에 대해 바르게 말한 친구의 이름을 써 보세요.

> 노후되고 방치된 놀이터의 놀이 시설로 인하여 아이들이 다치는 것을 막아야 한다는 생각에 동의합니다. 놀이터의 안전성을 조사하여 위험한 시설을 수리 및 철거해야 한다는 의견 또한 옳다고 생각합니다. 그러나 놀이터의 안전성을 조사하여 조치를 하기까지는, 시간이 어느 정도 소요될 것 같습니다. 따라서 어린이들이 놀이터를 안전하게 이용할 수 있도록 안내하는 교육 자료를 먼저 배포하면서 조사를 준비하도록 하겠습니다. 좋은 의견 감사합니다.

건우: 놀이터 안전사고를 막기 위하여 놀이터의 시설을 조사하고 수리 및 철거해야 한다는 것은 이치에 맞는 의견이라고 할 수 있어.

하은: 어린이들을 대상으로 '놀이터 이용 안전교육'을 실시하는 것은 시행 가능성도 낮고 이치에 맞지 않은 의견인 것 같아.

(   )

재미있는 낱말 놀이터 — 관계를 나타내는 말 알기

🍎 다음 그림에 알맞은 관계를 나타내는 말을 보기 에서 찾아 빈칸에 써 보세요.

보기	형제	자매	남매	모녀	모자	부녀	부자

왜 그럴까?

가족 간의 관계를 나타내는 다양한 말이 있습니다. '형제'는 '형과 아우를 아울러 이르는 말', '자매'는 '언니와 여동생 사이를 이르는 말', '남매'는 '오빠와 누이를 아울러 이르는 말'입니다. 또 부모와 자식 간의 관계를 나타내는 말도 다양합니다. '모녀'는 '어머니와 딸을 아울러 이르는 말', '모자'는 '어머니와 아들을 아울러 이르는 말', '부녀'는 '아버지와 딸을 아울러 이르는 말', '부자'는 '아버지와 아들을 아울러 이르는 말'입니다.

건의하는 글을 읽고 문제 상황 및 건의 사항 파악하기   건의 사항을 실행할 경우 기대 효과 파악하기   건의 사항 및 그에 대한 근거 평가하기   공부한 날   월   일

 정리 건의하는 글에 대한 내용을 정리하면서 빈칸에 알맞은 말을 보기 에서 찾아 써 보세요.

건의하는 글

건의하는 글의 의미
개인이나 단체가 특정한 문제에 대해 [ ][ ]와/과 해결 방안을 제시하는 글을 말한다.

건의하는 글의 목적
상대방과 문제 해결 방안을 공유하고 이를 수용하도록 [ ][ ]한다는 점에서 설득을 목적으로 한다.

건의하는 글의 특징
건의를 하게 된 문제 상황이 드러난다.

[ ][ ]을/를 해결하기 위한 건의 사항이 나타나며, 왜 그렇게 생각했는지, 건의대로 하면 무엇이 더 나아지는지도 함께 드러난다.

건의하는 글의 평가 기준
건의하는 내용과 그에 대한 근거가 [ ][ ]에 맞는가?

문제 해결 방안이 현실적으로 [ ][ ] 가능한가?

| 보기 | 문제 | 요구 | 의견 | 이치 | 실현 |

지금 고려의 임금께서는 나라를 잘 다스리고 계셔서, 중국을 태평한 시대로 이끈 요순 임금과 비슷하다는 칭송이 자자합니다. 우리 고려 백성에게 공덕을 더 많이 베풀어 주셨기 때문에 중국을 위대하게 이끈 세 왕들보다 오히려 더 뛰어나다고 합니다. 임금께서 나라를 잘 다스린 업적은 중국 사람들이 칭찬하는 한나라 때보다 월등합니다. 그래서 모든 나라가 우리 고려를 우러르고, 백성은 마음 편하게 지냅니다.

그렇지만 이 태평 시절에도 우리 고려 백성에게는 말 못할 고충이 하나 있습니다. 물물 교환을 하기 위해서는 반드시 곡식을 써야 하는데, 여기에는 많은 폐단이 있어서 어려움에 시달리고 있습니다. 그러니 임금께서 지금 돈을 만들어 곡식 대신 사용하게 해 주신다면 이 많은 폐단은 저절로 바로 잡힐 것이므로, 어찌 나라를 잘 다스리는 일이 아니겠습니까? 돈은 몸은 하나이지만 이로운 점은 네 가지나 됩니다.

첫째, 돈을 만들어 쓰면 곡식을 사람이 지거나 말에 싣고 가는 고충을 덜 수 있습니다. 교역할 때에 쌀을 사용한다면 멀거나 가깝거나 운반하기가 어렵습니다. 실제의 사용 가치는 많지 않으면서도 쌀이 무겁기 때문에 사람과 말의 힘을 헛되이 소모하게 됩니다. 수백 리 밖으로부터 쌀을 운반할 때에 말 한 마리가 겨우 두 섬밖에 실을 수 없고, 날짜도 열흘이 넘게 걸립니다. 추운 겨울철이나 더운 여름철에는 소와 말이 없는 가난한 백성이 쌀을 직접 등에 지고 가다가 추위와 더위에 병들어 길에 쓰러지기도 합니다.

둘째, 돈을 만들어 사용하면 견고하기 때문에 저축하는 데도 걱정이 없을 뿐만 아니라, 백성에게 나누어 주기에도 매우 편리합니다. 국가의 창고에는 구슬과 옥, 산호와 수정, 금과 은, 무소의 뿔과 코끼리의 이빨 같은 보물과 더불어 포목과 쌀을 모아 둡니다. 대개 포목은 오래 두면 상하고, 쌀 역시 오래 두면 썩어 손실이 큽니다. 또, 좀먹거나 습기가 차며, 비가 새거나 화재가 일어나기도 합니다. 작년에 세금으로 바친 포목이 창고에 가득 찼으나 상한 것을 버리고 온전한 것을 가리니 백에 열도 좋은 것이 없습니다.

셋째, 국가에서 벼슬아치들에게 봉급을 줄 때에 돈을 사용하면 손쉽게 지급할 수 있고, 부정을 막을 수 있습니다. 벼슬아치들에게 봉급을 쌀로 주려면 창고에 쌀을 오래 저장할 수 있어야 하는데, 실제로는 일 년분밖에 보관하지 못합니다. 그래서 관공서의 벼슬아치들은 쌀을 받기를 청하지만, 쌀이 떨어지면 다른 지방에서 가져올 때까지 기다려야 합니다. 만약, 비바람이나 눈보라 때문에 운반하지 못하거나 흉년이 든다면 하급 관리의 집에서는 여름에 먹을 것이 없습니다. 그러나 권세를 가진 부유한 사람들은 값이 비쌀 때를 예측하여 곡식을 팔기 때문에 이익을 두 배로 봅니다. 그러므로 봉급의 반을 돈으로 지불하면 흉년에 탐관오리나 장사꾼들의 부정을 막아 청렴하고 결백한 백성을 이롭게 할 수 있습니다.

넷째, 돈을 만들어 사용하면 교활하고 간교한 무리들의 부정을 막아 곤궁한 백성의 이익을 돌볼 수 있습니다. 백성은 먹는 음식을 하늘같이 귀하게 여깁니다. 그런데 그것을 돈으로 삼는다면 마음씨가 좋지 못하며 교활하고 간교한 무리들이 이익을 더 얻기 위하여 모래나 먹을 수 없는 쌀을 섞을 것입니다. 그래서 되나 말로 양을 속이고, 가벼운 것과 무거운 것의 무게를 속일 수 있습니다. 그렇다면 선량하고 의탁할 곳 없는 백성은 겨우 몇 되나 몇 홉을 얻어 그것을 키에 까부르고 물로 일어

가리고 나면, 없어지는 것이 십분의 사 내지 오가 됩니다. 속이는 자들을 중벌에 처한다고 해도 그러한 행위가 없어지지는 않을 것입니다.

이렇듯 돈을 만들어 쓰면 그 이로움은 말로 헤아릴 수 없습니다. 임금께서 백성의 어려움을 헤아리시어 백성이 지금보다 나은 생활을 할 수 있도록 결단을 내려 주시기 바라옵니다. 그렇다면 만백성은 물론 후대에 이르기까지 임금의 슬기로움을 침이 마르도록 칭찬할 것이옵니다.

- 의천, 「돈을 만들어 씁시다」 중에서

1 글쓴이가 말한 문제 상황은 무엇인지 빈칸에 알맞은 말을 찾아 써 보세요.

> (   )을/를 하기 위해서는 반드시 (   )을/를 써야 하는데, 여기에는 많은 폐단이 있어서 백성들이 어려움에 시달리고 있다.

2 문제를 해결하기 위하여 글쓴이가 건의한 것은 무엇인가요?

① 벼농사를 짓자.　　　② 돈을 만들어 쓰자.　　　③ 쌀을 주식으로 삼자.
④ 외국의 돈을 빌려 오자.　　　⑤ 속이는 자들을 엄하게 처벌하자.

3 글쓴이의 건의 사항을 이행했을 때 얻을 수 있는 기대 효과와 이를 뒷받침하는 내용을 선으로 바르게 이어 보세요.

기대 효과	뒷받침하는 내용
곡식을 사람이 지거나 말에 싣고 가는 고충을 덜 수 있다.	포목과 쌀은 상하거나 썩으며, 좀먹거나 습기가 차고, 비가 새거나 화재가 일어나기도 한다.
견고하기 때문에 저축하는 데도 걱정이 없을 뿐만 아니라, 백성에게 나누어 주기에도 매우 편리하다.	교활하고 간교한 무리들이 이익을 더 얻기 위하여 백성의 식량인 쌀에 모래 등을 섞어 양과 무게를 속인다.
국가에서 벼슬아치들에게 봉급을 줄 때에 돈을 사용하면 손쉽게 지급할 수 있고, 부정을 막을 수 있다.	쌀은 무거워 운반하기가 어렵고 특히 겨울철이나 여름철에는 백성이 직접 쌀을 등에 지고 가다가 병들어 쓰러지기도 한다.
교활하고 간교한 무리들의 부정을 막아 곤궁한 백성의 이익을 돌볼 수 있다.	쌀을 오래 보관할 수 없어 흉년이 들면 하급 관리 집에서는 여름에 먹을 것이 없고, 부유한 사람들은 비쌀 때를 예측하여 곡식을 팔아 이익을 두 배로 본다.

친구들이 이 글의 건의 사항에 대한 근거를 평가하였습니다. 평가가 적절하지 <u>못한</u> 친구의 이름을 써 보세요.

> 하은: 돈을 만들어 쓰면 곡식을 사람이 지거나 말에 싣고 가는 고충을 덜 수 있다고 하였는데 곡식 낟알 하나는 동전 하나보다 크기가 작고 가벼우니 적절하지 못한 근거라고 생각해.
>
> 건우: 돈은 견고해서 저축하는 데 걱정이 없고 나누어 주기에도 편리하다고 하였는데, 쉽게 상하는 포목과 쌀과는 다르게 돈은 가정에 오래 두어도 상하지 않아 보관이 쉬우며 필요할 때 나누어 주기도 편리하므로 타당하다고 생각해.
>
> 지안: 교활하고 간교한 무리들의 부정을 막아 곤궁한 백성의 이익을 돌볼 수 있다고 하였는데, 돈을 만든다고 해서 장사꾼들이 물건의 양과 무게를 속여 팔지 않는다고 보장하기 어렵기 때문에 타당하지 않다고 생각해.

(   )

 재미있는 **낱말 놀이터**

비슷한 뜻을 가진 낱말

🍎 다음 문장에서 밑줄 친 낱말과 바꾸어 쓸 수 있는 낱말을 골라 ○표 하세요.

식당에서 나에게 밥을 무료로 <u>주었습니다</u>.

제공하였습니다   수용하였습니다

나는 동생의 의견을 <u>받아들이기로</u> 하였습니다.

제공하기로   수용하기로

💬 **왜 그럴까?**

'제공하다'는 '무엇을 내주거나 갖다 바치다.'라는 뜻이며, '수용하다'는 '어떠한 것을 받아들이다.'라는 뜻입니다. 따라서 '주었습니다'와 바꾸어 쓸 수 있는 낱말은 '제공하였습니다'이고, '받아들이기로'와 바꾸어 쓸 수 있는 낱말은 '수용하기로'입니다.

8 역사적 상황이 드러난 문학 작품 이해하기 ❶

힘내!

36일

작품 속에서 역사적 상황이 드러나는 부분 찾기 · 작품과 관련 있는 역사적 상황 파악하기 · 역사적 상황을 바탕으로 문학 작품 이해하기

공부한 날   월   일

문학 작품에는 다양한 역사적 상황이 나타납니다. 작품 속 역사적 상황은 직접 드러나기도 하지만, 인물의 말이나 행동, 인물들 간의 관계, 시대와 관련된 소재 등을 통하여 추측해야 하는 경우도 있습니다. 역사적 상황을 알고 글을 읽으면 글에서 말하고자 하는 바를 더 잘 이해할 수 있습니다.

자 그럼, 문학 작품에 드러난 역사적 상황을 바탕으로 글의 내용을 이해해 볼까요?

다음 글을 읽고 물음에 답해 봅시다.

> 　　도산 안창호 선생님이 구세 학당에 입학할 때 미국인 선교사 앞에서 구두 시험을 치렀다. 선교사
> 가 물었다.
> 　"어디에서 왔는가?"
> 　"평양에서 왔습니다."
> 　"평양이 여기서 얼마나 되나?"
> 　"8백 리쯤 됩니다."
> 　"그런데 평양에서 공부하지 않고 왜 먼 서울까지 왔는가?"
> 　그러자 도산 안창호 선생님이 선교사의 눈을 응시하며 물었다.
> 　"미국은 서울에서 몇 리입니까?"
> 　"8만 리쯤 되지."
> 　㉠"8만 리도 오는데 8백 리야 못 오겠습니까?"
>
> 　　　　　　　　　　　　　　　　　　　　　　　　　　　　　　　　　　　　　- 김진배, 『유쾌한 유머』 중에서

1　이 글을 읽고 알 수 있는 내용이 <u>아닌</u> 것은 무엇인가요?

① 미국은 서울에서 8만 리쯤 떨어져 있다.
② 구세 학당은 안창호가 살던 곳에서 8백 리쯤 떨어져 있다.
③ 안창호는 구세 학당에 입학하기 위해 평양에서 서울까지 왔다.
④ 안창호는 구세 학당에 입학할 때 미국인 선교사의 시험을 치렀다.
⑤ 미국인 선교사는 먼 서울까지 공부하러 온 안창호를 입학시키지 않았다.

2　밑줄 친 ㉠에 대한 설명으로 올바른 것에 ○표 하세요.

(1) 8백 리는 공부하러 오기에 너무 멀다는 뜻으로, 평양에서 공부하고 싶은 안창호 선생님의 마음이
　　 드러난다. ··(　　)
(2) 8백 리는 공부하러 오기에 멀지 않다는 뜻으로, 구세 학당에 입학하고 싶은 안창호 선생님의 마음이
　　 드러난다. ··(　　)

3　이 글의 시간적 배경에 대하여 바르게 설명한 친구의 이름을 써 보세요.

> 하은: 평양과 서울을 자유롭게 오갈 수 있는
> 　것으로 보아 우리나라가 분단되기 이전의 이
> 　야기야.

> 지안: 미국인 선교사가 입학 시험을 치르는 것
> 　으로 보아 우리나라가 미국의 지배를 받던
> 　시기의 이야기야.

(　　　　　)

다음 글을 읽고 물음에 답해 봅시다.

　　현재 우리는 민족적으로 위태로운 상황에 놓여 있습니다. 우리의 옛날 문화는 쇠퇴하고 새로운 문화는 물밀듯이 들어오고 있습니다. 우리 고유의 가치관은 무너지고 새로운 질서는 바로 서지 않아 혼란한 상태에 있습니다.

　　미국이나 영국의 학생들은 안정된 사회에서 새로운 문화와 질서에 대한 교육을 받을 수 있지만, 오늘날 대한의 청년은 그렇지 못합니다. 다른 나라 학생들은 학비가 넉넉하여 배우고 싶은 것을 무엇이든지 다 배우지만, 우리 대한 학생은 그렇지 못합니다. 비교적 학비가 덜 드는 문학이나 신학 같은 것은 배워도, 공학같이 기술적 학문은 좀처럼 배우지 못합니다. 또, 우리는 유혹에 물들기 쉬운 열악한 환경을 가지고 있습니다.

　　오늘날, 이와 같이 어려운 경우에 처한 대한 학생으로서 그 책임과 역할은 매우 큽니다. 학생들의 힘으로 가정이나 사회를 바로잡을 수 있고, 그렇지 못하면 우리는 영원히 멸망할 것입니다. 그러니 오늘의 대한 학생들은 무의식적으로 남의 흉내나 내지 말고 명확한 판단력을 가지고 나아가야 하겠습니다.

- 안창호, 『나의 사랑하는 젊은이들에게』 중에서

4 이 글에 나타난 '우리'의 교육과 관련한 상황으로 알맞은 것은 무엇인가요? (정답 2개)

① 공학과 같은 기술적 학문을 좀처럼 배우지 못하였다.
② 학비가 넉넉하여 배우고 싶은 것을 무엇이든 배울 수 있었다.
③ 새로운 문화를 거부하고 우리의 옛날 문화만을 배우고 있었다.
④ 비교적 학비가 덜 드는 문학이나 신학 같은 것을 배울 수 있었다.
⑤ 안정된 사회에서 새로운 문화와 질서에 대한 교육을 받을 수 있었다.

5 다음을 읽고 이 글을 바르게 파악한 친구의 이름을 써 보세요.

> 이 글은 독립운동가이자 교육자였던 도산 안창호 선생님의 글로, 1926년 『동광』이라는 잡지에 실린 것입니다. 이 글이 실린 시기는 일제 강점기로, 일제에 나라를 빼앗겨 우리 민족이 수난을 겪던 때였습니다.

준우: 이 글에 나타난 '민족적으로 위태로운 상황'은 일제 강점기 때의 우리나라의 혼란스러운 상황을 말하는 것 같아.

건우: 이 글에 나타난 '대한 학생'은 일본에 가서 공부를 하고 있는 유학생들을 뜻하는 것 같아.

(　　　　　　)

6 빈칸에 알맞은 낱말을 써서 글쓴이가 '대한 학생'에게 바라는 것을 정리해 보세요.

이 글의 글쓴이는 민족적으로 위태로운 상황에 처한 대한의 학생들이 무의식적으로 남을 (　　　　　) 내지 말고 명확한 (　　　　　)을/를 가지고 나아갈 것을 바라고 있다.

상황에 맞는 낱말 사용하기

🍎 다음 그림에 어울리는 표현에 ○표 하세요.

빨리 (유쾌 / 쾌차)하시길 바랍니다.

화산이 폭발하며 용암이 (분출 / 선출)되었습니다.

감기에 걸리지 않기 위해서는 몸을 (종결 / 청결)하게 해야 합니다.

왜 그럴까?

한자어에는 저마다 뜻이 담겨 있습니다. 따라서 알맞은 뜻이 담긴 낱말을 사용해야 의미를 바르게 전달할 수 있습니다. '유쾌'는 '즐겁고 상쾌함'이라는 뜻이고, '쾌차'는 '병이 깨끗이 나음'이라는 뜻입니다. '분출'은 '물질이 솟구쳐서 뿜어져 나옴'이라는 뜻이고, '선출'은 '여럿 가운데서 골라냄'이라는 뜻입니다. '종결'은 '일을 끝냄'이라는 뜻이고, '청결'은 '맑고 깨끗함'이라는 뜻입니다.

읽기 목표

8 역사적 상황이 드러난 문학 작품 이해하기 ❷

작품 속에서 역사적 상황이 드러나는 부분 찾기 ● 작품과 관련 있는 역사적 상황 파악하기 ● 역사적 상황을 바탕으로 문학 작품 이해하기

공부한 날   월   일

 다음 이야기를 읽고 물음에 답해 봅시다.

[앞 이야기] 장이의 아버지는 천주학 책을 필사하다가 관아로 끌려가 매를 맞고 며칠 뒤 돌아가신다. 장이는 자신을 돌보아 주는 최 서쾌의 책 심부름을 하다가 양반인 홍 교리를 알게 된다. 홍 교리는 장이를 따뜻하게 대하여 주고, 장이는 홍 교리가 최 서쾌를 통하여 천주학 책을 읽고 있음을 알게 된다. 어느 날 장이는 천주학 책을 읽는 사람을 잡기 위해 관원들이 나타났다는 것을 알게 되고 이 사실을 최 서쾌에게 전한다. 최 서쾌는 장이에게 책방이나 도리원, 홍 교리의 집 등에 가지 말고 몸을 피하라고 말하지만 장이는 이 말을 어기고 홍 교리의 집으로 갔다가 쫓겨난다.

　　장이는 문을 두드리던 손을 멈췄다. 그리고 고개를 저으며 대문 앞에서 물러섰다.
　　장이의 눈에서 뜨거운 눈물이 쏟아졌다. 천주학 책을 필사하다 맞아 죽은 아버지의 모습이 떠올랐다. 죽어 가면서도 눈을 감지 못하던 아버지의 모습이 가슴을 휘저었다. 굵은 눈물방울이 저고리 안으로 스며들었다.
　　장이는 붉어진 눈으로 홍 교리 집 대문을 바라보았다. 그리고 홍 교리 집 담장과 그 너머의 사랑채 건물을 훑었다. 잠시 뒤 장이는 기와집 뒤쪽으로 돌아가 담장에 두 팔을 얹었다. 하지만 몇 차례씩 뛰어올라도 담장에 겨우 가슴팍만 걸릴 뿐 몸이 올라서지 않았다.
　　"퉤퉤."
　　장이는 두 손에 침을 뱉었다. 크게 숨을 들이켜고 다시 한번 담장 위로 몸을 띄웠다.

- 이영서, 「해 기우는 서쪽 창」 중에서

1 이 글의 내용으로 알맞은 것은 무엇인가요?

① 장이는 관원에게서 아버지를 구했다.
② 장이는 최 서쾌의 책 심부름을 하였다.
③ 장이는 최 서쾌에게 천주학 책을 가져다 주었다.
④ 홍 교리는 장이의 아버지로부터 천주학 책을 받아 읽었다.
⑤ 최 서쾌는 장이에게 홍 교리의 집에 가서 몸을 피하라고 말했다.

2 다음 중 이 글의 역사적 상황을 알 수 있는 문장에 ○표 하세요.

(1) 그리고 고개를 저으며 대문 앞에서 물러섰다. ……………………………………(　)
(2) 크게 숨을 들이켜고 다시 한번 담장 위로 몸을 띄웠다. ………………………(　)
(3) 천주학 책을 필사하다 맞아 죽은 아버지의 모습이 떠올랐다. ………………(　)

작취선대로 자르세요

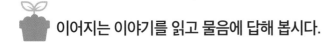

"으윽……."

입에서 절로 신음 소리가 나왔다. 장이는 담을 짚은 두 팔에 힘을 주고 가까스로 담장 위에 올라 섰다. 그리고 힘껏 뛰어내려 사랑으로 향했다.

'동국통감, 동국이상국집, 동국여지승람, 동국세시기……'

장이는 서고에 들어서자마자 '동녘 동' 자가 새겨진 책을 뒤지기 시작했다. 가장 먼저 『동국통감』이 보였다. 장이는 『동국통감』을 꺼내 바닥에 내던졌다. 계속해서 책꽂이를 훑었다. 마음이 급하니 제목이 눈에 들어오지 않았다. 장이는 고개를 저으며 금방 지나친 책꽂이를 다시 바라보았다. 하지 만 '동녘 동' 자가 쓰인 책은 보이지 않았다. 그때 서고 문이 벌컥 열렸다.

"죽고 싶은 거냐?"

강 서방이 장이를 향해 소리를 질렀다.

"제발, 제발 부탁입니……"

"이놈이!"

장이가 말을 맺기도 전에 강 서방이 장이의 뺨을 후려쳤다. 장이는 뺨을 감싸 쥐었다. 눈에 눈물이 고였다.

"장쇠랑 막돌이 게 없느냐?"

강 서방이 장이를 끌고 나오며 소리쳤다. 때아닌 소란에 안채에서 홍 교리의 부인이 건너오고, 노 비들이 사랑채 마당에 둘러섰다. 강 서방이 장이의 어깨를 짓눌러 무릎 꿇렸다.

"마님, 급합니다. 제발, 동녘 동 자가 쓰인 책을 찾으라 분부하십시오."

장이가 울먹였다.

"무슨 당치도 않은 소리를 하는 거냐? 어찌 그러는지 이유를 대거라."

부인이 소리쳤다.

장이는 둘러선 사람들을 훑어보았다.

"교리 어른과 관련된 일입니다. 잠시 사람들을 내보내 주십시오."

홍 교리와 관련됐다는 말에 잠시 부인이 생각에 잠겼다.

"다들 물러가 있거라."

부인과 단둘이 된 장이는 잽싸게 서고로 들어가 『동국통감』을 가져왔다. 장이는 '천주실의'라는 글자가 박힌 책장을 펼쳐 부인에게 보여 주었다. 부인의 눈이 커지며 몸이 휘청했다.

"나리는 천주학쟁이가 아니다."

부인은 묻지도 않은 말에 답을 했다. 장이는 더욱 다급해졌다.

"소인이 당핏골에 갔다가 관원들이 천주학쟁이 집에 들이닥치는 걸 보고 이리로 온 것입니다. 나리 가 천주학쟁이건 아니건 소용이 없습니다. 천주학 책을 가진 게 들통나면 그길로 죄인이 됩니다."

장이는 책을 다시 덮어 부인에게 제목을 보여 주었다.

"동녘 동 자가 박힌 책입니다. 어서 찾아서 불태워야 합니다."

장이의 목소리가 간절했다.

"강 서방과 바깥에 있는 자들은 모두 들어오너라."

부인이 서둘러 서고 안으로 들어가고, 장이와 노비들이 뒤따랐다.

"동녘 동 자가 박힌 책을 모두 찾아내거라, 어서."

부인이 책상에 있던 종이에 동녘 동 자를 크게 써서 나누어 주었다. 글을 모르는 하인들이 글자를 눈여겨보았다. 부인도 장이도 책꽂이를 뒤지기 시작했다. 한 개 두 개 서가를 옮겨 가도 동녘 동 자가 박힌 책은 보이지 않았다. 마음이 급하다 보니 눈앞이 흐려졌다. 장이가 정신을 차리려 눈을 깜박였다.

도리원 연회를 마치고 나오며 홍 교리가 했던 말이 떠올랐다.

"책이 많아도 난 내가 찾는 책이 어디 있는지 다 안다. 그게 재주라면 재주지. 너처럼 글씨 쓰는 재주도 난을 치는 재주도 없지만 난 내 물건들, 생각들, 책들을 기가 막히게 정리하는 재주가 있지."

장이는 생각을 모았다. 부인도 머슴들도 바닥에 떨어진 『동국통감』이외에는 더 이상 찾지 못했다. 적어도 장이가 이 집에 가져다준 동녘 동 자 책만 해도 세 권은 넘었다. 빛을 들이려 열어 둔 서쪽 들창으로 늦은 오후의 눈부신 햇살이 들어왔다. 장이는 얼굴을 찡그리며 눈을 감았다. 그때 장이의 머릿속을 스쳐 가는 기억이 있었다.

'어서 쾌차하게. 미안하고 부끄럽네. —서……'

천주학, 서양의 학문이라 하여 서학이라고도 불렸다. 무언가 떠오른 듯 장이는 들창이 열린 서쪽 서가 앞으로 다가갔다.

- 이영서, 「해 기우는 서쪽 창」 중에서

---

③ 이 글의 내용으로 바르지 <u>않은</u> 것은 무엇인가요? (정답 2개)

① 홍 교리의 부인은 장이를 집에서 내쫓았다.
② 장이는 담을 넘어 홍 교리의 집에 들어갔다.
③ 하인들은 서고에서 『동국여지승람』을 찾았다.
④ 『동국통감』안에는 천주학과 관련된 책장이 있었다.
⑤ 장이는 '동녘 동'이 새겨진 책을 찾아야 한다고 하였다.

④ 장이가 홍 교리의 집에 들어간 까닭은 무엇인가요?

① 홍 교리의 천주학 책을 훔치려고
② 홍 교리가 가진 천주학 책을 없애기 위해
③ 홍 교리의 부인에게 천주학 책을 전해 주기 위해
④ 홍 교리가 가진 천주학 책을 강 서방에게 주기 위해
⑤ 홍 교리에게 관원들을 피해 달아나라고 말해 주기 위해

⑤ 이 글에 나타난 역사적 상황으로 알맞은 것은 무엇인가요?

① 왜적이 침입하여 혼란한 상황이었다.
② 남한과 북한 사이에 군사 분계선이 그어졌다.
③ 신분 제도가 사라져 모든 국민이 평등해졌다.
④ 농민들이 세금 납부를 거부하며 반란을 일으켰다.
⑤ 천주학을 공부하는 것이 매우 엄격하게 금지되어 있었다.

6 이 글의 뒷부분에 이어질 내용을 바르게 예측한 친구의 이름을 써 보세요.

> 하은: 천주학 책에는 '동녘 동'이 박혀 있다고 하였으니 동쪽 서가에서 천주학 책을 발견할 것 같아.

> 지안: 천주학이 서학이라고 불렸다는 것과 장이가 서쪽 서가 앞으로 다가갔다는 내용을 보니, 서쪽의 서가에서 천주학 책을 발견할 것 같아.

(   )

 재미있는
낱말 놀이터

'치다'의 서로 다른 뜻

🍎 다음 문장에 쓰인 '치다'의 뜻은 무엇인지 선으로 바르게 이어 보세요.

중요한 부분에 밑줄을 <u>치면서</u> 공부합니다.

손이나 손에 든 물건으로 물체를 부딪게 하는 놀이나 운동을 하다.

공원에서 배드민턴을 <u>칩니다</u>.

동물이 새끼를 낳거나 까다.

우리 집 개가 새끼를 <u>쳤습니다</u>.

붓이나 연필 따위로 점을 찍거나 선이나 그림을 그리다.

💬 **왜** 그럴까?

'치다'는 매우 다양한 뜻을 가지고 있습니다. 흔히 '치다'는 손이나 손에 든 물건으로 세게 부딪게 한다는 뜻으로 많이 쓰입니다. 하지만 동물이 새끼를 낳는 것도 '치다'라고 표현하고, 붓이나 연필 따위로 점을 찍거나 선이나 그림을 그리는 행위도 '치다'라는 낱말을 사용합니다.

8 역사적 상황이 드러난 문학 작품 이해하기 ❸

작품 속에서 역사적 상황이 드러나는 부분 찾기 · 작품과 관련 있는 역사적 상황 파악하기 · 역사적 상황을 바탕으로 문학 작품 이해하기

공부한 날 월 일

 다음 시를 읽고 물음에 답해 봅시다.

오줌싸개 지도

윤동주

빨랫줄에 걸어 논
요에다 그린 지도,
지난밤에 내 동생
오줌 싸 그린 지도.

꿈에 가 본 엄마 계신
별나라 지돈가?
돈 벌러 간 아빠 계신
만주 땅 지돈가?

---

1 이 시를 통해 알 수 있는 상황으로 알맞은 것은 무엇인가요? (정답 2개)

① 동생이 지난밤에 오줌을 쌌다.
② 아빠는 돈을 벌러 만주 땅에 가셨다.
③ 말하는 이는 엄마와 단둘이 살고 있다.
④ 엄마는 아빠와 함께 외국에 살고 있다.
⑤ 동생이 지난밤에 이불에 한 낙서가 지도 모양이었다.

2 이 시에서 다음과 같은 역사적 상황이 잘 드러난 부분에 ○표 하세요.

> 일제 강점기에 백성들은 일제의 수탈로 배고픔에 시달리고 있었다. 이들은 농사지을 땅이나 양식을 모두 빼앗겨 고향을 버리고 만주로 향하기도 하였는데 타국에서도 경제적인 상황은 좋지 않아서 백성들의 고통은 더욱 심해졌다.

(1) 빨랫줄에 걸어 논 / 요에다 그린 지도, ··· (   )
(2) 지난밤에 내 동생 / 오줌 싸 그린 지도. ·· (   )
(3) 꿈에 가 본 엄마 계신 / 별나라 지돈가? ·· (   )
(4) 돈 벌러 간 아빠 계신 / 만주 땅 지돈가? ·· (   )

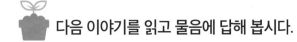 다음 이야기를 읽고 물음에 답해 봅시다.

[앞 이야기] 치안 대원인 성삼이는 삼팔선에 가까운 자신의 고향 마을에 다른 대원들과 함께 방문하게 된다. 성삼이는 임시 치안대 사무소로 쓰고 있는 집 앞에서 농민 동맹 부위원장이 포승에 묶여 있는 것을 보게된다. 치안 대원의 집에 잠복했다가 잡힌 것이라고 하였다. 자세히 보니 그는 어릴 적 자신의 단짝 친구인덕재였다. 성삼이는 덕재를 청단까지 호송하는 임무를 자청하고, 가면서 덕재를 냉정하게 대하려 노력한다.

성삼이는 허리에 찬 권총을 잡으며,

"변명은 소용없다. 영락없이 넌 총살감이니까. 그저 여기서 바른대루 말이나 해 봐라."

덕재는 그냥 외면한 채

"변명은 할려구두 않는다. 내가 제일 빈농의 자식인 데다가 근농꾼이라구 해서 농민 동맹 부위원장이 됐던 게 죽을죄라면 하는 수 없는 거구, 나는 예나 이제나 땅 파먹는 재주밖에 없는 사람이다."

그리고 잠시 사이를 두어,

"지금 집에 아버지가 앓아누웠다. 벌써 한 반 년 된다."

덕재 아버지는 홀아비로 덕재 하나만 데리고 늙어 오는 빈농꾼이었다. 칠 년 전에 벌써 허리가 굽고 검버섯이 돋은 얼굴이었다.

"장가 안 들었냐?"

잠시 후에,

"들었다."

"누와?"

"꼬맹이와."

아니, 꼬맹이와? 거 ㉠재미있다. 하늘 높은 줄 모르고 땅 넓은 줄만 알아, 키가 작고 똥똥하기만 한 꼬맹이, 무던히 새침데기였다. 그것이 얄미워서 덕재와 자기는 번번이 놀려서 울려 주곤 했다. 그 꼬맹이한테 덕재가 장가를 들었다는 것이다.

"그래, 애가 몇이나 되나?"

"이 가을에 첫애를 낳는대나."

성삼이는 그만 저도 모르게 터져 나오려는 웃음을 겨우 참았다. 제 입으로 애가 몇이나 되느냐 묻고서도 이 가을에 첫애를 낳게 됐다는 말을 듣고는 우스워 못 견디겠는 것이다. 그러지 않아도 작은 몸에 큰 배를 한 아름 안고 있을 꼬맹이, 그러나 이런 때 그런 일로 웃거나 농담을 할 처지가 아니라는 걸 깨달으며,

"하여튼 네가 피하지 않구 남아 있는 건 수상하지 않어?"

"나두 피하려구 했었어. 이번에 이남서 쳐들어오믄 사내란 사낸 모조리 잡아 죽인다구, 열일곱에서 마흔 살까지의 남자는 강제루 북으로 이동하게 됐었어. 할 수 없이 나두 아버질 업구라두 피난 갈까 했지. 그랬더니, 아버지가 안 된다는 거야. 농사꾼이 다 지어 놓은 농살 내버려 두구 어딜 간단 말이냐구. 그래 나만 믿구 농사일루 늙으신 아버지의 마지막 눈이나마 내 손으로 감겨 드려야겠구, 사실 우리같이 땅이나 파먹는 것이 피난 간댔자 별수 있는 것두 아니구……."

지난 유월달에는 성삼이 편에서 피난을 갔었다. 밤에 몰래 아버지더러 피난 갈 이야기를 했다. 그

때, 성삼이 아버지도 같은 말을 했다. 농사꾼이 농사일을 늘어놓구 어디루 피난 간단 말이냐. 성삼이 혼자서 피난을 갔다. 남쪽 어느 낯선 거리와 촌락을 헤매 다니면서 언제나 머리에서 떠나지 않는 건 늙은 부모와 어린 처자에게 맡기고 나온 농사일이었다. 다행히 그때나 이제나 자기네 식구들은 몸성히들 있다.

- 황순원, 「학」 중에서

3 이 글의 내용으로 알맞은 것은 무엇인가요?

① 덕재는 성삼이가 알지 못하는 사람과 결혼했다.
② 덕재는 가족과 함께 함께 남쪽으로 피난을 떠났다.
③ 성삼이는 덕재를 구하기 위해 자신의 고향 마을에 방문하였다.
④ 성삼이가 피난을 가 있는 동안 성삼이의 아버지는 앓아누웠다.
⑤ 성삼이는 늙은 부모와 어린 처자에게 농사일을 맡기고 피난을 갔다.

4 덕재는 자신이 농민 동맹 부위원장이 된 까닭이 무엇이라고 하였나요?

① 꼬맹이에게 장가를 들기 위해서
② 빈농의 자식인 데다가 근농꾼이어서
③ 앓아누운 아버지를 간호하기 위해서
④ 치안 대원인 성삼이와 친구 사이여서
⑤ 마을에서 가장 넓은 밭을 가지고 있어서

5 성삼이가 ㉠처럼 생각한 까닭은 무엇일까요?

① 덕재가 아직 장가를 들지 못해서
② 덕재는 어릴 적부터 결혼을 하지 않겠다고 해서
③ 성삼이가 좋아하던 꼬맹이와 덕재가 결혼을 해서
④ 덕재의 아이가 성삼이의 아이와 비슷한 또래라는 말을 들어서
⑤ 덕재가 어릴 적에 성삼이와 함께 놀려 주던 꼬맹이와 결혼을 해서

6 말과 행동을 통해 알 수 있는 인물의 가치관을 선으로 바르게 이어 보세요.

| 덕재 | • | | • | 아버지의 임종을 지키는 것이 자식으로서 해야 할 도리이다. |
| 덕재 아버지 | • | | • | 농사 짓는 사람이 농사를 버려 두고 다른 곳으로 가서는 안 된다. |

7 다음은 역사적 상황을 바탕으로 이 글을 이해한 내용입니다. 빈칸에 들어갈 알맞은 말을 보기 에서 찾아 써 보세요.

'이번에 이남서 쳐들어오믄 사내란 사낸 모조리 잡아 죽인다구, 열일곱에서 마흔 살까지의 남자는 강제루 북으로 이동하게 됐었어.'라는 덕재의 말을 통해 '(   )'이라는 역사적 상황을 추측할 수 있다. 성삼이와 덕재는 친구 사이이지만 전쟁으로 인해 적으로 만나게 되었다.

보기   3·1 운동   6·25 전쟁   일제 강점기   동학 농민 운동

  ## '결혼'의 뜻을 가진 낱말

🍃 다음 빈칸에 들어갈 수 있는 말을 보기 에서 모두 찾아 기호를 써 보세요.

신랑과 신부는 많은 사람들의 축하를 받으며 (   ).

보기
㉠ 결혼을 했습니다.
㉡ 혼인을 했습니다.
㉢ 혼잡을 빚었습니다.
㉣ 혼례를 올렸습니다.
㉤ 투혼을 발휘했습니다.

왜 그럴까?

'결혼하다'라는 뜻을 가진 말은 여러 가지가 있습니다. 보기 에는 없지만 '화촉을 밝히다'라는 관용 표현 또한 결혼을 한다는 뜻임을 알아 두세요. 또, 다른 사람의 결혼을 아름답게 일러 '화혼'이라고 부르기도 합니다.

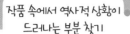
읽기 목표

8 역사적 상황이 드러난 문학 작품 이해하기 ❹

작품 속에서 역사적 상황이 드러나는 부분 찾기 • 작품과 관련 있는 역사적 상황 파악하기 • 역사적 상황을 바탕으로 문학 작품 이해하기

공부한 날	월	일

 다음 이야기를 읽고 물음에 답해 봅시다.

> [앞 이야기] 안골 마을 목수인 방구 아저씨는 아이들만 보면 방귀를 나누어 주는 방귀쟁이이다. 아저씨는 다른 식구가 돌림병에 모두 죽어 혼자 지내며 동네 아이들을 자식처럼 보살핀다.
>
> 징병이다 징용이다 하면서 밭에서 일하다가도 끌려가는 세상입니다. 공출도 뻔질나서 기름진 쌀은 다 일본으로 실어 가고, 대신 주는 배급 쌀엔 싸라기가 늘었습니다. 그러더니 그것마저 비행기 기름용으로 짜고 남은 콩깻묵을 끼워 주며 양을 줄였습니다. 우물집 두섭이네도 견디다 못해 개다리소반 등짐에다 깨진 바가지 주렁주렁 매달고 만주로 떠났습니다. 이젠 총알을 만든다고 놋그릇, 놋대야에 돌쟁이 숟가락까지 훑어갑니다.
>
> "그래도…… 좋은 세상은…… 꼭 온다. 봐라, 밖은 지금…… 캄캄한 밤이다. 허지만…… 한잠 자고 나면…… 아침이 와 있지 않던."
>
> 방구 아저씨는 눈 끔뻑이며 느릿느릿 말했습니다. 그러면서 열흘 붉은 꽃 없고 달도 차면 기우는 법이라고 쥐 오줌 얼룩진 천장을 보고 중얼거렸습니다.
>
> — 손연자, 「방구 아저씨」 중에서

1 다음 중 이 글을 읽고 알 수 있는 내용으로 알맞지 <u>않은</u> 것은 무엇인가요?

① 기름진 쌀은 일본으로 실어 갔다. ② 징병과 징용으로 사람들이 끌려갔다.

③ 사람들은 싸라기 섞인 쌀을 배급받았다. ④ 견디다 못해 만주로 떠나는 사람들이 있었다.

⑤ 놋그릇, 놋대야를 팔아 먹고사는 사람들이 생겼다.

2 다음 빈칸에 들어갈 알맞은 낱말을 보기 에서 찾아 써 보세요.

> 「방구 아저씨」 이야기의 시간적 배경은 (   )이고, 공간적 배경은 안골 마을이다.

보기	일제 강점기	광복 이후	6·25 전쟁 이후

3 방구 아저씨가 말한 '좋은 세상'으로 알맞은 것을 찾아 ○표 하세요.

(1) 우리나라가 일제로부터 독립하는 때……………………………………………………( )

(2) 우리나라가 세계에서 가장 부유한 나라가 되는 때 ……………………………………( )

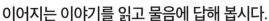

[중간 이야기] 일본의 앞잡이 노릇을 하는 이장이 방구 아저씨를 찾아온다. 이장은 방구 아저씨에게 집에 있는 괴목장을 일본 산림관인 히라노에게 넘기라고 말한다. 괴목장은 방구 아저씨가 죽은 아내의 생일날 제물로 바쳤던 소중한 것이므로 방구 아저씨는 이를 거절한다.

기다려도 안 되자, 하루는 히라노 그 사람이 말을 타고 찾아왔습니다. 그는 말안장 위에 꼿꼿이 등 펴고 앉아 사립문 이쪽에 방구 아저씨랑은 눈도 마주치지 않았습니다. 괜히 이장만 연방 허리를 구부리며 손바닥을 비빕니다.

"자네, 쌀 두 말 값이면 충분허겠제?"

이장이 찡긋 눈짓을 합니다. 그냥 빼앗아 가도 할 말이 없을 판인데 이 정도면 여러 말 말라는 뜻입니다.

"뭐, 쌀 두 말 값? 이봐, 그 장은 애들 엄마 목숨이여."

방구 아저씨가 버럭 소리를 질렀습니다. 갈색 말이 놀라 껑청 앞발을 듭니다. 말갈기를 부르르 떨고는 "히잉!" 긴 울음도 웁니다. 그러더니 거무튀튀한 주둥이 비틀어 누런 넓적 이를 내보이며 한바탕 투레질을 합니다. 히라노는 그 자리에서 갈색 말을 돌렸습니다. 그러곤 나지막한 토담 길을 뚜벅뚜벅 등 꼿꼿이 세우고 갔습니다.

갓 스물에 일본에서 순사가 되자마자 읍내로 온 이토는 새파랗게 젊습니다. 봄비가 부슬부슬 내렸지만 이토는 새벽같이 찾아와 방구 아저씨를 깨웠습니다.

"당신, 목수 맞지?"

"그렇소."

"역시 목재가 필요하겠군. 그래서 허가 없이 나무를 베었나?"

"난 그런 일 없소."

"없어? 그럼 우리 대일본의 산림관이 거짓말을 했단 말이야 뭐야?"

이토가 다짜고짜 방구 아저씨의 뺨을 갈겼습니다. 이토는 자기를 순사 나리라고 부르지도 않고 굽실거리지도 않는 방구 아저씨가 괘씸했습니다.

"방 안에 있는 저 장도 얼마 전에 마음대로 나무를 베어 만들었다며?"

"당신네 나라에서는 금방 벤 나무로 장을 짜오?"

서툴다 싶던 방구 아저씨의 일본 말이 물처럼 쏟아져 나왔습니다.

"뭐? 당신네 나라? 대일본 제국과 조선은 하나라는 걸 아직도 모르나? 이거 불령선인 아냐? ㉠둘 다 조사할 게 있으니 저 장 지게에 지고 따라왓."

이토는 들고 있던 곤봉으로 방구 아저씨의 가슴을 쿡쿡 찍었습니다. 방구 아저씨 이마에 불뚝 시퍼런 힘줄이 솟았습니다.

"너 이노옴, 이 버르장머리 없는 놈. 어디 와서 함부로 행패냐, 행패가."

조선말! 그것은 조선말이었습니다.

눈 깜짝할 사이에 멱살을 잡힌 이토가 붕 날았습니다. 그러곤 빗물 스민 마당에다 코를 박았습니다. 이토는 진흙투성이 얼굴로 튕기듯 일어났습니다.

"조선 놈 주제에 감히!"

이토의 곤봉이 방구 아저씨 머리를 내려쳤습니다.

조선 사람 앞에만 서면 갑자기 어깨에 힘이 들어가는 이토. 이토의 나무 곤봉은 그 순간 쇠 곤봉이 되었습니다.

"억!"

방구 아저씨가 풀썩 무릎을 꿇었습니다. 피가 솟아 얼굴로 흘렀습니다. 잠시 그대로 있던 방구 아저씨가 스르르 무너졌습니다. 부릅뜬 눈엔 봄비 내리는 하늘이 가득 찼습니다.

- 손연자, 「방구 아저씨」 중에서

 4 이 글에서 사건이 일어난 순서대로 번호를 써 보세요.

> 이토가 곤봉으로 방구 아저씨를 내려침. ◯
>
> 방구 아저씨가 이토의 멱살을 잡아 던짐. ◯
>
> 이장이 산림관 히라노와 방구 아저씨를 찾아옴. 1
>
> 이토가 방구 아저씨에게 누명을 씌워 끌고 가려고 함. ◯
>
> 이장은 쌀 두 말 값을 받고 괴목장을 히라노에게 넘기라고 함. ◯

5 밑줄 친 ㉠에서 이토가 조사하려는 방구 아저씨의 죄는 무엇인가요? (정답 2개)

① 일본인 산림관의 멱살을 잡았다.　　　② 일제에 따르지 않는 불령선인이다.

③ 일본인 순사를 곤봉으로 내려쳤다.　　④ 허가 없이 나무를 베어 목재로 사용했다.

⑤ 일본인 산림관에게 괴목장을 팔지 않았다.

 6 다음 인물의 말과 행동을 통해 알 수 있는 인물의 성격을 선으로 바르게 이어 보세요.

방구 아저씨
"너 이노옴, 이 버르장머리 없는 놈. 어디 와서 함부로 행패냐, 행패가."라고 조선말로 말하며 이토에게 반발함.

· 　　　　　· 잔인하고 오만하며 남을 업신여기는 성격

이토
다짜고짜 방구 아저씨의 뺨을 때리고 "조선 놈 주제에 감히!"라고 말하며 들고 있던 곤봉으로 방구 아저씨의 머리를 내려침.

· 　　　　　· 신념에 어긋나는 일에 용감하게 맞서는 성격

7 다음 내용과 관련 있는 역사적 상황을 보기 에서 찾아 기호를 써 보세요.

(1) 방구 아저씨가 이토와 대화하면서 일본 말을 사용함. ·····················(   )

(2) 일본인 순사인 이토가 조선인인 방구 아저씨를 때리고 무시함. ·····················(   )

(3) 방구 아저씨가 자신에게 부당한 누명을 씌우는 이토에게 강하게 반발함. ·····················(   )

> 보기
>
> ㉠ 일제 강점기에 조선인들은 일본 말을 배우고 써야 했다.
>
> ㉡ 일제 강점기에는 일제의 앞잡이 노릇을 하는 조선인들도 있었다.
>
> ㉢ 일제 강점기에 일본 순사가 조선 사람들에게 행패를 부리는 일이 많았다.
>
> ㉣ 일제 강점기에는 일제에 반발하며 자신의 신념을 지키는 조선인들이 있었다.

재미있는 낱말 놀이터 역사 속 표현 알기

🌱 다음 그림과 낱말에 알맞은 뜻을 선으로 바르게 이어 보세요.

징병 •

• 국가가 강제로 국민을 데려다가 일을 시키는 것

징용 •

• 국가가 국민을 강제로 군인으로 일하게 하는 것

공출 •

• 국민이 농업 생산물이나 기물 등을 의무적으로 정부에 내어 놓는 것

왜 그럴까?

원래 '징병', '징용', '공출'은 국가와 국민의 관계에서 이루어지는 것입니다. 하지만 일제 강점기 때의 '징병'과 '징용', '공출'은 일제에 의해 강제로 이루어진 것들임을 알아 두세요.

읽기 목표

8 역사적 상황이 드러난 문학 작품 이해하기 ⑤

작품 속에서 역사적 상황이
드러나는 부분 찾기

작품과 관련 있는
역사적 상황 파악하기

역사적 상황을 바탕으로
문학 작품 이해하기

공부한 날 | 월 | 일

 정리 다음 설명 중 옳은 것을 모두 찾아 ○표 하세요.

문학 작품에는 그 작품이 쓰인 시기의 역사적 상황이 드러나기도 한다. ☐

문학 작품에 나타난 역사적 상황은 지어낸 것이므로 고려하며 읽을 필요가 없다. ☐

역사적 상황이 드러난 문학 작품에 나오는 인물들은 모두 실제 있었던 인물이다. ☐

문학 작품에 반영된 역사적 상황을 이해하면 작품의 내용을 더 잘 파악할 수 있다. ☐

인물의 말이나 행동, 인물 간의 관계를 통해서 역사적 상황을 추측해 볼 수도 있다. ☐

작품에는 역사적 상황에 대한 인물의 태도나 가치관이 드러나기도 한다. ☐

모든 문학 작품에 반영된 역사적 상황은 동일하다. ☐

한 작품 속의 인물들은 역사적 상황에 대해 모두 같은 태도나 가치관을 가지고 있다. ☐

역사적 상황은 직접 드러나기도 하지만 소재를 통해 간접적으로 드러나기도 한다. ☐

[앞 이야기] 학교에 늦어 급히 가던 프란츠는 면사무소 앞 게시판에 사람들이 모여 있는 것을 보고 궁금해한다. 또, 교실에 도착하자 교실의 분위기가 평소와 다르다는 느낌을 받는다. 아멜 선생님은 특별한 날에만 입는 옷을 입고 있었으며 지각한 프란츠를 혼내지도 않았다. 교실 뒤쪽에는 마을 어른들도 앉아 있다.

내가 어리둥절한 표정으로 교실 분위기를 살피고 있을 때, 아멜 선생님이 교단 위로 올라가셨다. 선생님은 조금 전 나를 대했을 때처럼 부드럽고 진지하게 입을 열었다.

"자, 모두 주목하세요. 여러분은 내일부터 독일어를 공부하게 돼요. 새 선생님이 오셔서 독일어를 가르칠 거예요. 알자스와 로렌 지방의 학교에서는 이제 독일어 외에는 공부할 수 없게 되었거든요. 오늘 여러분은 저와 함께 어쩌면 마지막이 될지도 모르는 프랑스어 수업을 하게 되었어요. 마지막 수업이니만큼 여러분 모두가 제 말을 끝까지 귀 기울여 주기를 바랍니다."

아멜 선생님의 말은 나를 무척 당황하게 만들었다. 그제야 나는 면사무소 앞 게시판에 걸려 있던 것이 무엇인지 어렴풋이 짐작할 수 있었다. 마지막 프랑스어 수업을 알리는 공고문이 틀림없었을 것이다.

'이를 어쩌지? 나는 아직 프랑스어를 제대로 쓸 줄도 모르는데, 이제 더 이상 프랑스어를 배울 수 없다니……'

일이 이렇게 되고 보니 수업을 빼먹고 돌아다녔던 지난 일들이 후회되었다.

그제야 나는 아멜 선생님이 훌륭하게 차려입고 나온 이유를 알 수 있었다. 선생님은 마지막 수업을 하기 위해 초록색 프록코트에다 검은색 비단 모자를 썼던 것이다.

교실 뒤편에 앉아 있는 마을 어른들의 행동도 그제야 이해할 수 있었다. 그들은 평소 학교에 관심을 기울이지 못한 것을 반성하고, 사십여 년 동안 학생들을 가르쳤던 아멜 선생님에게 경의를 표하는 것 같기도 했다. 머지않아 사라져 버릴지도 모르는 조국에 대한 자신들의 의무를 다하려는 것인지도 몰랐다.

"프란츠, 네 차례다."

이런저런 생각에 잠겨 있을 때, 아멜 선생님이 내 이름을 불렀다. 내 차례가 되었던 것이다. 어려운 동사 변화를 자신 있는 목소리로 막힘없이 줄줄이 외울 수 있었더라면 얼마나 좋았을까? 하지만 나는 처음부터 실수를 하고 말았다. 첫마디부터 막히는 것을 나더러 어쩌란 말인가? 나는 그런 내 자신이 부끄러워서 고개를 들 수가 없었다. 수치심에 온몸이 떨릴 뿐이었다.

"선생님, 죄송해요."

아멜 선생님은 그런 나를 보고 말씀하셨다.

"프란츠, 널 야단치지 않으마. 넌 충분히 반성하고 있을 테니까. 사람들은 항상 '우리에게 시간은 충분해. 오늘 못 한 일은 내일 하면 되는 거 아니야?'하고 말하지. 하지만 오늘 할 일을 내일로 미루고 내일 할 일은 모레로 미룬 그 결과가 어떻지?"

나는 부끄러워서 대답을 할 수가 없었다.

- 알퐁스 도데 글, 표시정 옮김, 「마지막 수업」 중에서

1 프란츠가 수업을 빼먹고 돌아다녔던 지난 일들을 후회한 까닭은 무엇인가요?

① 수업을 빼먹어 아멜 선생님께 혼이 났기 때문에

② 수업을 빼먹고 돌아다니다가 사고가 났기 때문에

③ 수업을 빼먹어 프랑스어 시험 문제를 풀지 못했기 때문에

④ 좋아하는 독일어 수업을 더 이상 들을 수 없게 되었기 때문에

⑤ 프랑스어를 제대로 쓸 줄 모르는데 더 이상은 배울 수 없게 되었기 때문에

2 아멜 선생님이 훌륭하게 차려입은 까닭은 무엇인가요?

① 독일어로 수업을 하는 첫날이라서

② 수업이 끝나면 독일로 떠나야 해서

③ 마지막 프랑스어 수업을 하기 위해서

④ 새로 온 독일어 선생님이 교실 뒤편에 앉아 있어서

⑤ 사십여 년 동안 독일어를 가르쳤던 선생님에게 경의를 표하기 위해서

3 아멜 선생님의 마지막 말씀을 바탕으로 프란츠의 상황을 정리하였습니다. 빈칸에 알맞은 말을 찾아 써 보세요.

（　　　　　　） 할 일을 내일로 미루고 내일 할 일을 （　　　　　　）로 미루다가 결국 （　　　　　　）
을/를 제대로 익히지 못하여 마지막 수업에서까지 （　　　　　　）을/를 하였다.

4 이 글에서 역사적 상황을 드러내는 부분으로 알맞은 것은 무엇인가요? (정답 2개)

① 선생님은 조금 전 나를 대했을 때처럼 부드럽고 진지하게 입을 열었다.

② "알자스와 로렌 지방의 학교에서는 이제 독일어 외에는 공부할 수 없게 되었거든요."

③ 그제야 나는 아멜 선생님이 훌륭하게 차려입고 나온 이유를 알 수 있었다.

④ 교실 뒤편에 앉아 있는 마을 어른들의 행동도 그제야 이해할 수 있었다.

⑤ 머지않아 사라져 버릴지도 모르는 조국에 대한 자신들의 의무를 다하려는 것인지도 몰랐다.

5 다음을 읽고 이 글을 바르게 이해한 것을 찾아 ○표 하세요.

「마지막 수업」은 보불 전쟁 때 프로이센과의 전쟁에서 져 프로이센의 지배를 받게 된 프랑스의 알자스 지방을 배경으로 하여 사건이 전개되는 이야기이다. 프로이센은 독일 동북부, 발트해 기슭에 있던 지방이다.

프란츠가 프랑스어의 동사 변화를 어려워한 까닭은 프랑스어가 프란츠 나라의 언어가 아니기 때문이야. 프란츠의 나라가 독립하여 다시 '독일어'를 배울 수 있게 된 것이지.

(   )

프랑스는 프로이센의 지배를 받게 되어 프랑스어가 아닌 독일어를 배우게 된 것 같아. 이 글에 나타난 '머지않아 사라져 버릴지도 모르는 조국'은 프로이센에 의하여 사라질 위기에 처한 '프랑스'를 뜻하는 말이야.

(   )

재미있는 낱말 놀이터 알맞은 표현 찾기

다음 문장에 어울리는 알맞은 표현을 찾아 ○표 하세요.

약속 시간에 늦은 경우는 버스 안에서 (안절부절했다 / 안절부절못했다).

숙제 공책을 두고 갈 뻔한 나에게 어머니는 (칠칠하다고 / 칠칠치 못하다고) 말씀하셨다.

왜 그럴까?

일상에서 흔히 사용하지만 틀리기 쉬운 말들입니다. 마음이 초조하고 불안하여 어찌할 바를 모르는 모양을 뜻하는 말은 '안절부절못하다'입니다. '칠칠하다'는 '성질이나 일 처리가 반듯하고 야무지다.'라는 뜻이므로, 숙제 공책을 두고 가는 등 일 처리를 야무지게 하지 못하는 경우에는 '칠칠치 못하다'라고 해야 합니다.

9 표현의 적절성 평가하기 ❶

거짓되거나 과장된 표현의 문제점 알기 | 여러 가지 의미로 해석 되는 표현의 문제점 알기 | 의미가 불분명한 표현의 문제점 알기 | 광고와 글에 사용된 표현의 적절성 평가하기

공부한 날 | 월 | 일

글을 읽을 때에는 글에 사용된 표현이 적절한지 판단하면서 읽어야 합니다. 글에는 사실보다 지나치게 부풀려서 과장한 표현, 사실이 아닌 것을 사실처럼 나타낸 표현, 여러 가지 의미로 해석될 수 있는 표현, 의미가 불분명하여 기준에 따라 다르게 해석될 수 있는 표현 등 여러 표현이 나타납니다. 이러한 표현들은 문학 작품이나 광고 등에서 적절하게 사용하면 의미를 풍부하게 하기도 하지만, 잘못 사용하면 의사소통의 문제를 일으킬 수 있습니다.

자, 그럼 다양한 글을 읽고 표현이 적절하게 사용되었는지 평가해 볼까요?

다음 광고를 보고 물음에 답해 봅시다.

1 이 글에서 광고하고 있는 것은 무엇인가요?

① 건물   ② 공원
③ 자전거   ④ 텔레비전
⑤ 운동선수

2 다음 물음 을 보고 빈칸에 알맞은 말을 써 보세요.

> 물음   천하장사 힘돌이가 탄탄 자전거를 즐겨 탄다고 말한 까닭은 무엇인가요?

힘이 센 천하장사도 사용하니까 (   )도 강하다고 말하기 위해서

3 '전국 최강! 세계 최강!'이라는 표현을 바르게 평가한 것에 ○표 하세요.

전국과 세계의 모든 자전거 중 가장 강한지 비교해 볼 수 없으므로 '전국 최강! 세계 최강!' 은 사실보다 지나치게 부풀려서 나타낸 표현 인 것 같아.	천하장사인 힘돌이가 즐겨 탄다고 했으니까 '전국 최강! 세계 최강!'이라는 말도 정확한 사 실을 드러낸 표현인 것 같아.
( )	( )

다음 글을 읽고 물음에 답해 봅시다.

"말이 너무 많다."

효준이가 텔레비전을 보다가 투덜거리며 소파에서 일어났다. 재미없으면 조용히 방에 들어가면 될 걸 괜히 투덜거리는 모습이 보기 좋지 않았다. 방으로 들어가려다 말고 효준이가 나한테 물었다.

"누나, 어제 수영이 만났다면서?"

수영이는 효준이가 좋아하고 있는 아이로, 우리 아파트 303호에 산다. 나 혼자 수영이를 만난 게 서운해서 이 녀석이 괜히 아침부터 심술을 부린 건가 보다.

"내 여행 가방 빌려주려고 잠깐 만난 거야."

나는 효준이의 마음이 누그러지기를 바라면서 말했다. 내 말을 들은 효준이의 표정이 조금 풀어지는 듯했다. 나는 때를 놓치지 않고 물었다.

"곧 수영이 생일인 것 알지? 그때 ㉠지혜랑 수영이 집에 가기로 했잖아."

"응, 기억하고 있지. 내일 같이 선물 사러 갈까?"

"좋아. 내일 오후에 비가 온다고 하니까 일찍 다녀오자."

"그래."

효준이는 부드러운 목소리로 대답하고 방문을 닫았다. 나는 한숨을 푸욱 쉬었다. 사춘기 동생의 비위를 맞추기가 참 힘들다는 생각이 들었다.

 이 글의 내용으로 알맞지 않은 것은 무엇인가요?

① '나'는 어제 수영이를 만났다.
② 효준이는 수영이의 생일을 잊어버렸다.
③ '나'는 수영이에게 여행 가방을 빌려주었다.
④ 수영이는 '나'와 같은 아파트 303호에 살고 있다.
⑤ '나'와 효준이는 수영이의 생일 선물을 사러 가기로 하였다.

5 **'나'는 효준이가 왜 심술을 부렸다고 생각하였나요?**

① '나'가 재미없는 프로그램을 보고 있어서
② '나'가 혼자만 수영이를 만난 것이 서운해서
③ '나'가 효준이의 생일 선물을 준비하지 않아서
④ '나'가 수영이에게 효준이의 마음을 이야기해서
⑤ '나'가 효준이에게 수영이의 생일을 알려 주지 않아서

6 다음 중 밑줄 친 ㉠에 대해 바르게 설명한 친구의 이름을 써 보세요.

> 하은: 효준이가 정말로 지혜랑 수영이 집에 가기로 했는지 알 수 없으므로 ㉠은 거짓된 표현이야.

> 지안: ㉠은 두 가지 의미로 해석될 수 있는 표현이야. 효준이가 혼자 지혜와 수영이가 함께 사는 집에 가는 것, 효준이와 지혜가 수영이의 집에 가는 것으로 해석될 수 있어.

(   )

7 다음과 같은 뜻으로 해석되도록 밑줄 친 ㉠을 바르게 고친 것에 ○표 하세요.

> 효준이와 지혜는 수영이가 사는 집에 가기로 했다.

(1) 너랑 지혜가 같이 수영이의 집에 가기로 했잖아. ······················ (   )

(2) 지혜와 수영이가 함께 사는 집에 네가 가기로 했잖아. ················ (   )

 재미있는 **낱말 놀이터**

감각을 나타내는 낱말

🍎 다음 표현에서 느낄 수 있는 감각의 종류를 **보기** 에서 찾아 알맞게 써 보세요.

| 보기 | 미각 | 시각 | 청각 | 촉각 | 후각 |

왜 그럴까?

감각을 나타내는 말은 여러 가지가 있습니다. '미각'은 맛을 느끼는 감각, '시각'은 물체의 모양이나 움직임이나 빛깔 등을 알아보는 눈의 감각, '청각'은 소리를 듣는 감각, '촉각'은 살갗이 외부의 사물에 닿는 것을 느끼는 감각, '후각'은 냄새를 느끼는 감각을 말합니다.

읽기 목표

9 표현의 적절성 평가하기 ❷

거짓되거나 과장된
표현의 문제점 알기

여러 가지 의미로 해석
되는 표현의 문제점 알기

의미가 불분명한
표현의 문제점 알기

광고와 글에 사용된
표현의 적절성 평가하기

공부한 날   월   일

파이팅!

42일

 다음 광고를 보고 물음에 답해 봅시다.

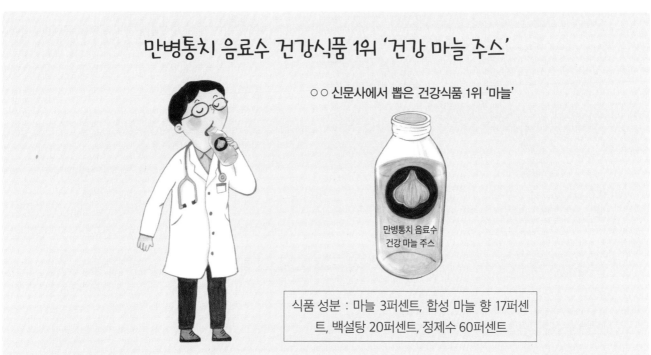

만병통치 음료수 건강식품 1위 '건강 마늘 주스'

○○ 신문사에서 뽑은 건강식품 1위 '마늘'

만병통치 음료수
건강 마늘 주스

식품 성분 : 마늘 3퍼센트, 합성 마늘 향 17퍼센트, 백설탕 20퍼센트, 정제수 60퍼센트

1 이 글에서 광고하고 있는 것은 무엇인가요?

① 마늘   ② 병원   ③ 신문   ④ 알약   ⑤ 주스

2 이 글을 바르게 평가한 친구의 이름을 써 보세요. (정답 2개)

건우: 의사가 광고하고 있으니 건강에 좋은 음료라고 확신할 수 있어.

지안: ○○ 신문사에서 뽑은 건강식품 1위가 마늘이라고 했으니 마늘로 만든 이 주스가 건강식품 1위라는 표현도 적절해.

하은: '만병통치'는 모든 병을 고쳐 준다는 말인데 건강식품이 모든 병을 고칠 수는 없으므로 과장된 표현임을 고려해야 해.

준우: '마늘 주스'라고 하였지만 실제로 주스에 들어간 성분 중 마늘은 3퍼센트로 매우 적어. 이것도 과장된 부분이라고 볼 수 있어.

(   )

다음 광고를 보고 물음에 답해 봅시다.

우리 **한우**로 만든 부드러운 **패티**

절대로 시들지 않는 신선함. **몸에 좋은 유기농 채소**

(홍삼액 0.03퍼센트 함유)

홍삼액이 함유돼 몸에 좋은 햄버거 소스

살찔 걱정을 없애 주는 고소한 호밀빵

살찔 걱정은 그만!
이제 **맛있게** 먹으며 **다이어트**하세요!
몸에 좋은 재료만을 사용하여 건강까지 챙겨 주는
우리 아이 건강 간식 왕맛나 햄버거
- 맛나 햄버거 회사 -

3 이 광고에서 말하고 싶은 것은 무엇인가요?

① 한우를 사랑해 주세요.　　　　② 왕맛나 햄버거를 사세요.
③ 건강을 위해 운동하세요.　　　　④ 유기농 채소를 이용해 주세요.
⑤ 홍삼으로 면역력을 강화하세요.

4 이 광고를 보고 '왕맛나 햄버거'에 대해 알 수 있는 내용으로 알맞지 <u>않은</u> 것은 무엇인가요?

① 패티를 한우로 만들었다.　　　　② 유기농 채소를 사용하였다.
③ 소스에 홍삼액을 함유하였다.　　④ 호밀로 만든 빵을 사용하였다.
⑤ 빵 속에 몸에 좋은 홍삼 가루를 넣었다.

5 이 광고에서 '왕맛나 햄버거'가 건강을 챙겨 준다고 한 까닭은 무엇인가요?

① 깨끗한 시설에서 만들기 때문에
② 몸에 좋은 재료만을 사용했기 때문에
③ 약품을 만드는 회사에서 만들었기 때문에
④ 왕맛나 햄버거를 구매하면 영양제를 함께 주기 때문에
⑤ 왕맛나 햄버거를 먹고 건강해진 사람들이 많기 때문에

6 '왕맛나 햄버거'의 재료 중 살찔 걱정을 없애 준다고 한 것은 무엇인가요?

① 한우로 만든 패티
② 시들지 않는 양상추
③ 신선한 유기농 토마토
④ 호밀로 만든 햄버거 빵
⑤ 홍삼이 함유된 햄버거 소스

7 이 광고에 대한 설명으로 알맞지 <u>않은</u> 것은 무엇인가요? (정답 2개)

① 글씨의 크기를 다양하게 사용하여 여러 효과를 주었다.
② 요리사가 등장하여 햄버거를 만드는 과정을 설명하였다.
③ 장면만으로 설명하기 어려운 부분은 글을 통해 보충하였다.
④ 재료를 순서대로 보여 준 뒤 완성된 햄버거의 모습을 보여 주었다.
⑤ 햄버거를 먹고 살이 빠진 사람의 모습을 보여 주어 믿음이 가도록 하였다.

8 이 광고를 올바르게 평가하지 <u>못한</u> 친구의 이름을 써 보세요.

> 하은: '절대로 시들지 않는 신선함'이라고 했는데, 채소가 절대로 시들지 않을 수는 없을 거야. 이 부분은 과장된 표현인 것 같아.
>
> 건우: 홍삼액이 함유돼서 몸에 좋다고 했는데, 실제로 홍삼액은 0.03퍼센트로 아주 적게 들어갔어. 이 부분은 과장된 표현인 것 같아.
>
> 준우: 호밀로 만든 빵을 사용해서 살찔 걱정을 없애 준다고 했는데, 햄버거의 재료 중 빵만 호밀을 사용하였다고 과연 살이 찌지 않을까? 이 햄버거가 다이어트에 도움이 되는 것이 사실인지 확인해 봐야겠어.
>
> 지안: '우리 아이 건강 간식'이라고 하였으니, 아이들이 먹기에 적합한 음식인 것 같아. 따라서 이 햄버거가 몸에 좋다는 것도 사실일 거야.

(   )

빈칸에 들어갈 알맞은 말을 보기 에서 찾아 써서 광고를 비판적으로 평가하며 보아야 하는 까닭을 정리하여 보세요.

> 광고는 상품이나 생각을 널리 알리기 위해 정보를 제공할 뿐만 아니라 사람들이 상품을 선택하도록 설득하기도 한다. 그래서 상품을 잘 팔리게 하기 위하여 상품이 가지고 있는 기능을 실제보다 부풀려 (   )하기도 하고, 사실에 해당하지 않는 (   )된 정보를 주기도 한다. 그래서 광고를 볼 때에는 이러한 부분이 있는지 잘 판단하며 보아야 한다.

보기   강요   정보   위협   거짓   과장   사실

 **재미있는 낱말 놀이터**

서술어에 어울리는 표현 찾기

🍎 다음 문장들을 보고, 괄호 안의 낱말 중 알맞은 낱말에 〇표 하세요.

너는 (결코 / 반드시) 숙제를 해야 해.

나는 아이스크림을 (별로 / 무척) 좋아해요.

나는 이 인형을 갖고 싶은 마음이 (전혀 / 매우) 없어요.

왜 그럴까?

서술어가 부정인지 긍정인지에 따라 알맞은 낱말을 골라 써야 합니다. '결코', '별로', '전혀'는 '아니다', '없다', '아니하다', '못하다' 등과 같이 부정의 뜻을 가진 서술어와 호응이 이루어지므로 이에 맞게 사용할 수 있도록 합니다.

9 표현의 적절성 평가하기 ❸

거짓되거나 과장된 표현의 문제점 알기 · 여러 가지 의미로 해석되는 표현의 문제점 알기 · 의미가 불분명한 표현의 문제점 알기 · 광고와 글에 사용된 표현의 적절성 평가하기

공부한 날   월   일

 다음 광고를 보고 물음에 답해 봅시다.

2011 대한민국 공익광고제 수상작

내 복 약

겨울철 내복을 입고 실내 온도를 1도만 낮춰도
약 4,000억 원의 난방 에너지를 절감할 수 있습니다.

에너지 위기, 내복약으로 처방해 보세요.

kobaco
한국방송광고공사 · 공익광고협의회

- 한국방송광고진흥공사

1. 겨울에 내복을 입고 실내 온도를 1도만 낮춰도 난방 에너지를 얼마나 절감할 수 있다고 하였나요?

약 (   ) 원

2. 다음은 이 광고를 보고 친구들이 나눈 대화입니다. 빈칸에 알맞은 말을 써 보세요.

하은: 본래 '내복약'은 '먹어서 병을 치료하는 (   )'을 뜻하는데 이 광고에서는 새로운 의미를 부여했어.

준우: '겨울에 추위를 막기 위해 속옷 위에 껴입는 옷'인 '(   )' 사진을 보여 줌으로써 '내복'을 입어 에너지 위기를 극복하는 '약'이라는 '(   )'의 새로운 의미를 만들었지.

건우: 맞아. 이렇게 두 가지 의미가 떠오르는 재미있는 표현으로 광고를 보는 이를 설득하고 있어.

지안: 이러한 표현은 광고나 문학 작품에서 의미를 풍부하게 하기도 하지만, 잘못 쓰일 경우 의사소통에 문제가 생길 수 있으므로 바르게 평가하며 읽어야 해.

다음 글을 읽고 물음에 답해 봅시다.

서연이에게

서연아, 그동안 잘 지냈니? 작년 여름에 캐나다에서 너와 이모를 만난 기억이 아직도 생생한데 벌써 일년이 지났네.

나는 이번 주말에 부산에 있는 작은아버지 댁에 다녀왔어. 조카의 첫 생일이었거든. ㉠그런데 친척들이 다 오지 않았어. 작은아버지께서는 참석한 친척들의 손을 하나하나 잡으시며 먼 곳까지 와 주어 고맙다고 인사하셨어. 돌잔치가 끝난 후에 나는 부산을 다니면서 맛있는 것도 많이 먹고 항구도 구경했어. 배가 정말 많이 있더라고.

부산 거리를 구경하다가 신기한 일이 있었어. 거리에서 우연히 진영이를 만난 거야. 진영이도 친구랑 부산 여행을 하던 중이었대. 거기에서 진영이를 만나다니 세상 정말 좁은 것 같아. 너도 진영이 기억하지? 지난번에 한국에서 같이 야구장에 갔었잖아. ㉡그때 본 덩치 큰 내 친구의 동생이 진영이야. 진영이가 캐나다에 사는 친척 동생은 잘 지내냐고 네 안부를 물었어. 네가 선물로 보내 주었던 메이플 시럽이 정말 맛있었다고 언제 한번 캐나다에 가서 맛있는 것들을 먹어 보고 싶대. 그래서 내가 기회가 되면 같이 캐나다에 가자고 말하고 헤어졌어.

그리고 네가 전에 부산의 모습이 궁금하다고 했던 것이 생각나서 풍경 사진도 많이 찍었어. 사진은 편지 봉투에 함께 넣어서 보낼게. 부산에서 산 기념품은 다음에 캐나다 가서 전해 줄게. 그럼, 방학 때 만나자!

훈석이 오빠가

3 이 글로 보아 서연이가 있는 곳은 어디인지 써 보세요.

(   )

4 훈석이가 주말에 부산에 다녀온 까닭은 무엇인가요?

① 야구 경기를 구경하기 위해서
② 친구와 부산 여행을 하기 위해서
③ 조카의 돌잔치에 참석하기 위해서
④ 진영이에게 줄 메이플 시럽을 사기 위해서
⑤ 서연이가 부탁한 풍경 사진을 찍기 위해서

5 훈석이가 부산 거리를 구경하다가 있었던 '신기한 일'은 무엇인가요?

① 메이플 시럽을 파는 가게를 본 것
② 우연히 친척 동생인 서연이를 만난 것
③ 부산 여행을 하던 야구 선수를 만난 것
④ 우연히 친구의 동생인 진영이를 만난 것
⑤ 함께 캐나다 여행을 했던 친구를 만난 것

6 진영이가 캐나다에 가서 해 보고 싶다고 한 것은 무엇인가요?

① 캐나다에 있는 조카가 보고 싶다.
② 캐나다의 풍경 사진을 찍고 싶다.
③ 캐나다에서 야구 경기를 보고 싶다.
④ 캐나다에서 맛있는 것들을 먹고 싶다.
⑤ 캐나다에서 친구들에게 줄 기념품을 사고 싶다.

7 밑줄 친 ㉠과 ㉡이 공통으로 가지고 있는 문제점을 알맞게 말한 친구의 이름을 써 보세요.

> 준우: ㉠과 ㉡은 모두 여러 가지 의미로 해석
> 될 수 있어.

> 건우: ㉠과 ㉡은 모두 사실이 아닌 것을 사실
> 처럼 표현했어.

(   )

8 밑줄 친 ㉠의 앞뒤 내용을 통해 알 수 있는 의미로 알맞은 것에 ○표 하세요.

(1) 친척들이 일부만 왔다. ···(   )
(2) 친척들이 한 명도 오지 않았다. ···(   )

9 다음 의미가 드러나도록 밑줄 친 ㉡을 바르게 고친 것에 ○표 하세요.

> 덩치가 큰 아이는 친구의 동생이다.

그때 본 내 친구의 덩치 큰 동생이 진영이야.	그때 본 덩치 큰 내 친구가 진영이야.
( )	( )

10 다음 중 설명이 바르지 않은 것은 무엇인가요? (정답 2개)

① 광고에는 거짓을 쓸 수 없으므로 광고 속 내용은 모두 믿어도 된다.

② 글을 읽을 때에는 표현이 적절하게 사용되었는지 평가하며 읽어야 한다.

③ 광고를 볼 때에는 사실을 지나치게 부풀린 표현이 있는지 평가하며 보아야 한다.

④ 여러 가지 의미를 가진 문장을 어떤 의미로 해석해도 글은 바르게 이해할 수 있다.

⑤ 여러 가지 의미를 가진 문장의 경우, 앞뒤 문장을 통해 바른 의미를 찾을 수도 있다.

'의사'의 서로 다른 뜻

🍃 다음 그림을 참고하여 주어진 문장에 쓰인 '의사'의 뜻을 찾아 선으로 바르게 이어 보세요.

내 꿈은 사람들을 치료하는 의사가 되는 것이다.

부모님께서는 나의 의견을 받아들일 의사가 있다고 하셨다.

일제 강점기에 독립운동을 하신 윤봉길 의사가 존경스럽다.

어떤 일을 하려고 하는 생각

나라와 민족을 위하여 일하다가 목숨을 바친 사람

국가가 인정하는 자격을 가지고서 환자를 진찰하고 치료하는 일을 직업으로 하는 사람

 그럴까?

'의사'는 서로 다른 여러 뜻을 가진 낱말입니다. 환자를 치료하는 '의사'를 가리킬 때 말고도 여러 상황에서 사용할 수 있음을 알아 두세요.

9 표현의 적절성 평가하기 ❹

| 거짓되거나 과장된 표현의 문제점 알기 | 여러 가지 의미로 해석 되는 표현의 문제점 알기 | 의미가 불분명한 표현의 문제점 알기 | 광고와 글에 사용된 표현의 적절성 평가하기 | 공부한 날 | 월 | 일 |

 다음 글을 읽고 물음에 답해 봅시다.

1. 냄비에 물을 충분히 넣고 멸치와 다시마도 적당히 넣은 후 가장 센불에서 끓이세요.
2. 물이 끓는 동안 국수에 올릴 고명을 만듭니다. 먼저, 김치를 조금 썰어 참기름과 깨소금, 설탕을 넣고 버무립니다.
3. 버무린 김치는 간이 배도록 잠시 두고, 계란을 잘 풀어서 부친 뒤 5밀리미터 정도로 잘게 썰어 줍니다.
4. 물이 어느 정도 끓으면, 멸치와 다시마를 건져 낸 뒤 국간장과 소금을 조금 넣어 간을 하세요.
5. 육수가 끓는 동안 다른 냄비에 물을 끓여 면을 삶으세요.
6. 면이 익으면 건져 내어 찬물에 헹굽니다.
7. 그릇에 면을 담고 파, 김치, 계란 지단을 올린 후 육수를 부어 주면 멸치 국수가 완성됩니다.

1 어떤 음식을 만들기 위한 요리법인지 써 보세요.

( )

2 이 요리법을 보고 요리를 했을 때 일어날 수 있는 문제점을 바르게 표현한 친구는 누구인지 이름을 써 보세요.

| 건우: 멸치를 '적당히' 넣으라고 했는데…… 적당히가 어느 정도인지 알 수 없었어. | 지안: 고명으로 얹을 김치를 버무릴 때 무엇을 함께 넣어야 하는지 알 수 없었어. | 준우: 육수의 간을 무엇으로 해야 하는지 알 수 없었어. |

( )

3 **2**와 같은 문제점이 생긴 까닭은 무엇인가요?

① 사실보다 부풀려서 표현했기 때문에
② 사실이 아닌 것을 사실처럼 표현했기 때문에
③ 부정적인 뜻을 가진 낱말을 많이 사용했기 때문에
④ 두 가지로 해석될 수 있는 문장을 사용했기 때문에
⑤ 낱말이 표현하는 양이나 정도의 기준이 분명하지 않기 때문에

오늘은 방과 후에 수정이와 떡볶이를 먹기로 하였다. 우리는 학교 수업을 마치자마자 '맛나 분식집'으로 갔다. 그런데 '맛나 분식집'의 문은 굳게 잠겨 있었다. 영업을 하지 않는 것 같아 돌아가려던 순간에 문에 붙은 작은 쪽지 하나가 눈에 들어왔다.

'한 시간 후에 돌아옵니다. -주인-'

"지금부터 한 시간이나 기다려야 하는 걸까?"

수정이는 한숨을 쉬며 말했다.

"아니야. 주인이 쪽지를 붙인 시간부터 한 시간일 거야. 우리는 주인이 쪽지를 언제 붙였는지 모르니까 얼마나 기다려야 하는지 알 수 없어."

내가 말하자 수정이는 고개를 끄덕였다. 한참 고민을 하던 수정이가 갑자기 입을 열었다.

"아! 내가 다른 맛있는 분식집을 알아. '또와 분식집'이라는 곳인데, 여기서 조금만 더 가면 돼."

나는 기대를 가득 안고 수정이를 따라 걷기 시작했다. 배가 많이 고팠지만 조금만 더 가면 된다고 하니 참을 수 있다고 생각했다. 그런데 아무리 걷고 또 걸어도 그 분식집은 나오지 않았다.

㉠"수정아, 조금만 더 가면 된다며? 얼마나 더 가야 하는 거야."

㉡"이제 거의 다 왔어."

나는 한 번 더 참아 보기로 했다. 그런데 십 분을 더 걸었는데도 분식집은 보이지 않았다.

"수정아, 나 정말 배가 너무 고파."

나는 참지 못하고 수정이에게 짜증을 냈다. 수정이는 미안하다며 살짝 웃었고 나는 하는 수 없이 수정이를 따라 계속 걸어갔다. 오 분을 더 걷자 수정이가 손가락으로 어딘가를 가리켰다.

"저기 보이는 저 분식집이야."

드디어 눈앞에 수정이가 말한 '또와 분식집'이 나타났다. 분식집에 들어가니 매콤달콤한 냄새가 콧속으로 스며들었다. 나는 고민하다가 떡볶이 3인분을 주문했다. 사장님께서 주문 후 떡볶이가 나오기까지 5분이 걸린다고 하셨다. 떡볶이를 기다리는 동안 배에서 자꾸 꼬르륵 소리가 나서 물만 연신 두 컵을 마셨다. 컵에 새로 물을 따르고 있을 때 떡볶이가 나왔다. 나는 모락모락 김이 나는 떡볶이를 입으로 밀어 넣었다. 떡볶이는 수정이가 말한 대로 정말 맛이 있었다. 그런데 찬물을 급하게 먹어서인지 갑자기 배가 아파오기 시작했다. 나는 결국 떡볶이를 몇 개 먹지도 못하고 배를 움켜쥔 채 집으로 향해야 했다.

4 이 글에 대한 설명으로 알맞은 것은 무엇인가요?

① '또와 분식집'의 문에는 쪽지가 붙어 있었다.

② '나'는 수정이를 '또와 분식집'으로 데려갔다.

③ 수정이는 '또와 분식집'의 위치를 알지 못했다.

④ '나'와 수정이는 '맛나 분식집'에서 떡볶이를 먹었다.

⑤ '나'는 학교 수업을 마치고 수정이와 떡볶이를 먹기로 하였다.

5 '나'와 수정이가 '맛나 분식집'의 주인이 돌아오는 시간을 알 수 없었던 까닭은 무엇인가요?

① 주인이 쪽지를 붙인 시간을 잘못 알려 주어서

② 한 시간을 기다렸는데도 주인이 돌아오지 않아서

③ 주인이 몇 시간 후에 돌아올 것인지 알려 주지 않아서

④ '맛나 분식집'의 주인은 원래 시간 약속을 잘 지키지 않아서

⑤ 쪽지에 써 있는 '한 시간 후'가 언제부터 한 시간 후인지 알 수 없어서

6 '나'가 밑줄 친 ⊙처럼 말한 까닭은 무엇인가요?

① '또와 분식집'에 가고 싶지 않아서

② '또와 분식집'에 손님이 너무 많아서

③ 주문한 떡볶이가 나오는 시간이 너무 오래 걸려서

④ 수정이가 이야기한 '또와 분식집'의 문이 굳게 잠겨 있어서

⑤ '조금만 더' 가면 된다고 하였는데 아무리 걸어도 '또와 분식집'이 나오지 않아서

7 밑줄 친 ⓒ을 오해가 생기지 않도록 바르게 고친 것은 무엇인가요?

① 이제 곧 도착해.

② 어느 정도만 걸으면 돼.

③ 이제 조금만 더 가면 돼.

④ 아직 상당히 더 걸어야 해.

⑤ 앞으로 십오 분만 더 걸으면 돼.

8 '나'가 '또와 분식집'에서 떡볶이를 몇 개 먹지 못한 까닭은 무엇인가요?

① 떡볶이가 맛이 없어서

② 떡볶이의 양이 너무 적어서

③ 물을 많이 먹어 배가 불러서

④ '나'는 떡볶이를 좋아하지 않아서

⑤ 찬물을 급하게 마셔서인지 배가 아파서

9 다음 대화에서 알맞지 <u>않은</u> 말을 한 친구는 누구인지 이름을 써 보세요.

> 하은: '조금만 더', '거의 다'는 기준이 분명하지 않아서 사람에 따라 다르게 해석될 수 있어.
>
> 지안: 사람에 따라 다르게 해석될 수 있는 표현을 사용하면 서로 오해가 생길 수 있어.
>
> 건우: '냄비에 물을 적당히 넣으세요.'라는 문장에서 '적당히'는 기준이 명확하지 않은 표현이야.
>
> 준우: '국이 싱거우면 소금을 약간 넣으세요.'라는 문장에서 '약간'은 사람에 따라서 다르게 해석되지 않아.

(   )

재미있는 **낱말 놀이터**

'-장'이 붙은 낱말들

🍎 다음 그림이 표현하는 낱말들을 비슷한 뜻을 가진 것끼리 나누어 보려고 합니다. 주어진 기준에 따라 낱말들을 분류하여 빈칸에 알맞게 써 보세요.

학교장

운동장

수영장

노인장

공장장

주인장

'장소'의 뜻을 가진 낱말들	'어른'의 뜻을 가진 낱말들	'책임자', '우두머리'의 뜻을 가진 낱말들

 그럴까?

'-장'으로 끝나는 낱말은 '장소'의 뜻과 '어른'의 뜻, '책임자', 우두머리'의 뜻을 가진 것 등이 있습니다. 주어진 그림을 참고하고, 낱말을 사용했던 경험을 떠올려 기준에 맞게 낱말을 분류해 보세요.

9 표현의 적절성 평가하기 ❺

거짓되거나 과장된
표현의 문제점 알기

여러 가지 의미로 해석
되는 표현의 문제점 알기

의미가 불분명한
표현의 문제점 알기

광고와 글에 사용된
표현의 적절성 평가하기

공부한 날 | 월 | 일

 정리 다음 설명 중 옳은 것을 모두 찾아 ○표 하세요.

'친척들이 다 오지 않았다.'는 두 가지 뜻으로 해석될 수 있다.

'소금을 조금 넣으세요.'는 기준이 분명하지 않은 표현이다.

'모든 병을 고칠 수 있는 약'이라는 광고는 사실을 지나치게 부풀린 것이다.

글을 읽을 때에는 적절한 표현이 사용되었는지 평가하며 읽어야 한다.

광고를 볼 때는 사실이 아닌 것을 사실처럼 표현한 부분이 있는지 살펴야 한다.

여러 가지 의미로 해석되는 표현을 사용해도 오해가 생기지는 않는다.

제품을 광고할 때에는 사실이 아닌 표현을 사용해도 된다.

여러 가지 의미로 해석되는 표현을 사용하여 광고의 효과를 높이는 경우도 있다.

의미가 불분명한 표현을 사용하면 의사소통에 문제가 생길 수 있다.

다음 글을 읽고 물음에 답해 봅시다.

가

펼치는 순간 알 수 있어요.
모두가 인정한 학습지
당신을 일등으로 만들어 주는 학습지

일등 학습지

나 시금치나물을 만드는 방법을 알려드리겠습니다. 먼저 시금치의 시든 잎을 떼고 뿌리와 줄기에 묻은 흙을 손질한 후, 흐르는 물에 씻습니다. 그다음 냄비에 물을 알맞게 넣고, 소금을 <u>약간</u> 넣습니다. 물이 끓으면 다듬어 놓은 시금치를 넣고 <u>적당히</u> 데쳐 줍니다. 찬물에 헹궈 물기를 짠 시금치에 다진 마늘, 참기름, 깨소금, 소금을 <u>충분히</u> 넣고 양념이 잘 베도록 무치면 시금치나물이 완성됩니다.

다 정연이는 눈을 비비며 거실로 나왔다. 어머니께서 정연이를 꼭 안아 주며 말씀하셨다.

"일어났니? 생일 축하한다. 이따가 맛있는 음식 해 줄게. ㉠<u>오늘 주호랑 소정이 만나러 간다면서?</u>"

정연이는 고개를 끄덕이고는 슬쩍 오빠의 방을 쳐다보았다. 오빠가 일어날 시간이 지났는데 이상하게 조용했다. 정연이는 오빠의 방문을 열어 보았다. ㉡<u>오빠는 스마트폰을 들여다보며 자판을 두드리고 있었다.</u>

"오빠, 아침부터 게임하는 거야? 내 생일인데 축하도 안 해 줘?"

"어, 어⋯⋯. 정연이 일어났구나."

오빠는 당황하며 스마트폰 화면을 껐다. 정연이는 오빠 방을 재빨리 둘러보았다. 어디에도 포장된 선물 상자는 보이지 않았다.

㉢<u>"오빠는 나보다 게임을 더 좋아해."</u>

정연이는 오빠를 노려보다가 휙 고개를 돌려 자기 방으로 들어갔다. 매년 오빠는 정연이가 깜짝 놀랄 선물을 준비해 주었는데 이번에는 까먹은 게 틀림없었다.

정연이는 옷을 차려입고 친구들과 약속한 놀이터로 나갔다. 주호와 소정이가 먼저 나와서 기다리고 있었다. 친구들이 즐겁게 인사했지만 정연이는 웃음이 나오지 않았다.

"생일인데 기분이 안 좋아 보이네."

주호가 정연이에게 말했다. 정연이는 괜히 화난 티를 냈나 싶어 친구들에게 미안해졌다. 친구들은 웃으며 눈빛을 주고받더니 커다란 선물 상자를 내밀었다.

"오늘 우리는 선물 배달원이야. ㉣<u>다정한 너의 오빠가 대신 전해 주라고 하셨어.</u> 오늘 아침부터 깜짝 선물 들키지 않게 잘 배달해 달라고 어찌나 메시지를 보내던지.”

정연이는 아침부터 오빠가 스마트폰을 들여다보던 이유를 알게 되었다. 서운한 마음이 눈 녹듯이 사라지고 행복한 마음이 가득 차올랐다.

1 **가**에 대한 설명으로 알맞은 것은 무엇인가요?

① 일등 학습지의 사용 방법을 소개하는 글이다.
② 일등 학습지를 사용한 경험을 이야기하는 글이다.
③ 일등 학습지를 소비자에게 알리기 위한 광고이다.
④ 일등 학습지를 친구에게 추천하기 위한 편지글이다.
⑤ 일등 학습지의 장점과 단점을 자세히 설명하는 글이다.

2 **가**를 적절하게 평가한 것은 무엇인가요?

① 이름이 ‘일등 학습지’이니 일등으로 만들어 주는 학습지라고 믿을 수 있겠어.
② 일등 단상에 서 있는 학생의 모습을 보니 이 학습지가 정말 좋은 것이라는 믿음이 생겼어.
③ ‘당신을 일등으로 만들어 준다.’고 했으니까 이 학습지로 공부를 하면 무조건 반에서 일등을 할 수 있을 거야.
④ ‘펼치는 순간 알 수 있다.’고 했으니 나도 이 학습지를 펼치는 순간 이 학습지에 담긴 내용을 모두 알 수 있을 거야.
⑤ 일부 사람에게 인정받았을 수는 있어도 ‘모두’에게 인정받을 수는 없어. ‘모두가 인정한 학습지’라는 표현은 사실보다 부풀린 표현이야.

3 글 **나**에서 밑줄 친 표현들이 공통으로 가진 문제점은 무엇인가요?

① 사실이 아닌 것을 사실처럼 꾸몄다.
② 서로 다른 여러 가지 뜻을 가지고 있다.
③ 사실보다 지나치게 부풀려서 나타냈다.
④ 낱말의 의미가 분명하지 않아 정확하게 해석되지 않는다.
⑤ 어려운 내용을 간단하고 쉬운 낱말로 풀어서 설명하였다.

4 글 **다**에서 정연이의 기분이 좋지 않았던 까닭으로 알맞은 것에 ○표 하세요.

엄마가 생일날 맛있는 음식을 해 주시지 않아서	아빠가 스마트폰을 사 주기로 한 약속을 지키지 않아서	오빠가 정연이의 생일 선물 준비를 잊은 것 같아서
( )	( )	( )

5 글 **다** 에서 밑줄 친 ㉠~㉣의 표현에 대하여 <u>잘못</u> 평가한 친구의 이름을 써 보세요.

> 준우: ㉠에서는 정연이가 주호와 함께 소정이를 만나러 가는 것인지, 정연이 혼자 주호와 소정이를 만나러 가는 것인지 알 수 없어.
>
> 하은: ㉡에서는 오빠가 들여다보는 것이 무엇인지 또 오빠가 무엇을 두드리는지 알 수 없어.
>
> 지안: ㉢에서는 정연이가 게임을 좋아하는 것보다 오빠가 게임을 더 좋아한다는 것인지, 오빠가 정연이를 좋아하는 것보다 게임을 더 좋아한다는 것인지 알 수 없어.
>
> 건우: ㉣에서는 '다정한' 사람이 정연이인지 정연이의 오빠인지 알 수 없어.

(   )

재미있는 낱말 놀이터 / 우리말 낱말의 결합 순서

🌱 두 개의 낱말을 합쳐서 하나의 낱말을 만들 때 일정한 순서가 있습니다. 다음 낱말 중 알맞은 것에 ○표 하고, 어떤 순서에 따라 결합된 것인지 구분하여 빈칸에 알맞은 낱말을 써 보세요.

방에는 장난감이 (여기저기 / 저기여기) 흩어져 있었다.

아파트에서 강아지를 키워도 되는지에 관한 (찬반 / 반찬) 토론을 하였다.

가을에는 (아침저녁 / 저녁아침)으로 시원한 바람이 분다.

긍정+부정	가까움+멂	앞+뒤

왜 그럴까?

우리말은 두 개의 낱말을 합쳐서 하나의 낱말을 만들 때 일정한 순서가 있습니다. 긍정적인 것과 부정적인 것이 결합될 경우에는 '긍정+부정'의 순서로 결합되며 다른 예로는 '상벌'이 있습니다. 가까운 것과 먼 것이 결합될 경우에는 '가까움+멂'의 순서로 결합되며 다른 예로는 '이곳저곳'이 있습니다. 또 시간상으로 앞과 뒤의 상황이 결합될 경우에는 '앞+뒤'의 순서로 결합되는데 다른 예로는 '어제오늘'이 있습니다.

10 작품에 반영된 가치 이해하기 ①

| 인물의 말과 행동, 생각에 담긴 의미 이해하기 | 인물의 가치관과 작품에 반영된 가치 파악하기 | 작품에 담긴 가치를 실생활에 적용하기 | 공부한 날 | 월 | 일 |

너, 행복한 왕자 이야기 알아?

알지, 가난한 사람들을 위해 자기 몸에 있는 보석을 다 떼어 주고 초라해지는 왕자 동상 이야기잖아.

왕자를 도와 보석을 사람들에게 나눠 주던 제비도 왕자의 곁에서 죽고 말지.

천사는 죽은 제비와 왕자의 심장을 세상에서 가장 아름다운 보물이라고 했어.

맞아. 남을 위해 아낌없이 자신을 희생한 왕자의 모습이 정말 아름답지 않니?

응, 왕자를 도와 나눔을 실천한 제비도 정말 멋져.

그렇지? 나도 나누지 못하고 나만 알고 살진 않았나 반성했어.

나도 그래. 오래 전에 지어진 작품인데도 그 속에 담긴 가치는 지금도 아주 소중한 것 같아.

우리도 희생과 나눔이라는 가치를 항상 마음에 간직하면서 지내자!

좋아!

그런 의미에서, 나에게 네 햄버거를 반만 나눠 줄래?

으이구, 어쩐지……

작품에는 다양한 가치가 반영되어 있습니다. 작품 속 가치는 서술을 통해 직접적으로 드러나기도 하지만, 등장인물을 통해 드러나기도 합니다. 이런 경우 등장인물의 가치관이 작품에 반영된 가치와 밀접한 관련이 있는 경우가 많습니다. 물론 등장인물의 가치관이 항상 옳은 것은 아니며, 작품 속 가치와 항상 일치하는 것은 아닙니다. 하지만 등장인물의 가치관을 통해 이 글에서 중요하게 다루는 가치가 무엇인지를 이끌어 낼 수 있습니다. 따라서 인물의 말과 행동, 생각에서 나타나는 가치관을 파악하면 작품에 반영된 가치를 파악하는 데 도움이 됩니다.

그럼 이제 작품에 반영된 가치를 생각하며 글을 읽어 볼까요?

다음 이야기를 읽고 물음에 답해 봅시다.

동대문 맞은편 길가에 앉아서 방망이를 깎아 파는 노인이 있었다. 방망이를 한 벌 사 가지고 가려고 방망이를 깎아 달라고 부탁을 했다. 값을 굉장히 비싸게 부르는 것 같았다.

값을 흥정하지도 못하고 잘 깎아나 달라고만 부탁하였다. 그는 잠자코 열심히 깎고 있었다. 처음에는 빨리 깎는 것 같더니, 날이 저물도록 이리 돌려 보고 저리 돌려 보고 굼뜨기 시작하더니, 마냥 늑장이다. 내가 보기에는 그만하면 다 되었는데, 자꾸만 더 깎고 있었다.

인제 다 되었으니 그냥 달라고 해도 통 못 들은 척 대꾸가 없다. 타야 할 차 시간이 빠듯해 왔다. ㉠<u>갑갑하고 지루하고 초조할 지경이었다.</u>

"더 깎지 않아도 좋으니 그만 주십시오."라고 하였더니, 화를 버럭 내며, ㉡<u>"끓을 만큼 끓어야 밥이 되지, 생쌀이 재촉한다고 밥이 되나?"</u> 한다. 나도 기가 막혀서, "살 사람이 좋다는데 무엇을 더 깎는다는 말이오? 노인장, 외고집이시구먼, 기다릴 시간이 없다니까요."라고 말하였다. 노인은 퉁명스럽게, "다른 데 가서 사우. 난 안 팔겠소." 하고 내뱉는다. 지금까지 기다리고 있다가 그냥 갈 수도 없고, 차 시간은 어차피 틀린 것 같고 해서, 될 대로 되라고 체념할 수밖에 없었다.

"그럼 마음대로 깎아 보시오."

"글쎄, 재촉을 하면 점점 거칠고 늦어진다니까. 물건이란 제대로 만들어야지. 깎다가 놓치면 되나."

- 윤오영, 『방망이 깎던 노인』 중에서

1 '나'가 밑줄 친 ㉠처럼 느낀 까닭은 무엇인가요?

① '나'는 깎다가 만 방망이를 더 좋아해서
② 노인이 깎은 방망이가 마음에 들지 않아서
③ 노인이 '나'에게 방망이 값을 깎아 주지 않아서
④ 노인이 '나'에게 방망이를 팔지 않겠다고 말해서
⑤ 차를 탈 시간이 빠듯해 왔는데 노인이 방망이를 자꾸 더 깎아서

2 밑줄 친 ㉡을 통해 알 수 있는 노인이 추구하는 가치를 정리하려고 할 때, 빈칸에 들어갈 낱말을 보기 에서 찾아 알맞게 써 보세요.

방망이 깎는 것을 밥 짓는 것에 비유하여 충분한 (   )와/과 정성을 들여야만 제대로 된 물건을 만들어 낼 수 있음을 이야기한 것이다. 노인은 일을 (   )하며 조급하게 처리하려는 태도를 비판하며, 조금 느리더라도 제대로 하는 것이 중요하다는 뜻을 전하고 있다.

| 보기 | 시간 | 재촉 | 열심 | 성찰 |

할아버지께서는 참대나무를 가늘게 쪼개 곱게 다듬은 뒤, 닥나무로 만든 한지에 풀을 발라 연을 만드셨습니다. 그때마다 할아버지께서는 연머리에 꼭 태극무늬를 그려 넣으셨습니다.

"연에는 우리 민족의 혼이 깃들어 있단다. 그렇기 때문에 일본 사람들이 우리 땅을 빼앗은 뒤, 우리나라 사람들이 연날리기를 하는 것을 방해했지."

할아버지께서는 연 만드는 것을 구경하러 온 사람들에게도 성이에게처럼 똑같은 말씀을 해 주셨습니다. 그리고 연을 날리는 방법도 친절하게 가르쳐 주셨습니다.

할아버지께서는 연줄을 감는 얼레도 올해 들어 벌써 세 개나 만드셨습니다. 석류나무와 벚나무를 구하여, 설주가 네 개인 얼레를 정성들여 만드셨습니다.

가을이 깊어지자, 감나무는 불그스레 물든 잎을 우수수 떨어뜨렸습니다. 은행나무도 노란 외투를 벗어 버렸습니다.

"성이야, 이제 머지않아 첫눈이 내리겠구나. 내일은 나와 함께 연을 날리러 가지 않으련?"

할아버지께서는 저녁을 잡수시고 나서 이런 말씀을 하셨습니다.

이튿날, 성이는 학교에서 돌아와 할아버지와 함께 바다가 보이는 언덕 위로 올라갔습니다.

할아버지께서는 '통일 염원'이라는 글씨가 쓰인 방패연을 올리시고, 성이는 태극무늬가 선명한 가오리연을 날렸습니다. 두 마리의 종이새는 바닷바람에 멱을 감으며 푸른 하늘 높이 치솟아 올랐습니다. 차가운 바닷바람이 코끝을 시리게 하였지만, 연줄로 전해지는 종이새의 숨결은 추위마저도 잊게 해 주었습니다.

"성이야, 춥지 않니?"

"아뇨. 하늘 높이 연을 띄우면 제 마음도 연이 되어 날고 있는 것 같아요."

"암, 그렇고말고! 이 할아버지가 너만했던 시절엔 온 동네 사람들이 하얗게 모여 겨울이 다 가도록 연을 날렸지."

할아버지께서는 한동안 아무 말 없이 연을 향해 시린 눈길을 주셨습니다. 북쪽에 있는 고향이 문득 생각나신 것입니다. 할아버지의 고향은 황해도 장연이라는 곳입니다.

"우리 마을은 전국에서도 연날리기가 가장 성하던 곳이었지. 겨울철만 되면 한복을 입은 동네 남자들이 어른 아이 할 것 없이 연을 날리곤 했었으니까……."

- 박상재, 「연 할아버지」 중에서

3 이 글의 시간적 배경은 언제인가요?

① 봄　　　　② 초여름　　　　③ 늦가을　　　　④ 한겨울　　　　⑤ 장마 기간

4 일본 사람들이 우리 땅을 빼앗은 뒤, 우리나라 사람들의 연날리기를 방해한 까닭은 무엇인가요?

① 연날리기가 일본의 전통 문화라서　　　② 연에는 우리 민족의 혼이 깃들어 있어서
③ 연을 만드는 데 시간과 돈이 많이 들어서　　④ 일본에서는 연날리기가 금지되어 있어서
⑤ 연날리기를 하다가 싸우는 일이 많아져서

5 할아버지께서 말 없이 연을 향해 시린 눈길을 주신 까닭은 무엇인가요?

① 북쪽에 있는 고향 생각이 나서
② 연 날리는 법이 생각나지 않아서
③ 연을 멋지게 만드는 방법이 생각나서
④ 연을 많이 만들어 부자가 되고 싶다는 생각이 들어서
⑤ 사람들에게 연 만드는 방법을 알려 주어야겠다는 생각이 들어서

6 이 글에 대한 설명으로 바른 것에 ○표 하세요.

(1) 사람들에게 연을 나누어 주는 할아버지의 모습을 통해 '나눔'이라는 가치를 지키려는 삶의 모습을 글에 담고 있어. ……………………………………………………………………( )
(2) 연에 '통일 염원'이라고 쓰며 북쪽 고향을 그리워하는 할아버지의 모습을 통해 '통일'이라는 가치를 추구하는 삶의 모습을 드러내고 있어. …………………………………………( )

재미있는 낱말 놀이터 잘못 쓰기 쉬운 말

🍎 다음 괄호 안의 말 중 올바른 표현에 ○표 하세요.

동생은 무언가 못마땅한지 자꾸 (구시렁거렸다 / 궁시렁거렸다).

그 아이는 배가 고픈지 밥을 입에 허겁지겁 (우겨넣었다 / 욱여넣었다).

그 공연에는 (내노라하는 / 내로라하는) 연주자들이 모두 모였다.

왜 그럴까?

평소에 많이 사용하지만 헷갈려서 잘못 쓰기 쉬운 말들이 있습니다. 바른 표현을 알아 두고 실생활에서 알맞게 사용하도록 합시다.

읽기 목표
10 작품에 반영된 가치 이해하기 ❷

인물의 말과 행동, 생각에
담긴 의미 이해하기

인물의 가치관과 작품에
반영된 가치 파악하기

작품에 담긴 가치를
실생활에 적용하기

공부한 날 | 월 | 일

 다음 이야기를 읽고 물음에 답해 봅시다.

방으로 들어간 군수는 ⊙양반과 마주 앉았다. 군수는 양반의 기워 입은 옷과 찌그러진 탕건, 땟국이 줄줄 흐르는 이불을 물끄러미 바라보았다. 양반이 가난하다는 것은 들어 알고 있었지만 이 정도일 줄은 상상도 하지 못했다.

"대접할 것이 없어 송구스럽습니다."

'오로지 글만 읽고 사는 선비로구나.'

군수는 양반의 손때가 묻어 반질반질해진 책들을 보며 속으로 중얼거렸다.

"요즈음 한양은 어떻습니까? 한양에 사시는 양반님네들은 다 훌륭하시지요?"

양반이 묻자 군수가 손을 내저었다.

"그런 말씀 마십시오. 한양에 사는 양반 중에도 가난을 견디다 못해 양반 신분을 파는 사람이 있다고 합니다. 그런 일은 촌에서만 벌어지는 줄 알았는데 말입니다. 이제는 누가 진짜 양반이고 누가 가짜 양반인지 가리기도 힘들 지경이라고 합니다."

군수의 말에 양반이 눈을 동그랗게 떴다.

ⓛ"이런, 그깟 돈에 양반의 자존심을 팔다니요! 정말 부끄러운 일이군요."

- 박지원 원작, 구민애 글, 『양반전 외 - 양반의 위선을 조롱하다-』 중에서

1 이 글에서 밑줄 친 ⊙에 대해 알 수 있는 사실로 알맞은 것은 무엇인가요?

① 학식이 높고 부유하다.
② 부유하지만 아는 것이 없다.
③ 재물이 많지만 건강하지 않다.
④ 형편이 어려워 신분을 팔려고 한다.
⑤ 오로지 글만 읽고 살며 형편이 몹시 어렵다.

2 밑줄 친 ⓛ을 통해 알 수 있는 양반의 생각은 무엇인가요?

① 양반 신분을 팔 때는 많은 돈을 받아야 한다.
② 형편이 어려워도 양반의 자존심을 지켜야 한다.
③ 양반의 자존심을 지키며 살면 가난해지지 않는다.
④ 양반의 자존심보다는 먹고사는 문제가 더 중요하다.
⑤ 양반의 자존심보다는 글을 읽고 학식을 쌓는 것이 중요하다.

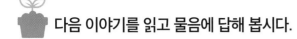
다음 이야기를 읽고 물음에 답해 봅시다.

가 덕줏골은 아주 산골 동네입니다. 몇 년 전만 해도 덕줏골에는 여남은 집이 살았는데 모두들 떠나고, 지금은 호야네, 순주네, 창수네 이렇게 세 집만 남아서 살고 있습니다.

덕줏골은 너무 산골이기 때문에 아이들 공부를 위해서는 도시로 가야 한다고 떠나고, 이 곳에 백날을 살아 봤자 희망이 없다고 하면서 떠나고, 이제 세 집만 남았으니, 동네라고 하기조차 어렵게 되었습니다.

나 호야는 두 손을 나팔처럼 입에 대고
"순주야."
하고 순주네 집을 향해 소리쳤습니다.
"왜 그래?"
순주는 기다렸다는 듯이 곧바로 대답을 했습니다.
"우리 집에 와서 감자 먹어!"
"알았어."
호야는 몸을 창수네 집 쪽으로 돌려 순주를 부를 때처럼 소리쳤습니다. 창수도 반가운 목소리로 대답했습니다.

다 한참 맛있게 먹느라고 정신이 없는데,
"여기, 말씀 좀 여쭤 보겠습니다."
하는 굵은 목소리가 들려와 모두 깜짝 놀라 낯선 사람을 쳐다보았습니다. 마당에는 등산복 차림을 한 청년 두 사람이 우뚝 서 있었습니다.
"이 근처에 동굴이 있다는 소문을 듣고 찾아왔는데, 혹시 아시는지요?"
"네, 천동굴 말입니까?"
"네, 그 굴이 좋다면서요?"
"좋다마다요."
"아저씨, 저희들을 좀 안내해 주세요. 수고비는 드릴 테니까요."
"수고비는 필요 없습니다. 안내해 드릴 테니 우선 쉬면서 감자나 하나 잡수시지요."
"고맙습니다."
호야 아버지께서는 멍석을 따로 갖다가 그늘에 펴서 청년들을 앉도록 하셨습니다. 호야 어머니께서는 감자와 옥수수를 듬뿍 담아 내오셨습니다. 청년들은 산을 오르느라고 배가 고팠던지 아주 맛있게 먹었습니다.
"애, 호야야, 골짜기에 가서 물에 담가 놓은 참외와 수박을 건져 오너라."
호야는 친구들과 함께 참외와 수박을 가져왔습니다. 호야 어머니께서는 속살이 벌겋게 익은 수박을 큼직큼직하게 썰고, 퍼런 줄이 죽죽 간 개구리참외는 통째로 깎아 하나씩 나누어 주셨습니다. 사양을 하는 청년들에게도 인심 좋게 권하셨습니다.
모두들 즐겁고 맛있게 먹어 배가 부를 대로 불렀습니다. 호야와 순주, 창수는 러닝 셔츠를 걷어올리고 부른 배를 손바닥으로 쓸기도 하고 팡팡 때리기도 했습니다.

"얘들아, 그러다가 맹꽁이 되겠다."

호야 어머니께서 웃으며 말씀하셨습니다. 배가 부른 세 아이는 즐겁기만 하였습니다.

두 청년이 일어섰습니다. 한 청년이 천 원짜리 석 장을 꺼내서 호야 어머니께 내밀었습니다.

"돈을 바라고 드린 것이 아니에요. 이 산속에 찾아오신 손님을 대접하고 돈을 받으면 되겠어요? 그것도 먹던 것을 드렸는데요."

"저희도 값을 따져서 드리는 것이 아니라 인심이 하도 좋아서 감사한 마음으로 드리는 거니까 받아 주세요."

- 박상규, 『고향을 지키는 아이들』 중에서

3 글 **가** ~ **다** 를 읽고 알 수 있는 내용으로 알맞은 것은 무엇인가요?

① 덕줏골에는 여남은 집이 살고 있다.

② 호야네는 몇 년 전에 도시로 이사를 왔다.

③ 덕줏골에는 호야네, 순주네, 창수네만 살고 있다.

④ 사람들은 아이들 공부를 위해 덕줏골로 이사를 왔다.

⑤ 등산복 차림의 두 청년은 감자를 먹기 위해 덕줏골에 왔다.

4 두 청년이 호야의 아버지에게 부탁한 것은 무엇인가요?

① 천 원짜리 석 장을 빌려주는 것   ② 도시로 돌아가는 길을 알려 주는 것

③ 천동굴에 가는 길을 안내해 주는 것   ④ 하룻밤 묵어갈 방을 제공해 주는 것

⑤ 골짜기에 담가 놓은 참외와 수박을 나누어 먹는 것

5 두 청년은 호야의 부모님에게 어떻게 감사의 뜻을 전했나요?

① 호야에게 용돈을 주었다.   ② 천 원짜리 석 장을 주었다.

③ 큼직하게 썬 수박을 건네주었다.   ④ 밭에서 농사일을 거들어 주었다.

⑤ 등산을 위해 챙겨 온 음식을 나누어 주었다.

6 이 글을 통해 알 수 있는 호야 부모님의 성격으로 가장 알맞은 것은 무엇인가요?

① 몹시 욕심이 많다.   ② 게으르고 이기적이다.

③ 다른 사람을 무시한다.   ④ 인심이 좋고 잘 베푼다.

⑤ 화를 잘 내고 예민하다.

7 이 글의 등장인물들이 추구하는 가치를 선으로 바르게 이어 보세요.

| 호야 부모님 • | | • 친절한 대접을 받은 후에는 감사한 마음을 전해야 한다. |
| 두 청년 • | | • 이웃과 따뜻한 인심을 나누며 살아야 한다. |

재미있는 낱말 놀이터 — 뜻이 서로 비슷한 속담과 한자 성어

🍎 다음 속담과 비슷한 뜻을 가진 한자 성어를 선으로 바르게 이어 보세요.

외손뼉이 소리 날까

쇠귀에 경 읽기

• 고장난명(孤掌難鳴)

• 우이독경(牛耳讀經)

왜 그럴까?

'외손뼉이 소리 날까'라는 속담은 두 손뼉이 마주쳐야 소리가 나지 외손뼉만으로는 소리가 나지 아니한다는 뜻으로, 일은 상대가 같이 응하여야지 혼자서만 해서는 잘되는 것이 아님을 비유적으로 이르는 말입니다. '쇠 귀에 경 읽기'라는 속담은 소의 귀에 대고 경을 읽어 봐야 단 한 마디도 알아듣지 못한다는 뜻으로, 아무리 가르치고 일러 주어도 알아듣지 못하거나 효과가 없는 경우를 이르는 말입니다. 따라서 '외손뼉이 소리 날까'라는 속담은 '맞서는 사람이 없으면 싸움이 일어나지 아니함을 이르는 말'인 '고장난명(孤掌難鳴)'과 비슷한 뜻을, '쇠귀에 경 읽기'라는 속담은 '아무리 가르치고 일러 주어도 알아듣지 못함을 이르는 말'인 '우이독경(牛耳讀經)'과 비슷한 뜻을 가진 것으로 볼 수 있습니다.

10 작품에 반영된 가치 이해하기 ❸

인물의 말과 행동, 생각에
담긴 의미 이해하기

인물의 가치관과 작품에
반영된 가치 파악하기

작품에 담긴 가치를
실생활에 적용하기

공부한 날 ___월 ___일

 다음 이야기를 읽고 물음에 답해 봅시다.

작은 꿀벌 한 마리가 이곳저곳을 바쁘게 날아다니고 있었어요.

워셔블은 풀밭에 앉아서 그 꿀벌을 쳐다보면서 조심스럽게 말했어요.

"저기 있잖아……. 한 가지 물어보고 싶은 게 있는데……."

하지만 꿀벌은 "시간 없어, 시간 없어!"라고 말하면서 또다시 급하게 바로 옆에 있는 꽃으로 날아갔어요.

"넌 왜 사는지 혹시 알고 있니?"라고 워셔블이 물었어요.

"물론이지! 그런 것쯤이야 애벌레 때부터 알고 있었는걸. 부지런히 움직이고, 꿀을 모으고, 벌집을 만들기 위해서 사는 거야."

"부지런히 움직인다고? 그거 어떻게 하는 건데?"

"부지런하다는 것은 그냥 부지런하다는 거야. 항상 뭔가를 하고 있는 거지. 언제나 열심히 일하는 거야. 절대로 게으름 피우지 않는 거지. 그게 어떤 건지 모른단 말이야?"

"아니, 난 그런 거 몰라."

워셔블이 말했어요.

– 미하엘 엔데 글, 유혜자 옮김, 『곰돌이 워셔블의 여행』 중에서

1 워셔블이 꿀벌에게 물어보고 싶은 것은 무엇인지 알맞은 것에 ○표 하세요.

(1) 꿀벌이 사는 까닭 ……………………………………………………………………………… (　　　)
(2) 꿀벌이 항상 무언가를 하고 있는 까닭 ……………………………………………………… (　　　)

2 **1**에 대한 꿀벌의 대답으로 알맞은 것은 무엇인가요?

① 자신의 아름다움을 뽐내기 위해서
② 날아다니며 세상의 모든 것을 맛보기 위해서
③ 사랑하는 친구들과 즐거운 일들을 함께하기 위해서
④ 모임, 클럽, 위원회, 정당 같은 단체를 만들기 위해서
⑤ 부지런히 움직이고, 꿀을 모으고, 벌집을 만들기 위해서

워셔블은 나무가 점점 더 울창하고, 더 어두운 깊숙한 곳으로 계속 들어갔어요. 넝쿨 식물들이 높은 곳에서 가지를 뻗고 내려와서 길을 막고 있었어요. 밀림이었거든요.

워셔블은 나무 위를 쳐다보았어요. 높은 나뭇가지 위에 원숭이들이 떼를 짓고 모여 신나게 떠들고 있었어요.

원숭이들은 워셔블을 보자 갑자기 아무 말도 하지 않았어요. 대장 원숭이가 나무 밑으로 내려와서 워셔블 앞에 떡 버티고 섰어요.

"여기서 뭘 찾고 있는 거야?"

대장 원숭이가 그렇게 말하며 이빨을 허옇게 드러내어 보였어요.

"방해할 생각은 없었어요. 저는 다만 제가 왜 사는지 말해 줄 수 있는 누군가를 찾고 있는 중이었어요."

워셔블이 공손히 말했어요.

원숭이들이 웅성대기 시작했어요.

"왜 사는지 알고 싶대. 왜 사는지 알고 싶대……."

"조용히 해!"라고 대장 원숭이가 고함을 친 다음 혀로 이빨을 핥았어요.

주위가 조용해지자 대장 원숭이가 다시 입을 열었어요.

"세상을 사는 유일한 목적은 모임이나, 클럽이나, 위원회라든가, 정당 같은 단체를 만들기 위해서야. 우리는 언제나 그렇게 하고 있거든."

"왜 그래야 하나요?"

워셔블이 물었어요.

"하나가 명령을 내리면 다른 것들은 그것을 따라야 해. 그렇게 하지 않으면 모두 엉망진창이 되어 버리고 말거든. 함께 사는 사회에서는 자신의 가치를 알기 위해서 자기 위에 누가 있고, 밑에는 누가 있는지 정확히 알아야 해. 그렇게 하지 않으면 아무것도 안 되지. 넌 우리가 내리는 명령에 복종할 수 있겠어?"

"아니, 전 그런 거 못 해요."

"그렇다면 넌 우리와 함께 살 수 없어!"

대장 원숭이가 그렇게 소리치자 그때부터 다른 원숭이들은 닥치는 대로 아무 물건이나 워셔블에게 던지기 시작했어요.

워셔블은 너무 놀라서 뒤뚱거리다가 황급히 달아났어요.

그러다가 옆구리가 아파서 걸음을 멈추고 주변을 살펴보니 눈앞에 가시덤불이 보였어요. 그런데 그 가시덤불 안쪽의 나뭇가지에는 비단실로 만들어진 ㉠작고 눈부신 주머니가 매달려 있었어요.

워셔블은 가만히 주머니를 쳐다봤어요. 바로 그때였어요. 그 주머니가 터지더니 나비 한 마리가 화려하고 아름다운 빛깔의 날개를 펼쳐 보이는 것이었어요.

"오! 정말 멋있다! 어떻게 그렇게 할 수 있지?"

워셔블이 감탄하며 말했어요.

"난 그냥 한 거야."

나비가 속삭였어요.

"맨 처음에 난 알이었어. 그러다가 애벌레가 되었고, 그다음에 번데기로 변했다가 이제 이렇게 나비가 된 거야. 우리는 항상 더 나은 존재로 발전하기 위해서 살거든. 넌 더 발전할 수 없니?"

"아니, 난 그런 거 못해."라고 곰돌이가 말했어요.

"그러면 왜 사는데?"

나비는 그렇게 말하고는 날개를 펄럭이며 날아가 버렸어요.

"글쎄 말이야. 나도 이제는 제발 그 해답을 알게 되면 좋겠어."

- 미하엘 엔데 글, 유혜자 옮김, 『곰돌이 워셔블의 여행』 중에서

3 이 글에서 워셔블이 만난 동물을 빈칸에 알맞게 써 보세요. (정답 2개)

(,   )

4 원숭이가 사는 까닭은 무엇인가요?

① 워셔블과 친구가 되기 위해서
② 더 나은 존재로 발전하기 위해서
③ 자신보다 힘이 센 존재를 발견하기 위해서
④ 모임이나 정당 같은 단체를 만들기 위해서
⑤ 높은 나무 위에서 아름다운 경치를 보기 위해서

5 원숭이의 생각과 일치하는 것에 ○표 하세요.

(1) 모두가 같은 위치에서 평등하게 생활해야 한다. ······························(   )
(2) 하나가 명령을 내리면 다른 것들은 그것에 따라야 한다. ···················(   )

6 이 글에서 밑줄 친 ㉠이 의미하는 것은 무엇인가요?

① 날개   ② 나비   ③ 곰돌이
④ 번데기   ⑤ 애벌레

7 다음 중 나비가 추구하는 삶의 모습과 비슷한 생활을 하는 친구의 이름을 써 보세요.

> **준우**: 나는 항상 열심히 배우고 익혀. 내 실력이 점점 더 나아지도록 노력할 거야.
>
> **지안**: 나는 오늘 옆집 할머니의 짐을 들어 드렸어. 누군가를 돕는 일은 정말 즐거워.
>
> **하은**: 나는 늘 내 모습을 멋지게 꾸미려고 노력해. 오늘도 예쁜 머리띠를 하고 학교에 갔어.

(   )

작품에서 인물의 가치관을 파악하는 방법을 바르게 설명한 것은 무엇인가요? (정답 2개)

① 인물의 행동을 고려할 필요는 없다.

② 인물의 이름이 무엇인지 알아보아야 한다.

③ 인물의 말이나 행동을 잘 살펴보아야 한다.

④ 인물의 생김새를 상상해 보는 것이 중요하다.

⑤ 인물이 어떤 생각을 갖고 있는지 잘 살펴보아야 한다.

 재미있는 낱말 놀이터

'붙이다'와 '부치다'

🍎 다음 그림을 참고하여 주어진 문장에 들어갈 알맞은 말에 ○표 하세요.

편지 봉투에 우표를 (붙였다 / 부쳤다).

편지를 할머니 댁에 (붙였다 / 부쳤다).

반장을 뽑는 일을 투표에 (붙였다 / 부쳤다).

생일 케이크의 초에 불을 (붙였다 / 부쳤다).

 그럴까?

'붙이다'는 '맞닿아 떨어지지 아니하게 하다.', '불이 옮아 타기 시작하게 하다.' 등의 뜻이 있고, '부치다'는 '편지나 물건 따위를 일정한 수단이나 방법을 써서 상대에게로 보내다.', '어떤 문제를 다른 곳이나 다른 기회로 넘기어 맡기다.' 등의 뜻이 있습니다.

10 작품에 반영된 가치 이해하기 ❹

인물의 말과 행동, 생각에
담긴 의미 이해하기

인물의 가치관과 작품에
반영된 가치 파악하기

작품에 담긴 가치를
실생활에 적용하기

공부한 날　　월　　일

 다음 이야기를 읽고 물음에 답해 봅시다.

[앞 이야기] 아버지의 공장이 부도가 나고 '나'의 가족이 힘들어하고 있을 때, 할머니는 아버지에게 고향으로 돌아가자고 말씀하신다. '나'의 가족이 할머니가 계신 시골로 내려오자, 할머니는 헛간 깊숙이 있던 가마솥을 꺼내 음식을 하여 마을 사람들에게 아침밥을 대접한다.

늦은 아침을 끝내고 마을 사람들이 모두 돌아갔을 때, 할머니는 다시 가마솥에 기름칠을 하셨다.
"할머니, 왜 가마솥에 기름칠을 하시는 거예요?"
할머니는 내 물음에 아버지를 쳐다보며 허리를 펴셨다.
"이렇게 큰 가마솥은 말이다, 늘 쓰는 냄비나 양은솥과는 다르단다. 큰일이 있을 때에 쓰는 솥이란다. 세상일이라는 것이 어떻게 될지 아무도 모르는 법이거든. 굴렁쇠처럼 잘 굴러가기만 한다면 아무런 문제가 없지. 다음 큰일을 위해서 이렇게 기름칠을 해 두는 거란다. 녹슬지 말라고 말이다. 가마솥이 없어 봐라. 큰일이 있을 때 어떻게 될지. 양은솥이나 냄비로는, 어휴, 어림도 없다."
정말 오랜만에 아버지의 입가에서 잔잔한 미소가 피어올랐다.

- 오경임, 「가마솥」 중에서

1 할머니께서는 가마솥이 냄비나 양은솥과 다른 점은 무엇이라고 하였나요?

① 밥을 지을 수 없는 솥이다.
② 큰일이 있을 때에 쓰는 솥이다.
③ 기름칠을 할 필요가 없는 솥이다.
④ 밥을 더 맛있게 지을 수 있는 솥이다.
⑤ 밥을 짓는 시간이 더 오래 걸리는 솥이다.

2 이 글에 나타난 할머니의 가치관을 바르게 파악한 것에 ○표 하세요.

(1) 세상일은 어떻게 될지 모르기 때문에 큰일에 대한 준비를 해야 한다.··························· (　　)
(2) 세상일은 굴렁쇠처럼 잘 굴러가기만 하므로 큰일에 대한 준비를 할 필요는 없다. ············ (　　)

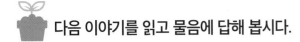

1932년 상하이 사변을 계기로 상하이의 동포 청년들도 비밀리에 나를 찾아와 나라를 위하여 몸을 던질 일감을 달라고 간청하였다.

이에 나 역시 암살과 파괴 계획을 계속하여 실행에 옮기려고 사람을 찾았다. 이때 마침, 홍커우에서 채소 장사를 하는 윤봉길이 나를 찾아왔다. 그는 나를 찾아온 뜻을 이렇게 말하였다.

"제가 애초에 상하이에 온 것은 무슨 큰일을 해 보려는 생각에서였습니다. 그래서 채소를 지고 홍커우 거리를 헤매면서 기회를 엿보고 있었는데, 이제 중일 전쟁도 끝나 아무리 보아도 뜻깊게 죽을 자리가 없습니다. 혹시 이봉창 의사의 동경 사건과 같은 계획이 있거든 저를 써 주십시오."

나는 그가 나라를 위하여 기꺼이 목숨을 버리겠다는 큰 뜻을 품고 있는 것을 보고 감격하였다.

"정말 반갑소. 그렇잖아도 마침 그대와 같은 훌륭한 인물을 찾고 있던 중이오."

나는 윤봉길의 손을 잡고 계속 말을 이었다.

"왜놈들이 이번 싸움에서 이긴 뒤로 더욱 의기양양하여 오는 4월 29일 홍커우공원에서 일왕의 생일을 축하하는 행사를 성대하게 치른다고 하오. 이때, 높은 자리에 있는 왜놈들이 많이 올 것인즉 본때를 보여 주는 것이 어떻겠소?"

"좋습니다. 이제부터 그날을 손꼽아 기다릴 테니 하루빨리 준비해 주십시오!"

윤봉길은 내 제안을 흔쾌히 응낙하였다.

얼마 뒤, 신문에는 이 행사에 대한 기사가 났다. 축하식에 참석하는 사람은 도시락과 물통과 일장기를 하나씩 들고 오라는 것이었다. 이 신문을 보고 나는 곧 사람을 시켜 물통과 도시락 모양을 본뜬 폭탄을 만들게 하였다.

4월 29일이 점점 다가왔다. 나는 윤봉길에게 말쑥한 일본식 양복을 사 입혀서 날마다 홍커우공원에 가서 식장의 모습과 당일에 폭탄을 던질 자리를 눈여겨보아 두라고 일렀다. 그리고 일본군 대장의 사진이며 일장기도 마련하게 하였다.

㉠거사를 하루 앞두고, 나는 김해산의 집으로 가서 윤봉길이 중대한 임무를 띠고 멀리 떠나니 고깃국으로 아침밥을 지어 달라고 부탁하였다.

이튿날 아침, 나는 김해산의 집에서 윤봉길과 마지막 밥상을 같이하였다. 밥을 먹으며 가만히 윤봉길을 살펴보니, 그 태연함이 마치 농부가 일터에 나가려고 넉넉히 밥을 먹는 모양과 같았다. 김해산도 윤봉길의 침착하고도 용감한 태도를 보고 칭찬을 아끼지 않았다.

식사가 끝나고 마침내 떠날 시간이 되었다. 윤봉길은 자기의 시계를 건네주며 말하였다.

"이 시계는 어제 6원을 주고 산 새 시계인데, 선생님 시계는 2원짜리이니 제 것하고 바꿉시다. ㉡제 시계는 앞으로 한 시간밖에 쓸 데가 없으니까요."

그래서 우리는 기념으로 서로 시계를 주고받았다. 그뿐만 아니라 식장을 향하여 떠나기에 앞서 윤봉길은 자동차에 앉아서 그가 가졌던 돈을 꺼내어 주었다.

"돈을 좀 가지고 있는 게 좋지 않소?"

"차비를 주고도 5, 6원이 남는걸요."

서서히 자동차가 움직일 때 나는 떨리는 목소리로 말하였다.

"훗날 저승에서 다시 만납시다!"

윤봉길은 차창으로 고개를 내밀어 내게 인사를 하였다. 자동차는 큰 소리를 내며 천하 영웅 윤봉길을 태우고 훙커우공원을 향하여 달렸다.

- 김구 글, 장세현 엮음, 『어린이 백범 일지』 중에서

3 윤봉길이 글쓴이를 찾아온 까닭은 무엇인가요?

① 새로운 정보를 알려 주려고
② 신선한 채소를 팔기 위해서
③ 나라를 위해서 일하고 싶어서
④ 일왕에게 전할 편지가 있어서
⑤ 새로 산 시계를 선물하기 위해서

4 밑줄 친 ㉠이 가리키는 내용은 무엇인가요?

① 독립군을 모아 오는 일
② 훙커우공원에서 폭탄을 던지는 일
③ 독립군에게 신선한 채소를 전해 주는 일
④ 훙커우공원까지 자동차를 운전해 주는 일
⑤ 일왕의 생일 축하 행사에서 보여 줄 공연을 준비하는 일

5 밑줄 친 ㉡의 의미로 알맞은 것은 무엇인가요?

① 한 시간이 지나면 목숨을 잃는다.
② 한 시간이 지나면 식사를 하게 된다.
③ 한 시간이 지나면 이 시계를 팔게 된다.
④ 한 시간이 지나면 조국으로 돌아가게 된다.
⑤ 한 시간이 지나면 새로운 시계를 선물 받는다.

6 이 글에 나타난 시대적 상황에 대한 설명으로 알맞은 것은 무엇인가요?

① 일본과 우리나라가 서로 돕는 관계였다.
② 젊은이들이 새로운 일자리를 찾고 있었다.
③ 일본에 우리나라의 기술을 전파해 주었다.
④ 폭탄이 처음 개발되어 사용되기 시작하였다.
⑤ 일본의 지배에서 벗어나기 위해 독립운동이 전개되었다.

빈칸에 알맞은 낱말을 써서 윤봉길의 가치관을 정리해 보세요.

(   )을/를 위하여 기꺼이 (   )을/를 버려 희생할 수 있다.

고유어의 뜻 알아보기

🍎 다음 밑줄 친 고유어의 뜻을 선으로 바르게 이어 보세요.

우리 중 그가 <u>버금</u>으로 키가 크다.

그 아이는 음식에 <u>가탈</u>이 심하다.

나는 다 알면서도 어머니의 깜짝 선물에 <u>짐짓</u> 놀라는 척하셨다.

●   ●   ●

마음으로는 그렇지 않으나 일부러 그렇게

으뜸의 바로 아래. 또는 그런 지위에 있는 사람이나 물건

이리저리 트집을 잡아 까다롭게 구는 일

왜 그럴까?

'많은 것 가운데 가장 뛰어난 것'을 '으뜸'이라고 한다면, '버금'은 그다음 순서를 말합니다. 또 '가탈'은 트집을 잡는다는 뜻으로, 가탈의 센말이 '까탈'입니다. '짐짓'은 '마음으로는 그렇지 않으나 일부러 그렇게'를 뜻합니다.

10 작품에 반영된 가치 이해하기 ❺

인물의 말과 행동, 생각에
담긴 의미 이해하기

인물의 가치관과 작품에
반영된 가치 파악하기

작품에 담긴 가치를
실생활에 적용하기

공부한 날   월   일

 정리 다음 설명 중 옳은 것을 모두 찾아 O표 하세요.

인물의 가치관을 파악하려면 인물의 말과 행동을 잘 살펴보아야 한다.

인물의 생김새를 알면 인물의 가치관을 쉽게 파악할 수 있다.

인물의 가치관을 파악하는 것은 작품에 반영된 가치를 이해하는 데 도움이 된다.

인물의 가치관을 이해하면 인물이 왜 그런 행동을 하게 되었는지 잘 이해할 수 있다.

인물의 가치관과 작품에 반영된 가치는 관련이 없다.

인물이 처한 환경과 인물의 가치관은 서로 관련이 없다.

작품에 반영된 가치를 이해하면 글의 내용을 더 잘 이해할 수 있다.

작품 속 인물의 삶과 지금의 우리의 삶은 전혀 관련성이 없다.

작품 속 등장인물은 항상 올바른 가치관을 가지고 있다.

「짜짜루」에는 두 명의 배달원이 있습니다. 한 명이 '번개'이고, 다른 한 명이 아버지께서 말씀하신 '늦달이'이지요.

번개가 배달을 하는 모습을 보면 정말 번개와 같습니다. ㉠색안경을 쓰고 목에 휴대 전화를 건 번개는 오토바이 경주에 나선 선수처럼 오토바이를 몰며 음식을 배달합니다. 그러고도 철가방 속의 음식은 조금도 넘치지 않으니 사람들이 그를 번개라고 부르는 것도 무리는 아닙니다.

'늦달 군'은 아버지께서 부르시는 이름이고, 사람들은 보통 '늦달이'라고 부릅니다. 늦달이 아저씨는 다른 나라 사람이지요. 얼굴이 까무잡잡하고 키는 작고 깡말랐습니다. 체격만 보면 동작이 빠를 것 같은데, 실제 행동은 굼뜨기 짝이 없습니다. ㉡자전거 발걸이를 천천히 밟으면서 입으로는 흥얼흥얼 노래까지 부르며 배달을 합니다.

"왜 이렇게 배달이 늦었어요?"

하고 누군가 말하면, 하얀 이를 드러내어 놓고 씩 웃습니다. 원래 이름이 '만달리'였는데, 배달을 늦게 한다고 해서 우리 동네에서는 '늦달이'로 불리게 되었지요. ㉢대부분의 동네 사람은 번개에게 음식 배달을 시킵니다. 중국 음식은 면이 중요한데, 늦달이 아저씨에게 배달을 시켰다가는 자칫 면발이 불어 터질 수가 있으니까요. 배달 횟수로 월급을 받는다고 하니, 늦달이 아저씨는 아마 번개의 반도 훨씬 못 되는 월급을 받을 것입니다. 그래도 우리 집에서는 꼭 늦달이 아저씨에게 음식 배달을 시키지요.

처음 늦달이 아저씨가 음식 배달을 왔을 때입니다. 우리 식구는 좀 놀랐습니다. 얼굴이 까무잡잡한, 분명 외국인 같은 사람이 철가방을 들고 문 앞에 서 있었으니까요. 게다가 그는 귀와 머리 사이에 철쭉 한 송이를 꽂고 있었습니다. 나는 그에게 말도 시켜 볼 겸 물었지요.

"이게 무슨 꽃이에요?"

아저씨의 대답이 걸작이었습니다.

"나도 몰라요."

우리 식구는 아저씨의 조금 서투른 외국식 발음에 모두 까르르 웃었지요. 다음번 배달 때에는 작은 목련 한 송이를 야구 모자에 꽂고 왔고, 그다음에는 꽃잔디 몇 송이를 귀에 꽂고 왔습니다. 라일락을 야구 모자에 꽂고 오기도 하였습니다. 그럴 때마다 우리 식구는 꽃 이름을 묻지요. 아저씨는 흰 이를 드러내고 씩 웃으며 매번 똑같이 모른다고 대답합니다.

얼마 전의 일입니다. 그날도 우리 식구는 「짜짜루」에 음식을 주문하였지요. 얼마 뒤에 늦달이 아저씨가 철가방을 들고 나타났습니다. 아저씨는 이번에는 주머니에 보라색 꽃 한 송이를 꽂고 있었습니다. 무슨 꽃이냐고 내가 묻자, 그는 씩 웃으며

㉣"들국화."

하고 대답하였습니다.

"다른 사람에게 꽃 이름을 물어보았어요. 꼭 물어볼 것 같아서."

아저씨는 주머니에 꽂은 들국화를 꺼내어 내게 건네주며 말하였습니다.

"고향에 아들이 하나 있어요. 너와 똑같은……."

그 늦달이 아저씨를 보름 전부터 우리 동네에서 볼 수 없게 되었습니다. 돈 많이 벌어 고향으로

돌아가겠다던 늦달이 아저씨. 「짜짜루」에 오기 전에 염색 공장에서 힘들게 일하였다는 늦달이 아저씨. 늘 꽃을 꽂고 배달 오던 늦달이 아저씨.

　아저씨가 떠난 뒤, 우리 가족은 「짜짜루」에 전화를 거는 일이 신나지 않았습니다.

- 곽재구, 「늦달이 아저씨」 중에서

1 '만달리'가 '늦달이'라고 불리게 된 까닭은 무엇인지 이 글에서 찾아 빈칸에 알맞게 써 보세요.

( ) 우리 동네에서는 '늦달이'로 불리게 되었다.

2 늦달이 아저씨가 글쓴이에게 준 꽃의 이름은 무엇인가요?

① 철쭉
② 목련
③ 꽃잔디
④ 라일락
⑤ 들국화

3 늦달이 아저씨에 대한 설명으로 알맞지 <u>않은</u> 것은 무엇인가요?

① 원래 이름은 '만달리'이다.
② 다른 나라에서 온 사람이다.
③ 얼굴이 까무잡잡하고 키는 작고 깡말랐다.
④ 「짜짜루」에 오기 전에 염색 공장에서 일했다.
⑤ 「짜짜루」의 사장님이 '늦달이'라는 별명을 지어 주었다.

4 처음 늦달이 아저씨가 배달을 왔을 때 우리 식구들이 놀란 까닭은 무엇인가요?

① 배달을 할 때 아들을 함께 데려와서
② 오래 전에 늦달이 아저씨를 만난 적이 있어서
③ 늦달이 아저씨가 주문한 음식을 가져오지 않아서
④ 아주 빨리 오토바이를 몰았는데 철가방 속 음식이 넘치지 않아서
⑤ 외국인 같은 사람이 귀에 꽃을 꽂은 채 문 앞에 철가방을 들고 서 있어서

5 밑줄 친 ㉠~㉣ 중 '늦달이 아저씨'가 추구하는 삶의 모습을 가장 잘 드러낸 부분을 찾아 기호를 빈칸에 써 보세요.

( )

6 **5**를 통해 알 수 있는 늦달이 아저씨의 가치관으로 알맞은 것에 ○표 하세요.

(1) 항상 여유를 가지고 즐거운 마음으로 지내야 한다. ······································( )

(2) 여유가 없어지더라도 맡은 일에 최선을 다해야 한다. ·····························( )

재미있는
낱말
놀이터

잘못 쓰기 쉬운 우리말

🌱 다음 문장을 보고 알맞은 말을 찾아 ○표 하세요.

나는 선생님의 말씀을 항상 (염두해 / 염두에) 두고 공부하였다.

선희와 민지는 (뗄래야 / 떼려야) 뗄 수 없는 돈독한 친구 사이이다.

며칠 동안 비만 오더니 오늘은 (왠일로 / 웬일로) 하늘이 맑았다.

왜 그럴까?

'염두'는 마음속을 뜻하는 낱말이고 '떼려야'는 '떼려고 하여야'가 줄어든 말입니다. 또, '웬'은 '어찌 된'이 줄어든 말로, '웬일'은 '어찌 된 일'을 뜻합니다. 잘못 쓰기 쉬운 우리말을 바르게 쓸 수 있도록 연습해 보세요.

| 부모님용 |

바른답과
지도 방법

하루 한 장 학습지의 안에 수록된 QR 코드를 찍어 보세요.
바른답은 물론, 수록된 글에 대한 설명과 문제의 해설을 확인하실 수 있습니다.

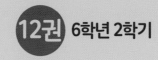 **6학년 2학기**

읽기 목표	주요 학습 내용	학습 일차
1. 차이가 드러나는 의견 평가하기	글쓴이가 대상을 바라보는 관점을 파악하고, 문제 상황에 대한 서로 다른 의견과 비교하여 타당성을 평가하며 글을 읽을 수 있어요.	1~5일차
2. 작품 속 다양한 삶의 모습 이해하기	인물의 말과 행동을 통해 가치관을 파악하여 작품에 담긴 삶의 모습을 파악하고, 주변에서 작품 속 인물과 비슷한 사람을 찾아보며 다양한 삶의 모습을 이해할 수 있어요.	6~10일차
3. 타당성 평가하며 자료 읽기	자료가 담긴 글을 읽을 때, 제시된 자료의 조사 동기와 조사 과정 등을 파악하고 조사 결과를 바르게 해석하여 타당성을 평가할 수 있어요.	11~15일차
4. 감상문에 드러난 글쓴이의 평가와 근거 찾기	감상문을 읽고 작품의 주요 내용을 이해하고, 작품에 대한 글쓴이의 생각과 작품 평가의 근거를 파악할 수 있어요.	16~20일차
5. 글의 중요한 내용 요약하기	글을 읽고 중심 내용을 찾고 글을 요약하는 방법과 효과를 파악하여 중요한 내용을 중심으로 글을 요약할 수 있어요.	21~25일차
6. 인터넷 게시 글과 댓글의 내용 비판적으로 읽기	인터넷 게시 글의 내용을 바르게 이해하고 댓글을 다는 바른 태도를 파악하여 게시 글과 댓글의 내용을 비판적으로 읽을 수 있어요.	26~30일차
7. 건의하는 글의 내용 평가하기	건의하는 글을 읽고 문제 상황과 건의 사항을 찾고, 건의 사항을 실행할 경우의 기대 효과를 파악하여 글쓴이가 제시한 건의 사항과 그에 대한 근거를 평가할 수 있어요.	31~35일차
8. 역사적 상황이 드러난 문학 작품 이해하기	글에서 역사적 상황이 드러나는 부분을 찾고, 이와 관련된 역사적 상황이 무엇인지 파악하여 문학 작품을 더욱 깊이 이해할 수 있어요.	36~40일차
9. 표현의 적절성 평가하기	거짓되거나 과장된 표현, 여러 가지 의미로 해석될 수 있는 표현, 의미가 불분명한 표현 등 의사소통에 문제를 일으킬 수 있는 표현의 문제점을 알고 광고와 글에 사용된 표현의 적절성을 평가할 수 있어요.	41~45일차
10. 작품에 반영된 가치 이해하기	인물의 말과 행동, 생각에 담긴 의미를 이해하고 인물의 가치관과 작품에 반영된 가치를 파악하여 이를 실생활에 적용할 수 있어요.	46~50일차

"하루 한 장 독해"를 개발하신 선생님

안부영 대구한샘초등학교 | 07개정, 09개정, 15개정 초등 국어 교과서 및 지도서 집필

강미정 전주송북초등학교 | 09개정, 15개정 초등 국어 교과서 및 지도서 집필

원정화 세종다정초등학교 | 07개정, 09개정, 15개정 초등 국어 교과서 및 지도서 집필

박지혜 수원율현초등학교 | 07개정, 09개정, 15개정 초등 국어 교과서 및 지도서 집필

하근희 대구포산초등학교 | 09개정, 15개정 초등 국어 교과서 및 지도서 집필

차이가 드러나는 의견 평가하기

❶ - 1일차

1. ・글 **가** : 책을 많이 읽어야 한다.
・글 **나** : 책을 많이 읽지 않아도 된다.

2. ⑤ **3.** 하은 **4.** ④

5.

글 **가**	→ 방범 카메라 설치를 확대해야 한다.	→ 개인의 사생활을 침해한다.
글 **나**	→ 방범 카메라 설치를 최소화해야 한다.	→ 범죄 예방에 큰 효과가 있다.
		많은 시민들을 보호할 수 있다.
		방범 카메라를 설치해도 전체적인 범죄 발생률에는 큰 차이가 없다.

6. 하은

③ 글 **가** 에서 의견에 대한 까닭으로 든 예는 친구 한 명의 이야기로 일반화할 수 없습니다. 따라서 이것은 적절한 근거가 아닙니다.

⑤ 글 **가** 는 방범 카메라 설치를 확대해야 한다는 의견의 까닭으로 '범죄 예방에 큰 효과가 있다.'와 '범죄를 저지른 사람을 잡을 수 있다.', '많은 시민들을 보호할 수 있다.'는 점을 들고 있고, 글 **나** 는 방범 카메라 설치를 최소화해야 한다는 의견의 까닭으로 '사생활이 무분별하게 침해된다.'와 '방범 카메라가 설치된 곳에서는 범죄율이 낮아져도 방범 카메라가 설치되지 않은 곳의 범죄가 늘어나므로 전체적인 범죄 발생률에는 크게 차이가 없을 것이다.'를 들고 있습니다.

⑥ 글 **가** 와 **나** 모두 개인적인 생각을 근거로 들고 있으며 객관적인 자료를 제시하지 않았기 때문에 믿을 만한 근거로 볼 수 없습니다.

낱말 놀이터

해물 요리 전문

(1) 아구찜 → [아귀찜]   (2) 쭈꾸미 → [주꾸미]   (3) 떡볶기 → [떡볶이]

❷ - 2일차

1. 가상 현실 기술

2.

	의견	까닭
글 **가**	가상 현실 기술은 역기능을 가져올 수 있다.	현실과 가상 현실을 구분하지 못하고 각종 범죄를 일으킬 수 있다.
글 **나**	가상 현실 기술은 생활에 도움을 줄 수 있는 새로운 미래 기술로 주목받고 있다.	실제로 학교에 가지 않고도 실제 학교 현장과 똑같은 상황에서 교육받을 수 있다.

3.
(○)   ( )   ( )

4. ③   **5.** ⑤   **6.** ㉢

7.

	의견	까닭
재원	학교 주변에서 건물 공사를 해도 됩니다.	학교 근처에서 공사를 하면 소음이 발생하여 우리의 학습권이 침해됩니다.
명준	학교 주변에서 건물 공사를 하면 안 됩니다.	자신의 재산은 자신의 마음대로 사용할 권리가 있습니다.

8. 건우

❶ 글 **가** 는 가상 현실 기술로 할 수 있는 것들을 밝히며 가상 현실 기술이 새로운 미래 기술로 주목받고 있음을 밝히고 있습니다. 글 **나** 는 가상 현실 기술의 역기능을 제시하여 가상 현실은 순기능만 있는 것이 아니라 역기능 또한 가지고 있다는 의견을 밝히고 있습니다. 따라서 글 **가** 와 **나** 는 공통적으로 가상 현실 기술에 대한 의견을 밝히고 있는 것입니다.

❺ 글 **가** 의 글쓴이는 상가 건물이 들어서면 음식점과 상가가 생겨 동네 사람들의 생활이 편리해진다고 하였습니다.

❼ 재원이는 '학교 주변에서 건물 공사를 해도 된다.'는 의견이고, 명준이는 '학교 주변에서 건물 공사를 하면 안 된다.'는 의견입니다. 그 까닭으로 재원이는 '자신의 재산은 자신의 마음대로 사용할 권리가 있다.', 명준이는 '학교 근처에서 공사를 하면 소음이 발생하여 우리의 학습권이 침해된다.'를 들고 있습니다.

❽ 같은 문제에 대하여서도 문제에 접근하는 여러 가지 관점이 있기 때문에 사람마다 의견의 차이가 있을 수 있습니다. 따라서 건우의 평가가 옳지 않습니다.

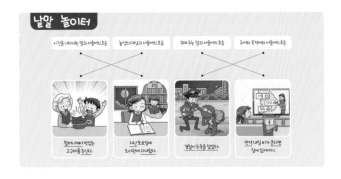

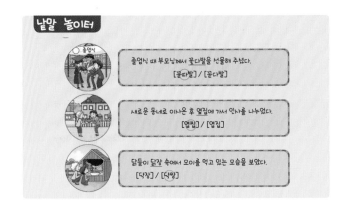

❸ - 3일차

1. ⑤

2. 준우

3. 동물 실험

4. ④

5.

동물 실험의 명과 암	신약 개발을 위한 동물 실험	누구를 위한 동물 실험인가
( )	( )	(○)

6.

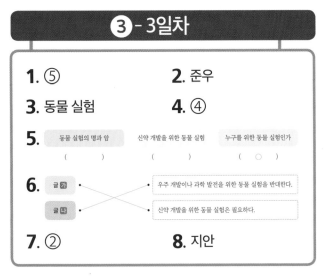

글 ㉮ • — • 우주 개발이나 과학 발전을 위한 동물 실험을 반대한다.

글 ㉯ • — • 신약 개발을 위한 동물 실험은 필요하다.

7. ②

8. 지안

❷ 글 ㉮는 글쓴이의 개인적인 경험만을 근거로 내세우고 있어서 믿을 만한 의견으로 보기 어렵습니다.

❹ ④번은 글 ㉯를 읽고 알 수 있는 내용입니다.

❺ 글 ㉯에서는 동물 실험으로 인해 생기는 좋은 점을 언급하지 않았기 때문에 '동물 실험의 명과 암'이 아닌, '누구를 위한 동물 실험인가'가 제목으로 적절합니다.

❼ 글 ㉯에서 우주 탐사를 위하여 스푸트니크 2호에 탑승하였던 개 '라이카'가 고통 없이 생을 마쳤다는 발표는 거짓으로 판명되었다고 하였습니다.

❽ 의견을 뒷받침하는 내용이 사실인지 확인하는 것은 의견이 적절한지 평가하는 하나의 방법입니다. 그러나 지안이처럼 한 군데를 검색하여 사실을 확인하는 것은 적절하지 않은 태도입니다. 인터넷에는 잘못된 자료도 있으므로 검증된 사이트에서 정확하게 검색하여 검토해야 합니다.

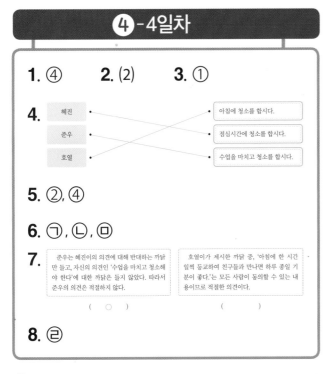

1. ④   **2.** (2)   **3.** ①

4.

혜진	→	아침에 청소를 합시다.
준우	→	점심시간에 청소를 합시다.
호열	→	수업을 마치고 청소를 합시다.

5. ②, ④

6. ㉠, ㉡, ㉤

7.

| 준우는 혜진이의 의견에 대해 반대하는 까닭만 들고, 자신의 의견인 '수업을 마치고 청소해야 한다'에 대한 까닭은 들지 않았다. 따라서 준우의 의견은 적절하지 않다. | 호열이가 제시한 까닭 중, '아침에 한 시간 일찍 등교하여 친구들과 만나면 하루 종일 기분이 좋다.'는 모든 사람이 동의할 수 있는 내용이므로 적절한 의견이다. |
| (○) | ( ) |

8. ㉣

② 다른 사람의 의견을 평가할 때는 의견에 알맞은 근거인지, 실행이 가능한지, 문제를 잘 해결할 수 있는지 등을 살펴보아야 합니다. (2)번은 '학생 2'나 '학생 4'의 의견에 대하여 논리적으로 부족한 부분이나 잘된 부분을 찾지 않고 적절한 근거 없이 판단을 내렸으므로 적절하지 않은 평가로 볼 수 있습니다.

⑤ 혜진이가 제시한 까닭은 ①, ③, ⑤번입니다. ②번은 호열이가, ④번은 준우가 제시한 까닭입니다.

⑦ 호열이가 제시한 까닭 중, '아침에 한 시간 일찍 등교하여 친구들과 만나면 하루 종일 기분이 좋다.'는 사람마다 다르게 느낄 수 있는 것으로, 일반적으로 적용할 수 없습니다. 따라서 적절한 의견이라고 보기 어렵습니다.

⑧ 이 회의는 학급에서 일어나는 문제를 해결하는 방안에 대해 의견을 나누는 회의이므로 자신의 입장보다는 학급 전체의 입장에서 도움이 되는 해결 방안인지 따져 보아야 합니다.

낱말 놀이터

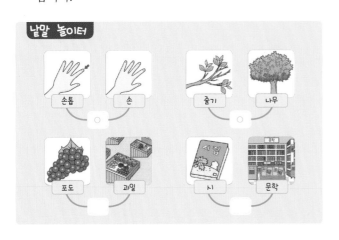

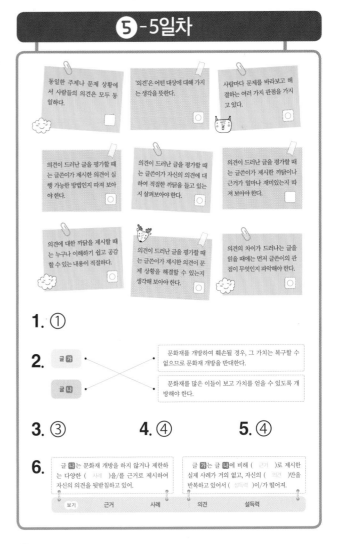

1. ①

2.

| 글 ㉮ | × | 문화재를 개방하여 훼손될 경우, 그 가치는 복구할 수 없으므로 문화재 개방을 반대한다. |
| 글 ㉯ | × | 문화재를 많은 이들이 보고 가치를 얻을 수 있도록 개방해야 한다. |

3. ③   **4.** ④   **5.** ④

6.

| 글 ㉯는 문화재 개방을 하지 않거나 제한하는 다양한 (사례)을/를 근거로 제시하여 자신의 의견을 뒷받침하고 있어. | 글 ㉮는 글 ㉯에 비해 (근거)로 제시한 실제 사례가 거의 없고, 자신의 (의견)만을 반복하고 있어서 (설득력)이/가 떨어져. |

| 보기 | 근거 | 사례 | 의견 | 설득력 |

③ 글 ㉮에서는 문화재 훼손을 우려한다면 문화재 개방을 막을 것이 아니라 문화재 관리 감독을 강화하는 방안을 활용하는 것이 더 적절하다고 하였습니다.

⑤ 글 ㉯에서는 문화재가 훼손되는 것을 막기 위해 문화재 개방을 막거나 제한한 사례를 근거로 제시하였습니다. 그러나 ④번의 '창덕궁'은 관리 감독을 강화한 사례가 아니라, 관람 인원을 제한한 사례입니다.

낱말 놀이터

작품 속 다양한 삶의 모습 이해하기

❶-6일차

1. ①

2.

딸만 여섯 명을 낳게 되자, 부부는 나랏일을 맡길 수 있는 아들을 낳을 수 있을지 걱정함.		남편인 왕의 의견에 순종해야 한다.
길대 부인이 오구대왕의 명령에 억장이 무너지지만 자식을 버림.		여자가 아닌 남자만 나랏일을 할 수 있다.

3. ①   **4.** ①, ④   **5.** 효도

② 부부는 아들에게만 나랏일을 맡길 수 있다고 생각하고 있으므로 여자가 아닌 남자만 나랏일을 할 수 있다는 가치관을 가지고 있습니다. 또한 길대 부인은 자식을 버리고 싶지 않았지만 남편인 왕의 의견에 순종해야 한다고 생각하여 남편의 의견을 따랐습니다.

④ 바리데기를 만난 오구대왕은 병에 걸려 누워 있다가 깜짝 놀라 벌떡 일어나 앉아 '네가 안 죽고 살아 있다니 이것이 웬 말이냐.'라고 말했습니다. 이것을 통해 딸이 살아 있는 것에 깜짝 놀랐음을 알 수 있습니다. 또한 자신이 병들게 된 이유를 '너를 갖다 버리라고 한 죄를 받아 병이 들었다.'라고 하였으므로, 딸을 버리라는 명령을 했던 것에 대해 죄책감을 느끼고 있음을 알 수 있습니다.

낱말 놀이터

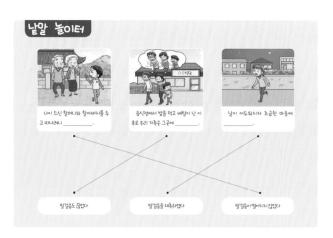

❷-7일차

1. ⑤   **2.** 걱정, 사랑   **3.** ㉣

4. ①   **5.** ③

6.

왕치		천성이 너그럽고 낙천적이며, 부지런하고 일을 잘한다.
소새		인정은 없지만 부지런하여 제 앞길은 잘 꾸려 나간다.
개미		놀고먹으면서 속이 없고 성질이 불량하다.

7. ⑤   **8.** ③   **9.** 준우   **10.** ①, ②

② 서른 살이 넘었는데도 모든 일에 서투른 용구 삼촌이 소를 먹이러 간 뒤 돌아오지 않자 온 가족이 삼촌을 애타게 찾고 있습니다. 이러한 가족의 행동으로 볼 때, 우리 가족은 용구 삼촌을 가족으로서 아끼고 걱정하고 있음을 알 수 있습니다.

⑦ 잔치를 하자는 소새의 제안에 왕치는 먹을 생각이 앞서 가장 먼저 찬성하였습니다.

⑨ 개미는 부지런하고 일을 잘한다고 하였습니다. 이와 가장 비슷한 인물은 성실하게 일찍 등교하여 학생이 해야 할 공부를 열심히 하는, 준우가 말한 친구라고 볼 수 있습니다.

⑩ 왕치는 친구들이 일하며 얻은 음식을 먹기만 할 뿐 스스로 일하지 않으므로 ①번과 같은 충고는 적절하지 않습니다. 왕치는 소새가 제안한 말에 가장 먼저 찬성하였으므로 ②번과 같이 충고하는 말 또한 적절하지 않습니다.

낱말 놀이터

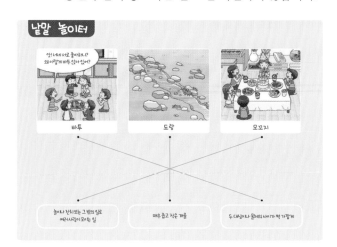

1.
| 부모께 투정하는 행동 | • | • | 갖고 싶던 비옷을 사 주셔서 기쁨. |
| 어머니가 사 오신 비옷을 입어 보고 거울까지 들여다보는 행동 | • | • | 오빠와 언니는 모두 우산을 쓰고 가는데 나만 우산 없이 학교 가는 것이 싫고 속상함. |

2. 우산, 어려운(가난한)   **3.** ①

4. ⑤   **5.** ④

6. 말, 말씀, 높이고, 낮추는   **7.** ③

---

❷ 우산을 사 주지 못할 정도로 어려운 형편이지만 부모님께서는 자식을 위해 비옷을 사 주고, 옥이는 값싼 비옷이지만 이를 받고 기뻐하는 모습을 보이고 있습니다. 이 내용을 통해 삶의 모습을 파악할 수 있도록 지도해 주세요.

❹ 놀부는 흥부가 큰 부자가 된 것이 배가 아파, 흥부네 집에 찾아가 흥부의 인사도 받지 않고 아랫목의 보료에 다리를 꼬고 앉습니다. 이러한 행동을 하는 까닭은 ⑤번으로 볼 수 있습니다.

❺ 흥부의 말에서 놀부에게 인사를 가지 못한 까닭을 알 수 있습니다. 흥부는 '다시는 눈앞에 나타나지 말라시는 전날의 말씀'이 있어 쉽게 놀부를 찾아갈 수 없었다고 말하고 있습니다.

❼ 놀부는 흥부가 큰 부자가 되자 이를 시샘하여 흥부의 재산에 욕심을 내고 있습니다. 이와 비슷한 사람은 ③번으로 생각하여 볼 수 있습니다.

---

1. ④   **2.** 집안일   **3.** ⓒ   **4.** ①

5.
| 진득이 | • | • | 한 자리에 말뚝처럼 서 있기 때문에 돌아다니는 진득이를 발로 찰 수 없다. |
| 말뚝이 | • | • | 말뚝이가 자신을 발로 차서 엉덩이에 멍 자국이 났다. |

6. ②

7.
| 다른 사람에게 알리지 않고 선행을 베푼다. | 현명하고 지혜롭게 어려운 문제를 잘 해결해 나간다. | 자신의 잘못을 인정하지 않고 자신이 피해 입은 것만 생각한다. |
| ( ) | ( ) | (○) |

8. ③

---

❶ 이 시에서 엄마 앞에서 남자 셋이 약속하였다는 내용을 보면 '밥 차릴 때 숟가락 놓기'가 있습니다. 따라서 남자 셋은 평소에 엄마가 밥을 차릴 때 식탁에 숟가락을 놓지 않았다는 사실을 알 수 있습니다.

❺ 진득이는 못된 말뚝이가 자신의 엉덩이를 차서 엉덩이에 멍 자국이 났다고 주장하고 있습니다. 그러나 말뚝이는 자신은 말뚝처럼 한 자리에 서 있기 때문에 동네를 돌아다니는 진득이를 발로 찰 수 없다며 억울해하고 있습니다.

❻ 진득이가 평소에 말뚝이에게 볼일을 보았기 때문에 그것을 참지 못한 말뚝이가 진득이를 발로 찬 것임을 알게 된 천하대장군은 자신의 잘못은 숨기고 말뚝이만 탓한 진득이에게 호령하고 있습니다.

❽ 진득이는 이유도 없이 말뚝이가 자신을 발로 찼다며 눈물로 천하대장군과 지하여장군에게 호소합니다. 그러나 결국 진실은 밝혀져, 진득이는 천하대장군에게 혼이 나고 이 모습을 본 말뚝이는 고소해합니다. 따라서 이 극본에는 결국 진실은 밝혀지고 잘못한 사람이 벌을 받게 된다는 삶의 모습이 담겨 있음을 알 수 있습니다.

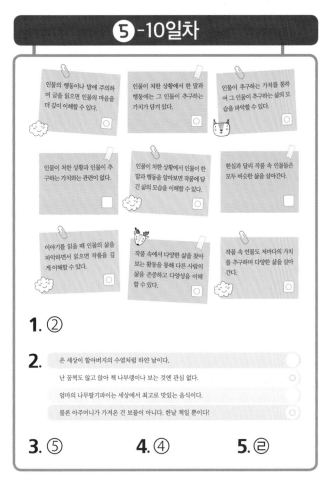

1. ②

2.
온 세상이 할아버지의 수염처럼 하얀 날이다.

난 꼼짝도 않고 앉아 책 나부랭이나 보는 것엔 관심 없다.

엄마의 나무딸기파이는 세상에서 최고로 맛있는 음식이다.

물론 아주머니가 가져온 건 보물이 아니다. 한낱 책일 뿐이다!

3. ⑤ **4.** ④ **5.** ㉣

② 이 이야기에서 '나'는 책을 매우 하찮은 것이라고 생각하고 있습니다. 그래서 '나'는 책을 '책 나부랭이', '한낱 책'이라는 말로 표현하고 있습니다.

⑤ 이 이야기에서 '책 아주머니'는 아무런 대가를 바라지 않고 어떤 어려움이 있더라도 산속에 사는 아이들에게 책을 전해 주러 오는 인물입니다. 이와 비슷한 사람은 ㉣로 볼 수 있습니다.

1. ④ **2.** ㉣ **3.** ③
4. ⑤ **5.** ⑤

① **나**에서 선생님들은 미세 먼지의 가장 큰 원인으로 중국에서 오는 먼지라고 답한 비율이 가장 높았습니다.

② 이 조사 결과를 통해 선생님들이 미세 먼지에 대해 잘 알고 있다는 것은 알 수 있으나, 학생들의 건강을 지키기 위해 무엇을 하고 있는지에 대한 조사는 빠져 있습니다. 따라서 선생님들이 미세 먼지에 대응하는 방법으로 학생들에게 어떤 것을 제시하고 있는지에 대한 추가 조사가 필요합니다.

③ 오늘날 국내에서 생산되는 달걀은 국민 1명당 1개를 먹어야 모두 다 소비할 수 있을 정도로 많이 생산되고 있지만, 생산량만큼 소비가 많지 않은 것이 문제라고 하였습니다.

④ 러시아 생물학자는 토끼를 대상으로 달걀을 매일 먹이는 실험을 한 결과 콜레스테롤이 증가하였다는 결과를 발표하였습니다. 그러나 토끼는 체내에서 콜레스테롤을 이용하지 못하는 초식 동물이기 때문에 실험 자체에 오류가 있었던 것입니다.

1. 음식물 쓰레기, 거름, 지렁이 똥

2. ④　　　　**3.** ③　　　　**4.** ②, ④

5. 만 보 걷기, 한 달, 만 보, 숨이 찰 정도의 운동

6. ④　　　　**7.** ①, ③　　　　**8.** ⑤

❷ 지렁이 똥을 조사하는 데 드는 비용은 나타나지 않았습니다.

❸ 만보기라는 제품이 나왔을 때, 도쿄 올림픽이 유행하고 있어 사람들의 관심이 운동에 집중되었기 때문에 만보기가 사람들에게 좋은 운동 도구로 소개될 수 있었다고 하였습니다. 그러나 '만 보 걷기'가 도쿄 올림픽에서 정식 종목으로 인정되었다는 내용은 지문에서 찾을 수 없습니다.

❹ 히타노 교수는 하루에 만 보를 걸으면 평소보다 20~30 퍼센트의 열량을 소모할 수 있기 때문에 비만이 되는 것을 막을 수 있다고 하였으며, 체중이 감소된다고 주장하였습니다.

❻ 만 보 걷기 운동은 약 1시간 40분 정도가 걸렸고, 소모되는 열량은 대략 300킬로칼로리(kcal)였습니다. 하지만 하루에 10분씩 3회, 즉 30분 정도 숨이 찰 정도의 운동을 하면 하루에 만 보를 걸을 때보다 30퍼센트 이상 더 많은 열량을 소모할 수 있었다고 하였습니다. 따라서 만 보 걷기 운동을 하는 데 드는 시간이 숨이 찰 정도의 운동을 할 때보다 오래 걸리지만 그 효과는 더 적었기 때문에 운동 결과의 효율성이 떨어진다는 결과를 얻게 된 것입니다.

❽ 영국의 한 방송사에서는 '만 보 걷기' 운동이 효과적인가에 대한 실험을 하였을 뿐, '만보기'를 광고한 것은 아닙니다.

1. 용돈　　　　**2.** ④　　　　**3.** (2)

4. ③　　　　**5.** ④　　　　**6.** ⑤

7. ②　　　　**8.** ⑤　　　　**9.** ②

❸ 나 그래프에서 용돈으로 저금을 한다고 답한 아이가 13 퍼센트임을 알 수 있습니다. 따라서 저금은 전혀 하지 않는다고 이해한 (1)은 적절하지 않습니다.

❺ 이 조사를 실시한 학생들은 학생 수가 해마다 늘어나서 학급 수가 증가하여 여유 공간에 교실을 증축하였으나, 운동장 크기는 변함이 없어 놀 공간이 없고 놀이 시설이 부족하다는 것을 문제점으로 지적하였습니다.

❼ ① 조사 결과에서는 점심시간 놀이 장소로 도서관을 답한 학생들이 적었습니다. 또한 이 결과만으로 아이들이 도서관에서 떠들며 노는지는 알 수 없습니다. ③ 2차 조사 (1)에서는 중간 놀이 시간과 점심시간을 비교하지 않았기 때문에 알 수 없는 내용입니다. ④ 2차 조사 (1)에서는 점심시간과 오후를 비교하지 않았기 때문에 알 수 없는 내용입니다. ⑤ 고학년 학생들도 놀이터 이용이 허락된다면 많은 학생들이 이용하기를 원한다고 하였습니다.

❽ 우리 학교에 추가로 설치할 놀이 시설을 알아보기 위해 한 조사는 3차 조사입니다. 이때 학생들은 등굣길에 우리 학교 학생을 대상으로 스티커 현장 조사를 하였습니다.

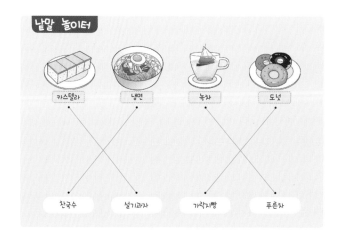

1. ③, ⑤　**2.** (1)　**3.** ①　**4.** ⓒ
5. ③　**6.** ⑤　**7.** 지안　**8.** ⓛ

❶ 초등학생들의 언어에 부모님도 영향을 끼치는 것으로 조사되었습니다. 또한 과반수 어린이가 '평소 우리말 맞춤법을 잘 지켜서 사용하고 있다고 생각하는가'라는 질문에 '아니요'라고 대답했다고 하였습니다.

❷ 이 글에는 조사 내용과 결과가 포함되어 있습니다. 자료를 조사할 때에는 저작권을 침해하지 않도록 주의하고 조사한 자료는 출처를 밝혀서 정리해야 합니다.

❹ 기사문에 특정 지역이 아닌 전국 14~19세 청소년을 대상으로 설문 조사를 하였다는 내용이 제시되어 있습니다.

❻ 조사 결과 ①~④번과 같은 의견이 나왔습니다. 그러나 ⑤번과 같은 의견은 조사 결과에서 찾을 수 없으므로 학생들이 욕설을 하는 까닭이라고 볼 수 없습니다.

❼ ㉠은 법무부에서 소년원과 비행 예방 센터에서 교육받는 학생을 대상으로 언어 사용 실태를 조사하였는데 그 결과 98.5퍼센트(%)나 되는 학생이 비속어를 사용한 경험이 있다는 내용입니다. 이 조사는 비행을 저지른 청소년들의 욕설 사용 비율이 높다는 것을 보여 주고 있습니다.

❽ 이 기사문에서는 '욕설 사용 줄이기'에 대해서 44.6퍼센트(%)가 회의적인 반응을 보였으며, 그 까닭으로 '습관이 돼서 고치기 어렵다'가 57.7퍼센트(%)로 가장 많았다고 하였습니다.

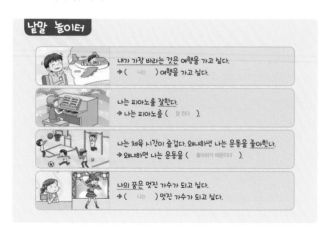

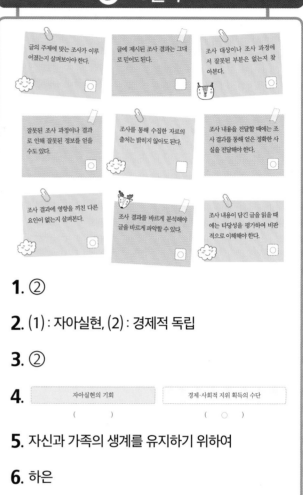

1. ②

2. (1) : 자아실현, (2) : 경제적 독립

3. ②

4.

자아실현의 기회	경제·사회적 지위 획득의 수단
(　　　)	(　○　)

5. 자신과 가족의 생계를 유지하기 위하여

6. 하은

❸ ① 2016년에 초등학생들은 교사가 되기를 가장 희망하였습니다. ③ 2007년에는 초등학생들이 가장 희망하는 직업이 교사였지만 2012년에는 운동선수가 되기를 가장 희망하였습니다. ④ 이 조사는 조사 대상을 남자와 여자로 구분하지 않았습니다. ⑤ 프로게이머는 2007년에도 10위였으므로 인기가 높았다고 볼 수 없습니다.

❹ 초등학생들이 생각하는 인생의 최종 목표를 조사한 결과 '돈'과 '명예'에 주요한 가치를 부여하고 있는 비율이 상당히 높은 것으로 나타났습니다. 이 수치로 볼 때 학생들이 직업을 자아실현의 기회보다는 경제·사회적 지위 획득의 수단으로 인식하고 있음을 알 수 있습니다.

❻ 이 글의 마지막 문단에서 '자아실현과 경제적 독립을 위한 수단으로서의 직업의 가치 중 어느 하나만이 중요한 것은 아니다.'라고 하였습니다. 즉 직업을 선택할 때에는 자아실현과 경제적 독립을 모두 고려해야 한다는 것을 알 수 있습니다.

낱말 놀이터

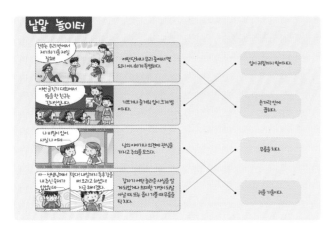

감상문에 드러난 글쓴이의 평가와 근거 찾기

①-16일차

1. 도토리 한 알   **2.** ③

3. (1), (2)   **4.** ⑤

5. ⑤   **6.** 착한 마음씨(마음씨)

❷ 3연의 '어디로 떨어졌는지 가르쳐 주려고' 부분에서 도토리나무가 나뭇잎을 흔든 까닭을 알 수 있습니다.

❺ 글 나의 글쓴이는 도토리나무가 다람쥐에게 도토리가 있는 곳을 간접적으로 알려 주고 있다고 하였습니다. 이러한 행동은 타인에 대한 배려가 밑바탕에 깔린 도움이라고 생각한다고 하였습니다.

낱말 놀이터

1. 책, 연필, 공책, 지우개, 자, 필통(공부할 때에 도와 주는 고마운 동무들)

2.

일곱 동무 ⎯⎯⎯ 좀 무서운 사람이다.

빨간 두건 아씨 ⎯⎯⎯ 싸우고 잘난 체를 한다.

3. (1), (2) **4.** 인물, 주제 **5.** ②, ④

6. ② **7.** ⑤

8. (1) - 가, (2) - 나, (3) - 가

❺ 글 **가**의 글쓴이는 심청이가 인당수에 몸을 던져 자신의 목숨을 바친 행동이 옳지 못하다고 하였습니다. 그 까닭으로 심청이가 없으면 앞이 보이지 않는 심 봉사가 살아가는 것이 힘들고, 자식이 부모보다 먼저 죽는 것은 불효이기 때문이라고 하였습니다.

❼ ① 『심청전』은 오랜 세월 사람들의 입에서 입으로 전해져 온 이야기라고 하였습니다. ② 글 **나**의 글쓴이는 『심청전』에 등장하는 사건들 중 현실에서 일어날 수 없는 것들이 있으며, 이와 같은 사건은 작품의 주제를 강조하기 위한 작가의 의도로 보아야 한다고 하였습니다. ③ 글쓴이는 『심청전』을 읽을 때에는 표면에 드러난 이야기만 읽지 말고 작가의 의도를 생각해야 한다고 하였습니다. ④ 요즈음 자식들이 부모를 학대하는 일을 보도하는 뉴스가 자주 보도되고 있다고 하였습니다.

1. ⑤ **2.** ⑤ **3.** ㉢

4. ⑤ **5.** ⑤

6.
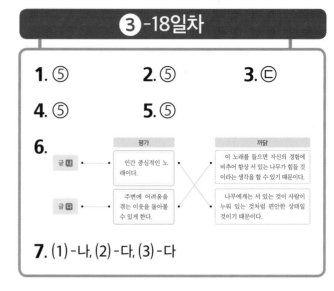

평가		까닭
글 **나** — 인간 중심적인 노래이다.		이 노래를 들으면 자신의 경험에 비추어 항상 서 있는 나무가 힘들 것이라는 생각을 할 수 있기 때문이다.
글 **다** — 주변에 어려움을 겪는 이웃을 돌아볼 수 있게 한다.		나무에게는 서 있는 것이 사람이 누워 있는 것처럼 편안한 상태일 것이기 때문이다.

7. (1) - 나, (2) - 다, (3) - 다

❶ 글쓴이는 「엄마 걱정」에 쓰인 표현 중 '나는 찬밥처럼 방에 담겨'라는 부분이 기억에 남는다고 하였습니다. 이 부분은 혼자 방에 남은 '나'를 온기 잃은 '찬밥'에 비유한 표현입니다. 따라서 ⑤번은 적절하지 않은 내용입니다.

❸ 글 **가**에서 말하는 이는 나무가 서서 자기 때문에 다리가 아플 것이라 생각하여 누워서 자라고 한 것입니다.

❹ 글 **가**의 내용을 인간 중심적인 사고라고 비판한 것은 글 **나**입니다.

❼ 글 **나**는 글 **가**에 나타난 인간 중심적인 사고를 비판하였습니다. 글 **다**는 글 **가**를 주변에 어려움을 겪는 이웃을 돌아보게 만드는 좋은 노래라고 하였습니다.

1. 레 미제라블 **2.** ④ **3.** (1)

4. ④ **5.** ①, ④

6.

장 발장은 가엾은 인물이다.	• 미리엘 주교와 사이가 좋지 않았기 때문이다.
	• 너무 가난하여 빵을 훔쳤고 이것 때문에 오랫동안 감옥에서 살아야 했기 때문이다.
	• 미리엘 주교를 본받고 싶어 했기 때문이다.
『레 미제라블』은 우리 삶의 모습과 비슷한 부분이 있다.	• 지금도 힘든 환경에서 사느라 잘못된 행동을 하는 사람이 있기 때문이다.

7. ③

8.

장 발장의 처지	장 발장의 행동
먹고살기가 힘든 처지에 있었음.	빵을 훔치고 은식기를 훔치는 등 도둑질을 함.
미리엘 주교의 따뜻한 마음을 경험함.	다른 사람을 돕고 착한 일을 많이 하는 등 새사람이 됨.

9. (1)

② ① 장 발장은 굶고 있는 조카들을 위하여 빵을 훔친 것입니다. ② 장 발장이 처음에 받은 형벌은 감옥에서 5년을 지내는 것이었습니다. ③ 사람들은 장 발장을 죄에 비해 지나치게 큰 벌을 받은 사람의 대표로 꼽는다고 하였습니다. ⑤ 장 발장은 감옥에서 계속해서 탈옥을 시도하였기 때문에 형벌이 늘어난 것이라고 하였습니다.

③ 글쓴이는 장 발장이 정당한 절차에 따라 허락을 받지 않고 탈옥을 시도한 행동이 잘못되었다고 하였습니다.

④ 글쓴이가 읽은 책의 제목은 『레 미제라블』이고(①), 이 책은 프랑스의 소설가 빅토르 위고가 썼습니다(③). 또한 글쓴이는 초등학생을 위해 짧게 쓴 글을 읽었으며(②) 이 책의 내용은 현재 우리의 삶과 비슷한 점이 있다고 하였습니다(⑤).

⑤ 장 발장은 4번의 탈옥 시도로 인하여 19년 형을 살게 되었습니다(②). 감옥을 나온 이후에도 장 발장은 미리엘 주교의 은식기를 훔쳤는데, 이것이 들통나자 주교는 자신이 준 것이라고 말합니다(⑤). 장 발장은 이러한 미리엘 주교의 행동에 감명을 받아 새사람이 되어 다른 사람을 돕고 착한 일을 많이 합니다(③).

⑨ 이 글의 글쓴이는 환경으로 인해 장 발장이 나쁜 행동을 하였다고 보고, 장 발장을 안타깝게 여기고 있습니다. 불우한 환경으로 인하여 장 발장이 나쁜 행동을 했다고 평가한 것은 (1)입니다.

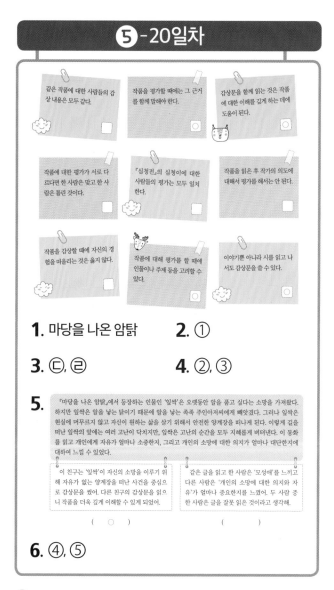

1. 마당을 나온 암탉 **2.** ①

3. ㉢, ㉣ **4.** ②, ③

5.

『마당을 나온 암탉』에서 등장하는 인물인 '잎싹'은 오랫동안 알을 품고 싶다는 소망을 가져왔다. 하지만 잎싹은 알을 낳는 닭이기 때문에 알을 낳는 족족 주인아저씨에게 빼앗긴다. 그러나 잎싹은 현실에 머무르지 않고 자신이 원하는 삶을 살기 위해서 안전한 양계장을 떠나게 된다. 이렇게 길을 떠난 잎싹의 앞에는 여러 고난이 닥치지만, 잎싹은 고난의 순간을 모두 지혜롭게 버텨낸다. 이 동화를 읽고 개인에게 자유가 얼마나 소중한지, 그리고 개인의 소망에 대한 의지가 얼마나 대단한지에 대하여 느낄 수 있었다.

이 친구는 '잎싹'이 자신의 소망을 이루기 위해 자유가 없는 양계장을 떠난 사건을 중심으로 감상문을 썼어. 다른 친구의 감상문을 읽으니 작품을 더욱 깊게 이해할 수 있게 되었어.	같은 글을 읽고 한 사람은 '모성애'를 느끼고 다른 사람은 '개인의 소망에 대한 의지와 자유'가 얼마나 중요한지를 느꼈어. 두 사람 중 한 사람은 글을 잘못 읽은 것이라고 생각해.
(○)	( )

6. ④, ⑤

② 잎싹이 소중하게 품은 알은 들판에서 발견한 알로, 잎싹이 낳은 알이 아닙니다.

③ ㉠과 ㉡은 아기 오리에 대한 사건이기는 하지만 '잎싹'의 모성애와는 관련이 없습니다. ㉢, ㉣과 같이 아기 오리를 위해 용기를 내거나, 자신의 털을 희생하는 모습을 '잎싹'의 모성애를 보여 주는 사건이라고 할 수 있습니다.

④ 글쓴이는 '잎싹'이 알을 따뜻하게 품기 위해 자신의 가슴 털을 뽑는 부분을 읽으며 어렸을 때 엄마가 자신을 꼬옥 안아 주시던 모습이 떠올랐다고 하였습니다. 또한 '잎싹'이 아기 오리를 데리고 저수지로 가는 장면에서 어린 동생과 함께 외출을 할 때 어려움을 겪은 일을 떠올렸습니다.

⑤ 같은 내용의 글을 읽고도 서로 느끼는 바가 다를 수 있습니다. 앞쪽에 제시된 감상문은 잎싹의 행동을 중심으로 모성애를 느끼고 있고 5번에 제시된 감상문은 잎싹이 자신의 소망을 이루기 위해 자유를 찾아 떠나는 행동이 중점적으로 다뤄지고 있습니다. 이와 같이 서로 다른 생각이 담긴 감상문을 읽으면 작품에 대해 더욱 깊이 이해할 수 있게 됩니다.

낱말 놀이터

햇살이 **밝다**. ·········· (①)

밝은 색깔의 옷을 입으니 얼 굴도 환해 보인다. ·· (②)

할아버지, 할머니, 안녕하세요?

민아는 인사성과 예의가 **밝** 다. ··········· (③)

글의 중요한 내용 요약하기

❶-21일차

1. ② **2.** ① **3.** 땅속, 마늘

4. 음악, 편경, 정간보

5. ② **6.** ② **7.** ㉢

② 마늘은 알싸한 맛을 내고 독특한 향이 난다고 하였습니다.

③ 글에서 중요한 내용을 간추려 정리하는 것을 요약이라고 합니다. 이 글에서는 땅속에서 자라는 식물인 무, 당근, 마늘, 고구마에 대해 설명하고 있습니다.

⑥ 세종대왕이 만든 정간보는 음의 높낮이뿐 아니라 음의 길이도 적을 수 있었습니다.

⑦ 글을 요약할 때는 중요한 내용과 중요하지 않은 내용을 구분해야 합니다. 중요한 내용은 글의 주제에 부합하는 내용인지, 글 전체의 내용을 포함하고 있는 내용인지 살필 수 있어야 합니다. 그래서 글을 요약할 때는 문단의 중심 내용이나 글 전체의 중심 생각 등을 잘 살펴보아야 합니다. 이 글에서는 세종대왕이 박연에게 편경을 만들도록 하고 정간보라는 악보를 만들었다는 내용이 전개되므로 음악과 관련된 이야기를 한 ㉢이 가장 중요한 문장임을 지도해 주세요.

낱말 놀이터

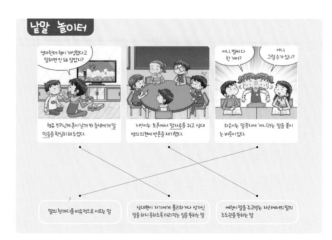

12

❸ -22일차

1. ①   2. ②

3.
농촌에서는 봄이 오면 파종을 하거나 전정을 합니다.	파종이란 논이나 밭에 채소나 곡식 등을 키우기 위해 씨를 뿌리는 것을 일컫습니다.	3~5월에 쓸모없는 가지를 잘라 주어야만 가을에 수확을 할 수 있습니다.
(○)	( )	( )

4. ③   5. 사실, 알리는   6. ④   7. ③

8. ①   9. ㉠, ㉡   10. ③

❸ 문단의 중심 문장을 파악하는 것은 글의 내용을 요약하는 방법 중의 하나입니다. 마지막 문단에서는 '농촌에서는 봄이 오면 파종을 하거나 전정을 합니다.'가 중심 문장입니다.

❻ 이 글의 첫 번째 문단에서 발표를 할 때 두근두근 떨리고 불안해했던 경험이 모두 있을 것이라고 하였습니다.

❼ 발표를 할 때 목소리가 너무 크면 듣는 사람이 쉽게 피로감을 느낄 수 있다고 하였습니다. 따라서 발표를 할 때는 알맞은 크기의 목소리로 말해야 합니다.

❿ 글을 읽고 요약할 때에는 글에서 중요한 내용을 찾아 그것을 바탕으로 요약을 하게 됩니다. 따라서 중요하지 않은 내용은 요약할 때 다루지 않게 되므로, 중요하지 않은 내용을 잘 정리할 수 있다는 ③번은 요약을 하면 좋은 점이라고 할 수 없습니다.

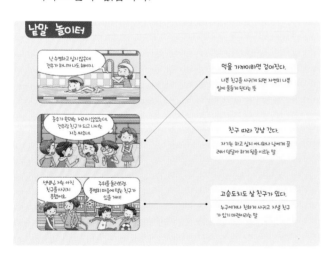

❸ -23일차

1. ⑤   2. ③   3. ㉮

4. ①, ③   5. ③   6. 건우

7.
사람들이 모피를 얻으려고 담비나 토끼 등 야생 동물들을 잡아들여서, 그 수가 굉장히 줄어들어 멸종 위기에 처해 있다.	담비나 토끼 등을 기를 때에는 동물이 안락하게 생활할 수 있도록 잠자리와 먹을 것을 주어야 하며 관심과 사랑을 베풀어야 한다.
(○)	( )

8. ①   9. ③   10. ②   11. ③

❷ 올빼미는 주로 밤에 활동을 하는 야행성 새라고 하였습니다.

❸ 마지막 문단의 중심 내용은 올빼미가 사냥을 잘할 수 있는 몸을 가지고 있다는 것입니다. 날갯짓 소리가 크지 않아 먹잇감에게 조용히 다가갈 수 있다는 것, 발톱이 날카로워 먹이를 꽉 잡을 수 있다는 것, 부리가 날카로워 먹이를 잘게 찢을 수 있다는 것, 소리를 잘 들어 먹잇감을 잘 찾을 수 있다는 것은 모두 ㉮에 포함되는 내용입니다. 그러므로 이 문단의 중심 문장은 ㉮ '또 올빼미는 사냥을 잘할 수 있는 몸을 가지고 있습니다.'입니다.

❽ 맵고 진한 냉면 비빔장을 사용하는 함흥식 냉면을 먹고 나면 땀이 나고 몸이 더워진다고 하였습니다.

❾ 글이 전개되는 방식, 즉 글의 구조나 짜임을 파악하는 것은 글의 내용을 요약할 때 쓸 수 있는 방법입니다. 이 글은 함흥식 냉면과 평양식 냉면의 면발과 맛, 주로 먹었던 지역 등 차이점을 중심으로 설명하고 있는 글입니다. 그러므로 글의 내용을 요약할 때는 함흥식 냉면과 평양식 냉면이 어떻게 다른지 차이점이 두드러지게 요약을 하는 것이 좋습니다.

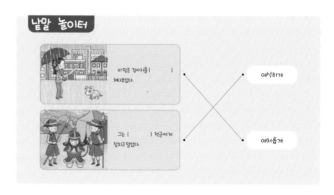

1. ④   **2.** 존중, 세, 경청하기   **3.** 직업

4. ②, ⑤   **5.** ①   **6.** ④   **7.** ③

8. ㉠, ㉡, ㉣, ㉮   **9.** 공해, 돌봄 직업

2 각 문단의 중심 내용을 살펴봄으로써 글의 내용을 요약할 수 있음을 지도합니다. 이 글에서는 공감하며 말하는 방법에 대해서 설명하고 있습니다. 경청을 하고 상대방의 입장을 생각하여 처지를 바꾸어 생각을 해 본 후 배려하는 말하기를 하는 것이 바로 공감하며 말하기 방법입니다.

5 옛날에 꼭 필요했던 직업들을 나열하는 방식으로 글을 전개하고 있습니다.

8 글을 요약할 때는 글에서 중요한 내용을 정리해야 합니다. 따라서 글 **가** 의 주제를 나타내는 내용과, 주제에 따라 소개하고 있는 대상인 옛날의 직업 '물장수'와 '전화 교환원', '채빙사'에 대한 내용을 찾아야 한다는 것을 지도해 주세요.

낱말 놀이터

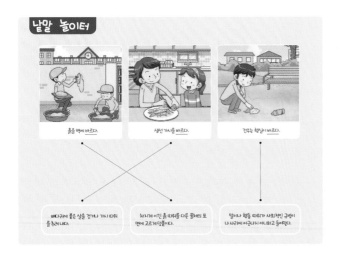

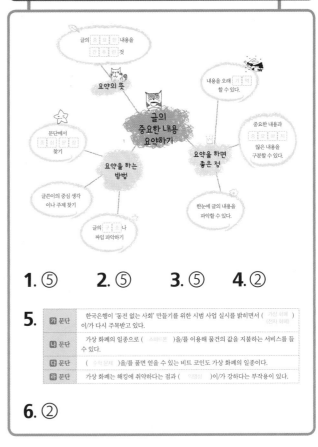

1. ⑤   **2.** ⑤   **3.** ⑤   **4.** ②

5.

가 문단	한국은행이 '동전 없는 사회' 만들기를 위한 시범 사업 실시를 밝히면서 (가상 화폐 / 전자 화폐)이/가 다시 주목받고 있다.
나 문단	가상 화폐의 일종으로 (스마트폰)을/를 이용해 물건의 값을 지불하는 서비스를 들 수 있다.
다 문단	(수학 문제)을/를 풀면 얻을 수 있는 비트 코인도 가상 화폐의 일종이다.
라 문단	가상 화폐는 해킹에 취약하다는 점과 (익명성)이/가 강하다는 부작용이 있다.

6. ②

4 **다** 문단에서 은행 계좌나 신용 카드가 없어도 사용할 수 있는 가상 화폐인 '비트 코인'을 소개하고 있습니다.

6 가상 화폐는 온라인상 컴퓨터 코드로 만들어진 화폐이기 때문에 해킹에 취약하다는 것이 문제점이라고 하였습니다. 이 밖에도 익명성이 강하여 추적이 몹시 어렵다는 문제점이 있다고 하였습니다.

낱말 놀이터

읽기 목표 6
인터넷 게시 글과 댓글의 내용 비판적으로 읽기

1 - 26일차

1. ⑤ **2.** ⑤ **3.** 박지훈

4. ③ **5.** ③

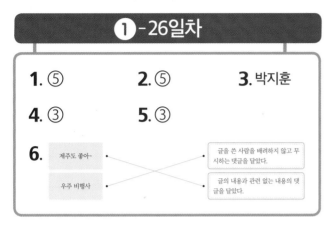

6.

| 제주도 좋아~ | → | 글을 쓴 사람을 배려하지 않고 무시하는 댓글을 달았다. |
| 우주 비행사 | → | 글의 내용과 관련 없는 내용의 댓글을 달았다. |

② 게시 글의 내용 중 3번에 '문의: 032-○○○-8000, 누리집 www.○○○○○.or.kr'이라고 써 있는 것을 통해 전화와 인터넷 사이트를 통하여 문의할 수 있음을 알 수 있습니다.

④ 보츠와나는 강수량이 적어 경제 성장을 하기 위해 빗물을 이용하는 기술이 발전했다는 내용이 글에 나타나 있습니다.

⑥ '제주도 좋아~'는 게시 글의 내용과 관련이 없는 내용의 댓글을 달았습니다. 또한 '우주 비행사'는 글의 내용을 무조건 비난하며 상대방을 배려하지 않는 내용의 댓글을 썼습니다. 이는 올바르지 않은 댓글임을 지도해 주세요.

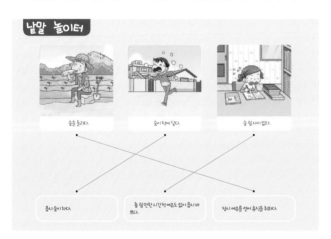

2 - 27일차

1. ⑤ **2.** (2) **3.** ⑤

4. ④ **5.** ② **6.** (2)

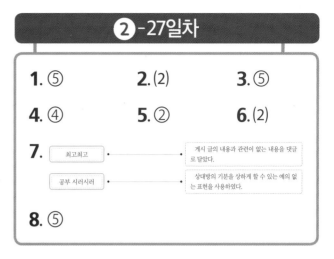

7.

| 최고최고 | → | 게시 글의 내용과 관련이 없는 내용을 댓글로 달았다. |
| 공부 시러시러 | → | 상대방의 기분을 상하게 할 수 있는 예의 없는 표현을 사용하였다. |

8. ⑤

② 승연이는 게시 글의 내용과 관련이 없는 떡볶이에 대한 댓글을 달았습니다. 이는 올바른 댓글 예절이 아님을 알려 주세요.

⑤ '놀이 수학 개발 업체'에서는 온라인 교재와 프로그램을 함께 개발하여 보다 쉽게 놀이에 접근할 수 있도록 할 예정이라고 하였지만, 이를 무료로 제공한다고 하진 않았습니다.

⑥ '모래성 78'은 게시 글의 내용을 그대로 수용하지 않고 의문을 제기하였습니다. 또한 글의 내용으로 인해 일어날 수 있는 부정적인 상황을 제시하며 우려를 나타냈습니다. 인터넷 게시 글은 사실 확인이 되지 않은 것들이 있을 수 있으므로 읽을 때 비판적으로 분석하고 사실을 확인해야 함을 지도해 주세요.

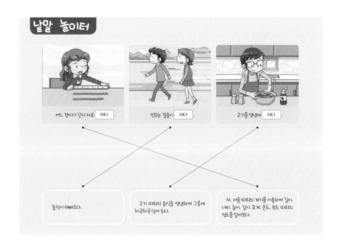

1. (2) **2.** 배려, 관련 **3.** ④

4. ② **5.** ② **6.** ⑤

7. 안전이 **8.** ㉡

❸ 제목은 글 전체의 내용을 포괄할 수 있어야 합니다. 이 글은 편리한 무인 자동차 시대가 도래하였지만 일상에서 사용되려면 각종 안전 규제를 마련해야 한다는 내용을 담고 있습니다.

❺ '주목'이란 '관심을 가지고 주의 깊게 살핌'을 뜻합니다. 따라서 ②번이 ㉡의 내용과 가장 비슷한 것임을 알려 주세요.

❻ ⑤번은 무인 자동차의 장점에 관한 내용으로 알맞지 않습니다.

❼ 무인 자동차에 대하여 '안전이'는 부정적인 관점을 가지고 있고, '남극탐험'과 '조아조아'는 긍정적인 관점을 가지고 있습니다.

❽ '꿈의 자동차'는 무인 자동차와 관련이 없는 내용을 댓글로 달았습니다. 댓글을 쓸 때에는 게시 글의 내용을 바르게 파악하여, 그와 관련이 있는 내용으로 써야 함을 알려 주세요.

낱말 놀이터

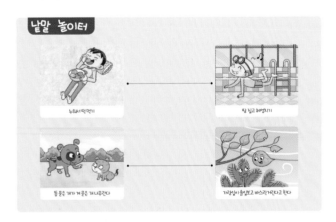

1. ④ **2.** 저작권

3. 유전자 조작 기술

4. ① **5.** ①

6. 의견: ㉠ / 까닭: ㉡, ㉢, ㉣

7.

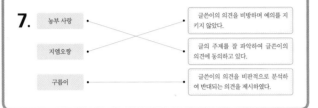

❷ 인터넷 게시판에 글을 쓸 때에는 다른 사람의 저작권을 침해하지 않도록 유의해야 함을 지도해 주세요.

❹ GMO는 인류에게 아주 낯선 '신상품'으로, 사람 몸에 어떤 영향을 미칠지, 문제가 생겼을 때 어떻게 대처해야 할지를 몰라 안전성이 검증되지 않았다고 하였습니다.

낱말 놀이터

저는 땅콩 (알레르기 / 알러지)가 있어요.

저는 항상 (에네르기 / 에너지)가 넘쳐요.

저는 (뷔페 / 부페)에서 여러 가지 음식을 먹었어요.

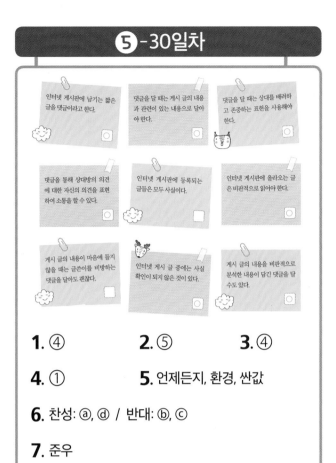

1. ④ **2.** ⑤ **3.** ④

4. ① **5.** 언제든지, 환경, 싼값

6. 찬성: ⓐ, ⓓ / 반대: ⓑ, ⓒ

7. 준우

③ ⓛ에 이어지는 내용이 방사능 유출에 관한 것이므로 ⓛ 에는 부정적인 의미의 낱말이 들어가야 합니다.

⑦ ⓓ는 글쓴이의 의견에 동의하는 댓글을 달았습니다.

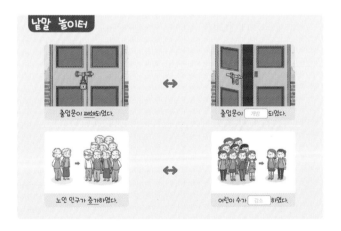

읽기 목표 **7**
건의하는 글의 내용 평가하기

1. 강당, 쓰레기

2.
| 글 ⑦ • | • 강당에 쓰레기 분리수거함을 놓아 주세요. |
| 글 ⓝ • | • 학생들이 강당에 출입하지 못하도록 제한해 주세요. |

3. 건우 **4.** ④ **5.** ③

6. ③, ④ **7.** ⑤

③ 글 ⓝ의 글쓴이는 강당에 쓰레기가 발생하는 문제를 줄이기 위해 강당을 깨끗하게 쓰는 캠페인을 진행했으나 효과가 없었다고 하였습니다. 따라서 이것을 다시 제안하는 건우의 의견은 올바르지 않다는 것을 알려 주세요.

④ '학교 시설을 관리하시는 분께 하루빨리 과학실 개수대의 수도꼭지를 수리하여 주시길 건의드립니다.'라는 부분을 통해 학교 시설을 관리하시는 분께 건의하는 글임을 알 수 있습니다.

⑥ 글쓴이는 고장 난 개수대의 수도꼭지를 수리해 달라고 하였으며, 개수대를 비롯한 과학실 시설이 고장 나지 않게 정기적으로 점검하여 주기를 바라고 있습니다.

❷-32일차

1. ④　　**2.** ⑤　　**3.** ⑤　　**4.** ②

5. ③　　**6.** ②　　**7.** ②

8.

쓰레기를 버릴 시 벌금 200만 원에 처해질 수 있습니다. - 유리병 사용 시 반드시 분리배출해 주십시오 -	공원에 음식물을 가지고 들어와서는 안 됩니다. - 유리병, 라이터 등의 위험 물질 또한 공원에 반입할 수 없습니다.	공원을 이용하며 발생한 쓰레기는 가지고 돌아가 주시기 바랍니다. - 유리병, 라이터 등 위험 물질은 조심히 사용하여 주십시오 -
(　　)	(　　)	(　○　)

9. 지안

❶ 요즘 우리 학교 학생들이 급식 시간에 음식을 남기는 경우가 많다는 것이 이 글에서 말하는 문제 상황입니다. 글쓴이는 음식을 남기면 자원이 낭비되고 환경도 오염된다고 지적했습니다.

❸ 건의하는 글은 문제 상황에 대하여 상대방과 해결 방안을 공유하고 이를 수용하도록 요구한다는 점에서 '설득'을 목적으로 합니다.

❹ 공원 이용객들이 자신이 만든 쓰레기를 되가져가지 않아 버려진 쓰레기가 많은 것이 문제가 되는 상황입니다.

❻ 공원에 이용 예절과 쓰레기 처리에 대한 안내판이 있긴 하지만, 오래 전에 세워져 글자가 바래서 쓰여 있는 문구를 읽을 수 없다고 하였습니다.

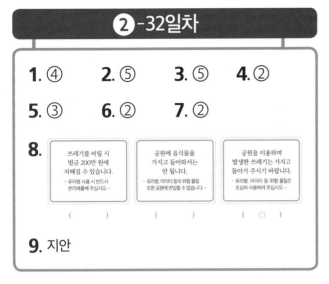

❸-33일차

1. (2)　　　　**2.** 유리병, 종이 팩

3. ③　　　　**4.** ⑤　　　　**5.** ④

6. 영어, 수업 시간　　　　**7.** ①

8.

글 가 • ——— • 따로 비용을 들이지 않고도 학교에서 영어 공부를 할 수 있어서 실력 향상에 도움이 될 것이다.

글 나 • ——— • 아침 방송은 전교생이 보는 것이므로 친구들의 언어 습관을 바르게 고치는 데 큰 도움이 될 것이다.

9. 건우

❷ 유리병 사용을 의무화하는 것은 안전사고의 위험, 우유 운반 시의 문제점 등 다양한 요인을 고려하지 못한 것이므로 건의 내용의 이치를 따져 평가할 수 있도록 지도해 주세요.

❸ 글 가와 나는 둘 다 어떤 문제 상황에 대하여 그 문제를 해결하기 위해 건의를 하는 글입니다.

❺ 글 가의 글쓴이는 친구들의 언어 습관을 고칠 수 있도록 아침 방송 시간에 '고운 말 쓰기'라는 프로그램을 운영해 달라고 하였습니다.

❽ 글 가는 아침 방송에서 '고운 말 쓰기' 프로그램을 운영했을 때의 기대 효과를, 글 나는 영어 수업 시간을 늘렸을 때의 기대 효과를 찾아야 함을 지도해 주세요.

❾ '고운 말 쓰기' 방송 프로그램을 통해 학생들이 욕설이나 신조어 대신 고운 말을 사용해야 한다는 의식이 생길 수 있으므로 올바른 건의 내용입니다. 따라서 건우가 평가한 내용이 적절하지 않습니다.

1. 글 가 ——— 주말에 도서관을 개방해 주세요.

글 나 ——— 평일 도서관 이용 시간을 늘려 주세요.

2. 도서관, 시간, 주말, 개방

3. ④　　　　**4.** ③　　　　**5.** ⑤

6. ③, ④　　　**7.** (1), (3)　　**8.** 놀이터, 안심

9. 건우

❷ 교장 선생님의 답변을 채우며 이치에 맞고 실행이 가능한 건의 내용이 무엇인지 생각해 볼 수 있도록 지도해 주세요.

❸ 이 글은 놀이터 안전사고를 줄이기 위하여 자신의 의견을 건의한 글입니다. ⑤번의 내용은 글쓴이의 건의 내용에 포함되긴 하지만 '놀이터 이용 안전 교육' 실시의 내용을 포괄하지 못하므로 정답이 아님을 알려 주세요.

❻ 어린이 놀이터 안전사고가 늘어나는 문제를 해결하기 위한 방안으로 놀이터 안전성 조사 및 조치, 놀이터 이용 안전 교육 실시를 건의하고 있습니다.

❼ 글쓴이는 놀이터의 놀이 기구 중 아이들의 안전을 위협하는 것들을 조사하여 알맞게 조치해 주기를 건의하였습니다.

낱말 놀이터 놀이터

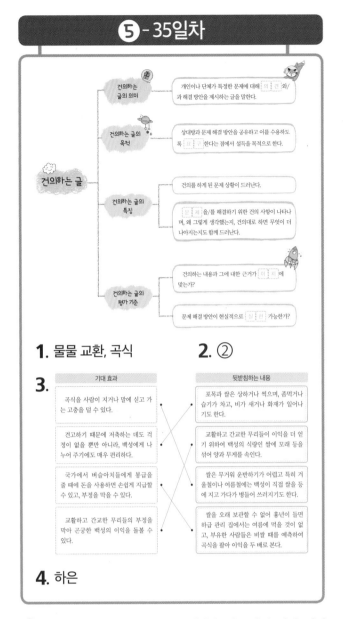

1. 물물 교환, 곡식　　　**2.** ②

3.

기대 효과	뒷받침하는 내용
곡식을 사람이 지거나 말에 싣고 가는 고충을 덜 수 있다.	포목과 쌀은 상하기 쉬우며, 좀먹거나 습기가 차고, 비가 새거나 화재가 일어나기도 한다.
견고하기 때문에 저축하는 데도 걱정이 없을 뿐만 아니라, 백성에게 나누어 주기에도 매우 편리하다.	교활하고 간교한 무리들이 이익을 더 얻기 위하여 백성의 식량인 쌀에 모래 등을 섞어 양과 무게를 속인다.
국가에서 벼슬아치들에게 봉급을 줄 때에 돈을 사용하면 손쉽게 지급할 수 있고, 부정을 막을 수 있다.	쌀은 무거워 운반하기가 어렵고 특히 겨울철이나 여름철에는 백성이 직접 쌀을 등에 지고 가다가 병들어 쓰러지기도 한다.
교활하고 간교한 무리들의 부정을 막아 곤궁한 백성의 이익을 돌볼 수 있다.	쌀을 오래 보관할 수 없어 흉년이 들면 하급 관리 집에서는 여름에 먹을 것이 없고, 부유한 사람들은 비쌀 때를 예측하여 곡식을 팔아 이익을 두 배로 본다.

4. 하은

❷ 글쓴이는 물물 교환의 여러 폐단을 바로잡기 위한 해결 방안으로 '돈'을 만들 것을 건의하고 있습니다.

❹ 곡식의 낱알은 비록 동전보다 작아도 한 개의 돈에 해당하는 곡식은 많은 양이라 무게가 나갑니다. 이 점을 생각하여 본다면 곡식에 비하여 동전은 크기가 작고, 한 줄에 꿸 수 있어 휴대하기도 좋으므로 힘이 덜 들고 편리합니다. 돈을 만들어 쓰면 곡식을 사람이 지거나 말에 싣고 가는 고충을 덜 수 있다는 근거는 타당합니다.

낱말 놀이터 놀이터

역사적 상황이 드러난 문학 작품 이해하기

① - 36일차

1. ⑤	**2.** (2)	**3.** 하은
4. ①, ④	**5.** 준우	**6.** 흉내, 판단력

③ 미국인 선교사가 입학 시험을 치렀다고 해서 우리나라가 미국의 지배를 받았을 것이라고 추측하기는 어렵습니다. 구세 학당은 미국인 선교사인 언더우드가 설립한 학교였습니다.

④ 이 글에서 우리 대한 학생들은 비교적 학비가 덜 드는 문학이나 신학 같은 것은 배워도, 공학같이 기술적 학문은 좀처럼 배우지 못한다고 하였습니다.

⑤ '대한 학생'은 어려운 경우에 처하여 외국 학생들과 같은 교육을 받지 못하는 우리나라 학생들을 가리키는 말입니다. 따라서 대한 학생이 일본에 가서 공부를 하고 있는 유학생들을 뜻한다는 설명은 올바르지 않습니다.

② - 37일차

1. ②	**2.** (3)	**3.** ①, ③
4. ②	**5.** ⑤	**6.** 지안

② 천주학 책을 필사하다 맞아 죽었다는 것은 이 글의 역사적 상황이 천주학이 죄가 되는 때였음을 알려 주는 부분입니다.

④ 장이는 홍 교리의 부인에게 동녘 동 자가 박힌 책을 찾아 불태워야 한다고 말했습니다. 동녘 동 자가 박힌 책은 천주학과 관련된 것이므로 ②번이 정답입니다.

⑥ 글의 마지막 부분을 통해 뒷부분의 내용을 예측할 수 있습니다. 장이는 '어서 쾌차하게. 미안하고 부끄럽네 – 서…….'라는 기억을 떠올립니다. 또한 천주학이 서학이라고도 불렸다는 부분과 장이가 서쪽 서가로 다가가는 부분을 통해 서쪽 서가에서 천주학 책을 찾는 내용이 나올 것임을 예측할 수 있습니다. 하은이가 말한 내용 중 천주학 책에 '동녘 동'이 박혀 있는 것은 바른 설명이지만, 동쪽 서가에서 천주학 책을 발견하였다는 것은 글의 뒷부분에 이어지기에는 어색하므로 적절하지 않습니다.

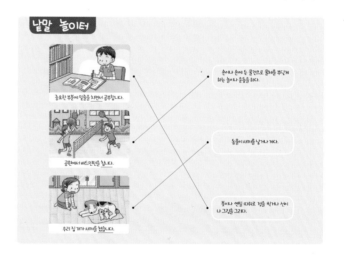

❸-38일차

1. ①, ②   **2.** (4)   **3.** ⑤

4. ②   **5.** ⑤

6.

| 덕재 | • | | • | 아버지의 임종을 지키는 것이 자식으로서 해야 할 도리이다. |
| 덕재 아버지 | • | | • | 농사 짓는 사람이 농사를 버려 두고 다른 곳으로 가서는 안 된다. |

7. 6·25 전쟁

① 이 시는 동생이 지난밤에 이불에 싼 오줌을 지도에 비유하고 있습니다. 말하는 이가, 엄마를 꿈에 가 보았다고 하였고 엄마가 별나라에 계신다고 하였으므로 엄마가 돌아가셨다는 것을 추측할 수 있습니다. 또한 '돈 벌러 간 아빠 계신 만주 땅'이라는 구절을 통해 아빠가 돈을 벌기 위해 만주 땅에 가셨음을 알 수 있습니다.

② 일제 강점기에는 농사지을 땅과 재산을 일본에게 빼앗겨 만주로 이주하는 사람들이 많았습니다. 이 시에서 아빠가 만주에 돈을 벌러 갔다는 내용이 이러한 역사적 상황을 드러내고 있다고 볼 수 있습니다. 역사적 상황이 드러난 다른 시를 읽어 보고 상황을 잘 드러내고 있는 구절이나 내용을 찾아 볼 수 있도록 지도해 주세요.

⑤ 성삼이는 덕재를 호송하며 자신이 맡은 공적인 임무만 수행하려 하지만 덕재는 어린 시절을 같이 보낸 친구이기 때문에 자꾸 마음이 흔들립니다. 그래서 결혼에 대하여 묻게 되고, 덕재의 부인이 어릴 적 함께 놀려 댔던 꼬맹이라는 것을 알고는 재미있어 합니다.

⑦ 이 글은 '6·25 전쟁'을 배경으로 하였습니다. 친구였던 두 사람이 전쟁으로 인해 적으로 만나는 모습을 통해 한 민족이 갈라져 적으로 싸웠던 6·25 전쟁의 비극적 모습을 드러내고 있습니다.

낱말 놀이터

신랑과 신부는 많은 사람들의 축하를 받으며 (   ).

❹-39일차

1. ⑤   **2.** 일제 강점기   **3.** (1)

4. 5, 4, 3, 2   **5.** ②, ④

6.

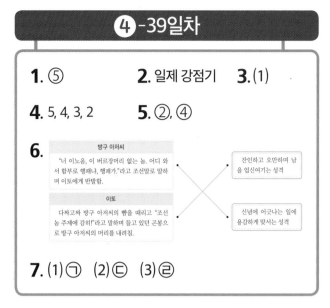

7. (1) ㉠   (2) ㉢   (3) ㉣

② 징병과 징용으로 사람들이 끌려간다는 것과 공출로 기름진 쌀을 일본으로 실어 간다는 내용을 통해 이 글의 배경이 일제 강점기임을 추측할 수 있습니다.

⑤ 이토는 방구 아저씨에게 허가 없이 나무를 베어 사용했다는 죄를 물으려 하였습니다. 이에 방구 아저씨가 '당신네 나라에서는 금방 벤 나무로 장을 짜오?'하고 반발하자 일제에 따르지 않는 '불령선인'이라는 죄까지 함께 물으려 하였습니다.

⑦ 이 이야기의 배경은 '일제 강점기'입니다. 일본에 의해 핍박받던 조선인들의 삶을 '방구 아저씨'라는 인물을 통해 잘 드러내고 있습니다. 당시의 상황이 이 글에서 어떤 모습으로 드러나고 있는지 바르게 파악할 수 있도록 지도해 주세요.

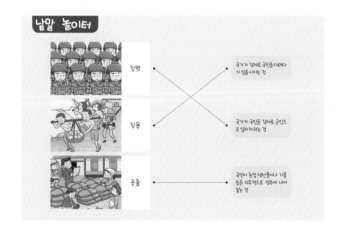

낱말 놀이터

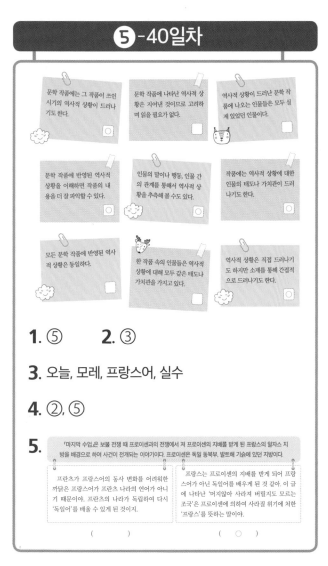

1. ⑤   **2.** ③

3. 오늘, 모레, 프랑스어, 실수

4. ②, ⑤

5.
> 「마지막 수업」은 보불 전쟁 때 프로이센과의 전쟁에서 저 프로이센의 지배를 받게 된 프랑스의 알자스 지방을 배경으로 하여 사건이 전개되는 이야기이다. 프로이센은 독일 동북부, 발트해 기슭에 있던 지방이다.

프란츠가 프랑스어의 동사 변화를 어려워한 까닭은 프랑스어가 프란츠 나라의 언어가 아니기 때문이야. 프란츠의 나라가 독립하여 다시 '독일어'를 배울 수 있게 된 것이지.	프랑스는 프로이센의 지배를 받게 되어 프랑스어가 아닌 독일어를 배우게 될 것 같아. 이 글에 나타난 '머지않아 사라져 버릴지도 모르는 조국'은 프로이센에 의하여 사라질 위기에 처한 '프랑스'를 뜻하는 말이야.
( )	(○)

❹ 이 이야기는 프랑스와 프로이센의 전쟁 시기에 쓰여진 작품입니다. 평소 교실에서 일어날 수 있는 상황에 대하여 서술한 부분이 아닌 시대적 상황을 반영하고 있는 부분에 집중해야 합니다. 모국의 언어가 아닌 다른 언어의 학습을 강요받는 부분과 조국이 사라질지도 모른다는 서술은, 프랑스가 위태로운 상황에 처해 있음을 암시합니다.

낱말 놀이터

약속 시간에 늦은 경우는 버스 안에서
(안절부절했다 / **안절부절못했다**).

숙제 공책을 두고 갈 뻔한 나에게 어머니는
(**칠칠하다고** / 칠칠치 못하다고) 말씀하셨다.

표현의 적절성 평가하기

1. ③   **2.** 탄탄 자전거

3.

전국과 세계의 모든 자전거 중 가장 강한지 비교해 볼 수 없으므로 '전국 최강! 세계 최강!'은 사실보다 지나치게 부풀려서 나타낸 표현인 것 같아.	천하장사인 힘돌이가 즐겨 탄다고 했으니까 '전국 최강! 세계 최강!'이라는 말도 정확한 사실을 드러낸 표현인 것 같아.
(○)	( )

4. ②   **5.** ②   **6.** 지안   **7.** (1)

❸ '전국 최강! 세계 최강!'이라는 표현은 사실보다 지나치게 부풀려서 나타낸 과장 표현입니다. 광고에서 '무조건', '절대로', '최고', '100퍼센트' 등의 표현은 비판적으로 생각하여 보아야 함을 지도해 주세요.

❺ '나 혼자 수영이를 만난 게 서운해서 이 녀석이 괜히 아침부터 심술을 부린 건가 보다.'라는 부분을 통해 알 수 있습니다.

❻ ㉠은 효준이와 지혜가 함께 수영이의 집에 가는 것, 효준이가 혼자서 지혜와 수영이가 함께 사는 집에 가는 것으로 해석될 수 있습니다.

낱말 놀이터

1. ⑤	**2.** 하은, 준우	**3.** ②
4. ⑤	**5.** ②	**6.** ④
7. ②, ⑤	**8.** 지안	**9.** 과장, 거짓

❷ 광고를 볼 때에는 거짓되거나 과장된 표현은 없는지 확인하며 보아야 합니다.

❸ 이 광고의 의도는 왕맛나 햄버거를 사 달라는 것입니다.

❼ 이 광고에서는 광고에 도움이 되는 부분은 큰 글자로 표현하여 강조하였고 불리한 부분은 작은 글자로 표현하여 눈에 잘 띄지 않게 하였습니다. 또한 글과 장면을 적절히 사용하여, 장면을 통해 시각적 효과를 주었고 글을 통해 보충 설명을 하였습니다. 내용 구성은 패티, 채소, 소스, 빵 순서로 햄버거의 재료를 보여 준 뒤 완성된 햄버거의 모습을 보여 주었습니다.

❽ 광고를 볼 때에는 사실보다 지나치게 부풀린 표현은 없는지, 사실이 아닌 것을 사실처럼 표현한 부분은 없는지 등을 평가하며 비판적으로 보아야 합니다. 광고 문구의 표현을 평가해 보지 않고 무조건적으로 수용하는 것은 올바른 태도가 아닙니다.

1. 4000억	**2.** 약, 내복, 내복약	
3. 캐나다	**4.** ③	**5.** ④
6. ④	**7.** 준우	**8.** (1)

9.

10. ①, ④

❷ 여러 가지 뜻으로 해석될 수 있는 표현은 광고나 문학 작품에서 의미를 풍부하게 하기도 하지만, 잘못 쓰일 경우 의사소통에 문제가 생길 수 있으니 어떤 의미로 쓰였는지 평가하며 읽어야 합니다.

❽ ㉠의 문장만 보았을 때에는 두 가지 의미가 모두 가능하지만 ㉠ 뒤의 내용을 보면 참석한 친척들이 있다는 것을 알 수 있고, 훈석이 또한 돌잔치에 참석하였으므로 '친척들이 한 명도 오지 않았다'는 말은 옳지 않음을 지도해 주세요.

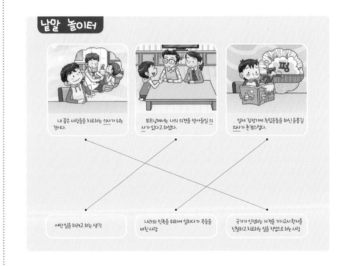

1. 멸치 국수　**2.** 건우　**3.** ⑤

4. ⑤　**5.** ⑤　**6.** ⑤

7. ⑤　**8.** ⑤　**9.** 준우

❸ '적당히', '어느 정도' 등은 '뜻이 분명하지 않은 표현'입니다. 사람마다 '적당히'와 '어느 정도'를 해석하는 기준이 다르기 때문에 이러한 표현을 사용하면 의사 전달에 문제가 생겨 요리법을 제대로 따라 할 수 없습니다.

❻ '나'가 ㉠처럼 말하게 된 까닭은, 수정이가 '조금만 더' 가면 된다고 하였는데 아무리 걸어도 '또와 분식집'이 나타나지 않았기 때문입니다. 이는 수정이와 '나'가 생각한 '조금만 더'의 기준이 달라서 생긴 오해임을 지도해 주세요.

❼ 사람에 따라 다르게 해석될 수 있는 표현이 아닌 명확한 표현으로 고쳐야 합니다. '곧', '어느 정도', '조금만 더', '상당히'는 걸리는 시간을 정확하게 표현할 수 없어서 오해가 생길 수도 있는 표현입니다.

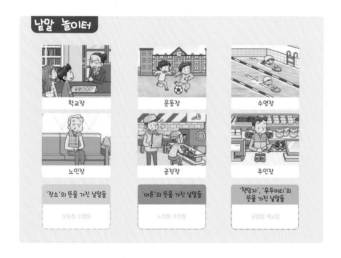

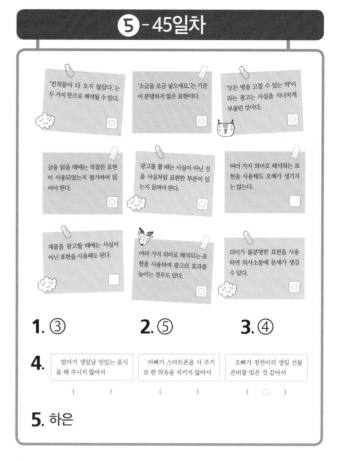

1. ③　**2.** ⑤　**3.** ④

4.

엄마가 생일날 맛있는 음식을 해 주시지 않아서	아빠가 스마트폰을 사 주기로 한 약속을 지키지 않아서	오빠가 정연이의 생일 선물 준비를 잊은 것 같아서
(　　)	(　　)	(　○　)

5. 하은

❸ '알맞게', '약간', '적당히', '충분히'와 같은 표현은 기준이 불분명하여 정확한 의미를 파악하기가 어렵습니다.

❺ ㉡에서 오빠가 들여다보는 것은 스마트폰이며 두드리고 있는 것은 스마트폰의 자판이라고 하였습니다.

24

작품에 반영된 가치 이해하기

❶-46일차

1. ⑤　　　**2.** 시간, 재촉　　　**3.** ③

4. ②　　　**5.** ①　　　**6.** (2)

❷ ㉡은 밥도 끓을 만큼 끓어야 완성되는 것처럼, 물건도 충분히 시간과 공을 들여야 완성될 수 있다는 뜻으로, 노인의 가치관을 드러내는 부분입니다. 노인은 재촉하는 '나'에게 화를 내면서 방망이를 천천히 계속 깎고 있습니다. 이러한 노인의 말과 행동을 통해 노인은 느리지만 물건을 제대로 만드는 것을 중요하게 여기는 사람임을 지도해 주세요.

❸ 가을이 깊어 감나무가 불그스레 물든 잎을 우수수 떨어뜨리고 은행나무도 노란 외투를 벗어 버렸다고 하였으므로 이 글은 늦가을이 배경임을 알 수 있습니다.

❻ 할아버지가 연을 만들어 날리면서 북쪽에 있는 고향을 생각하고, 연에 '통일 염원'이라고 쓰는 등의 행동을 하는 것으로 보아 할아버지는 '통일'이라는 가치를 지향하고 있다고 볼 수 있습니다.

낱말 놀이터

동생은 무언가 못마땅한지 자꾸 (구시렁거렸다 / 궁시렁거렸다).

그 아이는 배가 고픈지 밥을 입에 허겁지겁 (우겨넣었다 / 욱여넣었다).

그 공연에는 (내노라하는 / 내로라하는) 연주자들이 모두 모였다.

❷-47일차

1. ⑤　　　**2.** ②　　　**3.** ③

4. ③　　　**5.** ②　　　**6.** ④

7.
호야 부모님 ─── 친절한 대접을 받은 후에는 감사한 마음을 전해야 한다.
두 청년 ─── 이웃과 따뜻한 인심을 나누며 살아야 한다.

❷ ㉡에서 양반은 양반 신분을 파는 일을 정말 부끄러운 일이라고 하였습니다. 따라서 이 글에 나오는 양반은 그 무엇보다 양반의 자존심을 중요하게 생각하는 인물임을 알 수 있습니다.

❸ 덕줏골에는 원래 여남은 집이 살았으나, 아이들 공부 등의 이유로 떠나고 지금은 호야네, 순주네, 창수네만 살고 있다고 하였습니다.

❻ 마을 아이들뿐 아니라 낯선 사람들에게도 음식을 아낌없이 나누어 주는 호야 부모님의 모습을 통해 추측할 수 있도록 지도해 주세요.

❼ 낯선 두 청년에게 음식을 나누어 준 호야 부모님의 행동과, 그런 호야 부모님에게 돈을 건네며 감사한 마음을 전한 청년들의 행동을 통해 추측할 수 있도록 지도해 주세요.

낱말 놀이터

외손뼉이 소리 날까 ─── 고장난명(孤掌難鳴)

쇠귀에 경 읽기 ─── 우이독경(牛耳讀經)

③-48일차

1. (1)
2. ⑤
3. 원숭이, 나비
4. ④
5. (2)
6. ④
7. 준우
8. ③, ⑤

② 인물이 추구하는 삶이나 가치를 알기 위해서는 인물이 한 말이나 행동을 잘 살펴보아야 합니다. 꿀벌은 '부지런히 움직이고, 꿀을 모으고, 벌집을 만들기 위해서 사는 거야.'라고 하였으므로 이것이 꿀벌이 추구하는 삶이라고 볼 수 있습니다.

⑥ 나비는 번데기로 변했다가 나비가 되었다고 말했습니다. 작고 눈부신 주머니가 터진 후 나비가 나왔으므로, 작고 눈부신 주머니는 나비가 되기 전인 '번데기'임을 알 수 있습니다.

⑦ 나비는 항상 더 나은 존재로 발전하기 위해 살고 있다고 하였습니다. 이와 같은 생활을 하는 친구를 찾을 수 있도록 지도해 주세요.

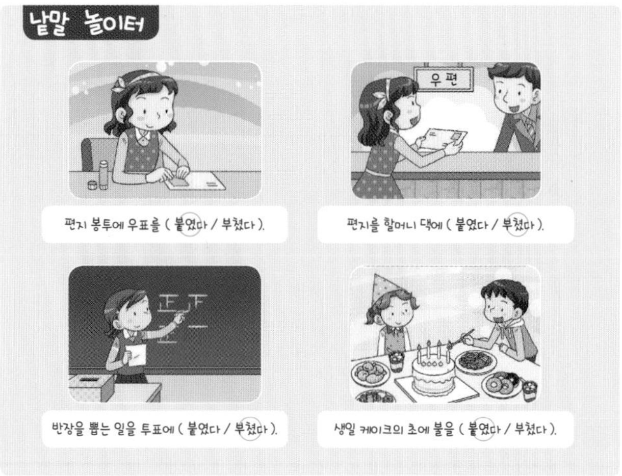

④-49일차

1. ②
2. (1)
3. ③
4. ②
5. ①
6. ⑤
7. 나라, 목숨

② 할머니는 세상일이라는 것이 어떻게 될지 아무도 모르는 법이므로 다음 큰일을 위해 가마솥에 기름칠을 한다고 하였습니다. 따라서, 할머니는 세상일은 어떻게 될지 모르므로 다음 큰일에 대한 준비를 해야 한다는 가치관을 가지고 있다고 볼 수 있습니다.

④ '거사'는 '매우 거창한 일'을 뜻하는 말로, 윤봉길이 훙커우공원에서 열리는 일왕의 생일을 축하하는 행사에서 폭탄을 던지는 일을 가리킵니다.

⑥ 상하이 사변 이후 상하이의 동포 청년들이 비밀리에 글쓴이를 찾아와 나라를 위하여 몸을 던질 일감을 달라고 간청한 일, 일왕의 생일을 맞아 폭탄을 던지기로 한 일, 윤봉길이 죽을 각오로 거사를 맡은 일 등으로 보아 이 글에 나타난 시대적 상황은 일제 강점기에 독립운동이 전개된 상황임을 파악할 수 있습니다.

⑦ 윤봉길이 '나'를 찾아온 뜻을 말하고 있는 부분에서 윤봉길의 가치관을 파악할 수 있도록 지도해 주세요.

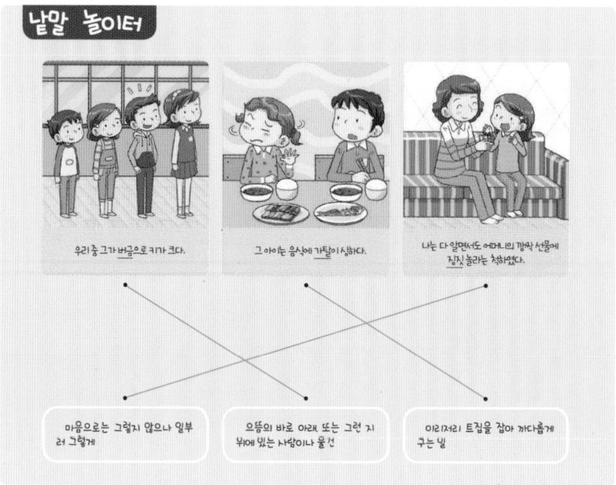

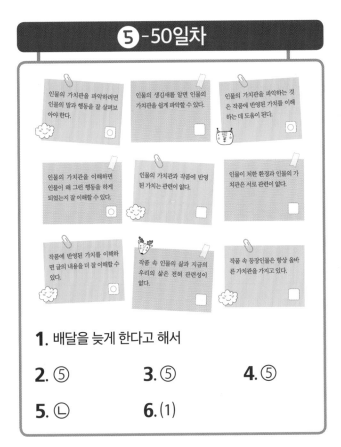

1. 배달을 늦게 한다고 해서

2. ⑤　　　**3.** ⑤　　　**4.** ⑤

5. ㉡　　　**6.** (1)

③ '늦달이'라는 별명을 누가 처음 지어 주었는지는 나타나 있지 않습니다.

⑤ ㉡에는 여유를 가지고 즐겁게 살아가는 늦달이 아저씨의 모습이 드러납니다.

하루 한 장 독해 ⑫권 제재 출처

일차	제재명	지은이	출처
6일-2, 3쪽	바리데기	신동흔	『바리데기, 야야 내 딸이야 내가 버린 내 딸이야』 휴머니스트 출판그룹, 2013.
7일-1쪽	용구 삼촌	권정생	『용구 삼촌』 산하, 2009.
7일-2쪽	왕치와 소새와 개미와	채만식	『왕치와 소새와 개미와』 그레이트북스, 2009.
8일-1쪽	비옷과 우산	이원수	『엄마 없는 날』 웅진닷컴, 1997.
8일-2쪽	심술보 터진 놀부	이청준	『흥부가』 파랑새어린이, 2005.
9일-1쪽	남자들의 약속	이정인	『빵점 아빠 백 점 엄마』 푸른책들, 2010.
9일-2쪽	동네북 진득이	김선민	
10일-2쪽	꿈을 나르는 책 아주머니	헤더 헨슨 글, 김경미 옮김	『꿈을 나르는 책 아주머니』 비룡소, 2013.
11일-2쪽	미세 먼지로부터 학생들의 건강을 지키자!	통계청	『2017 제19회 전국 학생 통계 활용 대회 수상 작품집』 2017.
13일-2쪽	놀이 시설 늘리기 대작전, 선생님 부탁해요	통계청	『2017 제19회 전국 학생 통계 활용 대회 수상 작품집』 2017.
14일-1쪽	초등학생 언어에 채팅 가장 큰 영향	윤상환 기자	『매일 경제』 2005.10.07.
14일-2쪽	욕설 청소년 58% "욕은 습관, 고치기 어렵다"	박성대 기자	『아주 경제』 2011.11.30.
15일-2쪽	우리나라 학생들이 직업을 선택하는 기준	권희경	『교육정책포럼 289호』 한국교육개발원, 2017.
16일-2쪽	도토리나무	윤동재	『재운이』 창비, 2002.
17일-1쪽	빨간 두건 아씨께 "아씨방 일곱 동무"를 읽고	박정혁 학생	『제2회 어린이 독후감 수상집』 비룡소, 2006.
18일-2쪽	나무야	강소천(구희영 지음)	『누리과정 중심의 유치원 동요 반주곡집』 창지사, 2017.
23일-2쪽	쫓기는 동물들	동아사이언스	『어린이 과학 동아』 제2호, 동아사이언스, 2017.
24일-2쪽	미래에는 어떤 직업이 중요할까?	원재길	『어떡하지, 난 꿈이 없는데』 웅진주니어, 2018.
25일-2쪽	돼지저금통이 멸종된다고?	서정원	『시사원정대』 2017년 2월호(통권 56호), 동아일보, 2017.
26일-2쪽	은율 탈춤 무료 공연		인천조동초등학교(http://www.jodong.icees.kr)
26일-3쪽	빗방울의 가치	한무영	『빗물 탐구 생활』 리젬, 2017.
29일-2쪽	유전자 조작 먹을거리는 괜찮을까?	장성익	『생각이 크는 인문학 10』 을파소, 2015.
30일-2쪽	그래, 원자력 발전은 꼭 필요해	김지은, 소이언	『어린이 토론 학교 — 환경 —』 우리학교, 2016.
35일-2쪽	돈을 만들어 씁시다	의천	『대각 국사 문집』 건국대학교 출판부, 1974.
36일-2쪽	8만 리와 8백 리 (원제목: 면접의 기 싸움에서 승리하라)	김진배	『유쾌한 유머』 나무생각, 2006.
36일-3쪽	사랑하는 젊은이들에게	안창호	『나의 사랑하는 젊은이들에게』 중앙재능북스, 2005.
37일-1, 2쪽	해 기우는 서쪽 창	이영서	『책과 노니는 집』 문학동네, 2010.
38일-2쪽	학	황순원	『한국 소설 문학 대계』 동아출판사, 1995.
39일-1, 2쪽	방구 아저씨	손연자	『마사코의 질문』 푸른책들, 2014.
40일-2쪽	마지막 수업	알퐁스 도데 글, 표시정 옮김	『마지막 수업 외』 도서출판 삼성당, 2006.
43일-1쪽	내복약		한국방송광고진흥공사, 2011.
46일-2쪽	방망이 깎던 노인	윤오영	『방망이 깎던 노인』 범우사, 1996.
46일-3쪽	연 할아버지	박상재	『동화 나라』 주택 은행, 2001.
47일-1쪽	글만 읽는 가난한 양반	박지원 원작, 구민애 글	『양반전 외 - 양반의 위선을 조롱하다 -』 휴이넘, 2012.
47일-2쪽	덕줏골의 세 아이	박상규	『고향을 지키는 아이들』 창비, 1981.
48일-1, 2쪽	곰돌이 워셔블의 여행	미하엘 엔데 글, 유혜자 옮김	『곰돌이 워셔블의 여행』 노마드북스, 2006.
49일-1쪽	가마솥	오경임	『교양 아줌마』 창비, 2013.
49일-2쪽	윤봉길의 의로운 외침 (원제목: 백범 일지)	김구 글, 장세현 엮음	『어린이 백범 일지』 푸른나무, 2000.
50일-2쪽	늦달이 아저씨	곽재구	제2의건국범국민추진위원회 누리집 '열린마당', 2000.

수학 학습

깊고 단단한 교육, 미래엔이 그리는

수학의 큰 그림

▶ 연산 완성

하루에 한 장씩 쏙 뽑아 셈한다!

하루쏙 한장셈

1~6학년 학기별[총12책]

- 하루 한 장(4쪽), 50장 구성으로 10주 완성 연산 프로그램
- 수·연산, 도형·측정 영역까지 학교 수업에 맞는 구성
- 숨은 그림 찾기, 마무리 연산 퍼즐 등으로 수학적 창의력까지 완성

▶ 통합 기본서

수학 실력의 중심을 꽉 잡는다!

수학중심

1~6학년 학기별[총12책]

- 학교 수업에 맞춰 개념과 유형을 한 번에!
- 하루 4쪽 학습으로 개념, 기본, 실전까지
- 실생활 문제를 단계별로 해결하며 개념 이해
- 서술형, 통합교과, 스토리텔링 문제로 수학적 사고력 강화

▶ 유형 기본서

수학과 당당하게 맞짱 뜬다!

유형맞짱

1~6학년 학기별[총12책]

- 학교 수업에 맞춘 예습과 복습을 편리하게!
- 하루 4쪽 학습으로 개념별, 난이도별, 유형별 문제 공략
- 개념 익힘 → 유형 공략 → 문제 해결의 3단계 학습 구성
- 서술형, 통합교과, 스토리텔링 문제로 수학적 사고력 완성

▶ 사고력 기본서

문제 해결의 길잡이

원리 1~6학년 학기별[총12책]
심화 1~6학년 학년별[총6책]

원리

- 4단계 문제 해결 전략 학습
- 8가지 문제 해결 전략으로 처음 보는 문제도 척척 해결하기
- 수학의 영역별 구성으로 수학적 창의력 향상
- 어려운 문장제와 서술형 문제까지 자신감 상승

심화

- 문제 해결의 핵심 전략 완성
- 최고 수준의 문장제 및 서술형 문제도 척척 해결하기
- 교내외 각종 수학 경시대회를 완벽하게 대비
- 응용부터 심화 유형까지, 수준 높은 문제해결력 완성